电子竞技运动与管理专业系列教材

电子竞技游戏解析

恒一　林旭　编

机械工业出版社
CHINA MACHINE PRESS

全书共分为七章，包括电子游戏与电子竞技的概念、全球电子竞技的发展、电子竞技产业内涵、电子竞技游戏的用户现状与发展、电子竞技游戏的开发、电子竞技游戏详解、中国电子竞技的发展趋势。本书从企业需求出发，理论与实践相结合，目的是让读者对电子竞技游戏有一个系统、全面的认识，并引导读者深入理解和钻研游戏的开发与设计。

本书可作为高等职业院校及应用型本科院校电子竞技运动与管理专业的教材，同时也可作为社会培训机构的培训用书，还可作为相关从业人员的学习参考用书。

为方便教学，本书配有相应的教学资源，如电子课件，凡选用本书作为教材的教师均可登录 http://www.cmpedu.com，免费注册下载，或加群领取。机工社电竞交流 QQ 群：780477302，联系电话：010-88379540。

图书在版编目（CIP）数据

电子竞技游戏解析/恒一，林旭编. —北京：机械工业出版社，2020.7
（2025.1 重印）

电子竞技运动与管理专业系列教材

ISBN 978-7-111-65658-6

Ⅰ. ①电… Ⅱ. ①恒…②林… Ⅲ. ①电子游戏-运动竞赛-高等学校-教材 Ⅳ. ①G898.3

中国版本图书馆 CIP 数据核字（2020）第 087758 号

机械工业出版社（北京市百万庄大街 22 号 邮政编码 100037）
策划编辑：李 莉 责任编辑：李 莉 沈百琦
责任校对：张 力 封面设计：马精明
责任印制：常天培
北京中科印刷有限公司印刷
2025 年 1 月第 1 版第 6 次印刷
184mm×260mm · 12 印张 · 295 千字
标准书号：ISBN 978-7-111-65658-6
定价：49.00 元

电话服务 网络服务
客服电话：010-88361066 机 工 官 网：www.cmpbook.com
　　　　　010-88379833 机 工 官 博：weibo.com/cmp1952
　　　　　010-68326294 金 书 网：www.golden-book.com
封底无防伪标均为盗版 机工教育服务网：www.cmpedu.com

前　　言

随着社会经济的不断发展和人民生活水平的逐渐提高，具有娱乐休闲功能的体育赛事已成为人们交友、放松的重要方式，越来越多的群众关注和参与到体育赛事中来。在这样的大背景下，多样化和个性化的体育赛事逐渐出现，电子竞技就是其中之一。

自2016年教育部新增设电子竞技运动与管理专业以来，开设电子竞技运动与管理专业的院校越来越多，产业发展也越来越迅速，内容产品更是琳琅满目。但是，游戏品质、趣味性体验参差不齐。电子竞技游戏产品的开发与设计要求从业者既要具备策划能力、管理能力，也要对游戏内容、游戏体验有深入、独到的见解。而国内的高校、企业及行业协会也要积极探索，培养"科班"的电子竞技开发设计人才，为赛事服务。

本书特色如下：

1. 分析全面。本书从正在崛起的电竞种类、电竞开发团队、电子竞技策略等几大维度，全方位、立体化地深入分析电子竞技各类游戏模式，为想要从事电竞产业的人员及企业，为院校教学老师提供一条行之有效的解决途径。

2. 提升技能。本书在电子竞技游戏开发与设计两方面给出具体分析，从电子竞技游戏的演变出发，对游戏进行分类，针对每一类进行详细解析，开阔结构化策划思路，综合提升设计者的游戏策划能力。

3. 适用面广。本书为企业编写教材，可作为高等职业院校、应用型本科院校、社会培训学校电子竞技运动与管理专业的教材，同时也可作为创业者、游戏厂商、电竞俱乐部等相关从业人员的参考用书。

本书在编写过程中，得到了众多电子竞技解说行业从业人员的帮助，并参考了众多专家的相关文献，在此一并表达衷心的感谢。

我国的电子竞技游戏开发行业正处在亟待转型的阶段，我们希望本书能为行业贡献些许力量。

编　者

目　　录

第一章
电子游戏与电子竞技的概念

第一节　游戏的概念

一、游戏的定义

古希腊著名的思想家亚里士多德将游戏定义为"劳动后的休息和消遣""本身不带有任何目的性的一种行为活动"。德国古典哲学的创始人康德在其著作《判断力批判》中也有与其类似的观点，即"劳动是被迫的活动，而游戏是与劳动相对立的自由活动"。

然而，步入现代后，随着生产力的进一步发展，享受资料的消费需求得以进一步拓展，游戏不再单纯的与劳动呈对立关系。因此，在《辞海》中，将游戏定义为"以直接获得快感为主要目的，且必须有主动参与的活动"。从这个概念可以看出，首先，游戏本身是一种活动，不论是独自游戏、多人游戏还是人机互动游戏，都属于活动的范畴，当然，这里的活动囊括了行为活动和脑力活动；其次，游戏的最终目的依旧是为了获得快乐，人们参与游戏一般是出于自愿的内在动机；最后，游戏行为一般是带有某种规则的，这个规则指的是游戏参与者必须遵守的一些行为守则。

二、游戏的基本元素

从游戏的定义可以看出，游戏是一种人类活动，因此人是游戏最基础的组分。抛开人类活动去谈游戏是不现实的，也是不可实现的。在讨论任何游戏的时候都必须明确参与者和参与形式。例如，以简单常见的斗地主为例，游戏本身需要三个参与者，如果抛开参与者讨论斗地主本身，那么其只能表征为一副扑克牌。

规则则是支撑起游戏的骨架，也如同游戏定义所说，游戏行为是需要规则进行规范的。以上述斗地主为例，在拥有三个参与者后，进行斗地主的游戏活动需要遵循斗地主的规则，如抽出 3 张牌作为地主的牌，三人按照一定顺序叫地主，地主先打完手上的牌则地主胜利等。如果不遵守斗地主的规则，那么三个人进行的游戏活动就不能称之为斗地主。

再者，对于游戏来说，道具是执行活动的重要媒介。没有道具，就像烧饭没有准备米一般，古语云：巧妇难为无米之炊，没有道具意味着活动不能按照规则顺利进行。当然，这种道具并不一定以实体出现。以小朋友们喜欢的"过家家"游戏为例，游戏本身即使不借助实体道具也可以进行，但是需要参与者具备合适的想象能力。这种想象能力实际上就是游戏中的一种非实体道具。

此外，游戏的娱乐性作用是游戏的重要外饰。如何鉴别一种社会活动是不是游戏，从其是否具备娱乐性作用即可鉴别。这种娱乐性作用，往往是不具备能实际反映在现实场景下的物质性内容。在游戏中所有的存在应当都是虚拟的，不能直接反作用于现实生活，否则违背了参与游戏为了获取快乐的范畴。

参与者为基本组分、规则为支撑骨架、道具为执行媒介、娱乐性为实际外饰。这四个基本元素组成了游戏通常具备的基本元素，也反映出游戏活动与其他活动的不同。

三、传统游戏的分类

传统游戏的概念是相对现代游戏而言的，其中分为两类：一种以体育运动为代表的传统体育游戏，另外一类则是以广大民众生活中玩耍活动为代表的嬉戏娱乐，常被称为"民间游戏"。

1. 传统体育游戏

传统体育游戏已经具备非常严格的分类，并且专业化程度较高。一般会按照实施范围和年龄特征进行分类。

依照体育实施范围分类，一般会将体育分为学校体育、军队体育、社区体育、城市体育、农村体育以及竞技体育这几类。

一般来说，学校体育是教育的组成部分，是全面发展，增强体质，传授体育知识、技能，提高运动技术水平，培养道德和意志品质的有目的、有计划、有组织的教育活动过程；军队体育则指部队官兵通过各种身体练习，以达到增强体质，提高运动技术水平，丰富业余文化生活，培养社会主义道德意志品质，提高部队战斗力的有组织、有目的、有计划的实践活动；社区体育一般由社区组织或者居民自行进行，具有自主性、公益性、多样性、有趣性、服务性等特点，对丰富居民文化生活、提高生活质量、交流邻里感情、改善人际关系、促进社区繁荣发展有重要意义；城市和农村体育则是分别在城市和农村进行的身体锻炼活动，相对城市体育，农村体育具有项目多样化、乡土化、活动时间农闲化、形式分散化等特点，而城市体育更加类似社区体育；至于竞技体育，则是一种在全面发展身体，最大限度地挖掘和发挥人（个人或群体）在体力、心理、智力等方面的潜力的基础上，以攀登运动技术高峰和创造优异运动成绩为主要目的的一种运动活动过程。这六种不同的体育实施范围，使得体育游戏活动的侧重点的类型不同，体现出游戏活动的多样性。

此外，体育游戏活动还按照年龄分类，按学龄前、7~18 岁、18~30 岁、30~60 岁、60 岁以上的年龄段，分别分为婴幼儿体育、儿童少年体育、青年体育、成年体育、老年体育这五类。

2. 民间游戏

生动有趣、没有功利色彩是民间游戏活动的重要特点，游戏本身具有随意性和趣味性。从游戏的组织和取材角度来说，民间游戏具有一定的规则，但又具有随意性。一些游戏可以就地取材，找一些木棍、石子、叶子，就可以开始游戏，如利用石子或果核，按不同的图形玩"走子"游戏。此外，民间游戏得以代代流传是因为它具有极强的趣味性。例如，跳皮筋可以边唱儿歌边跳，玩法上可以从一根到两根、三根。再如，摔烟纸盒，其中好看的图案、扇的动作和纸盒摔在地上发出的声音都给特定人群带来了乐趣。

一般来说民间游戏分为五类：室内生活游戏、庭院活动游戏、智能游戏、助兴游戏、各类博戏。

第二节　电子游戏的概念

电子游戏一般指的是所有依托于电子设备平台而运行的交互游戏。电子游戏的出现，改变了人类进行游戏的行为方式和对游戏一词的定义，是属于一种随科技发展而诞生的文化活动。电子游戏的诞生具有必然性，是科技和社会生产力发展的必然产物。

一、电子游戏的发展

与电子计算机的发展历程相比，电子游戏的诞生相对较晚。主要是因为电子计算机诞生初期更多是用于军事和科研，此外还有电子计算机诞生早期交互性较弱的原因。但是，电子计算技术的出现，确实是电子游戏产生的客观条件。

早期的电子游戏内容简单，往往都是以简单的图形构成，但具有相对完备的规则。如真正意义上的第一款游戏程序《空间大战》（Space War）其本身就是利用阴极射线射电管显示器来显示像素点和线构成的世界。游戏中，引力、加速度、惯性等物理特性一应俱全，几乎完全模拟了宇宙的环境，如下图所示。

伴随着《空间大战》的诞生，真正意义上的电子游戏从此不断涌现。1971 年，美国著名游戏公司雅达利（Atari）在《空间大战》的基础上制作了世界上第一款街机游戏《电脑空间》（Pong），1976 年，《电脑空间》这款游戏的诞生给雅达利公司带来了巨大的成功，这款可供四人同时参与的街机游戏，实现了多人之间的真实对抗，大大增强了电子游戏的交互性。

Steam 复刻版的 Space War

之后，电子元件日新月异的更新，相同体积的产品拥有的运算能力指数级提高，游戏机的小型化也日益推进。雅达利作为电子游戏初创厂商，借着技术的发展，将电子游戏媒介从大型街机推至家用机。不久，日本厂商任天堂（Nintendo）的家用机"红白机"风靡全球，并且通过《超级马里奥》创造性地开创了现代电子游戏的标准"套路"：道具、人物能力、关卡、评分。这意味着在电子游戏中，玩家不仅可以获得操作的乐趣，还要学会养成和统筹。同时，随着计分、计时等量化评价方式地引入，竞技的概念开始初步普及。

1989 年，Game Boy 掌机诞生，这款掌机取得了在全球的销量足足达到 1.19 亿的辉煌业绩，这款具备极低功耗 CPU、2.45 英寸液晶显示屏、四声道立体声的掌机开启了电子游戏的新纪元。掌机具备家用机和街机不具备的便携式特点，并且在掌机中，任天堂引入了当时先进的卡带设计，终结了一款掌机只能玩一款游戏的尴尬。在 1998 年，任天堂还推出了具备彩色液晶屏的 Game Boy Color 掌机。掌机时代早期，电子游戏更多是以动作、冒险与养成类为主，受限于硬件条件和计算能力，游戏相对同时代的家用机还有不少差距。在这一时期，任天堂同时占据硬件和第一方游戏大作开发两大优势，刷新了许多销售记录。

随着计算机微型处理器和相关硬件的迭代发展，尤其是以 80486 为代表的 32 位微型处理器的出现，计算机的综合性能开始大幅增强。计算机在承担办公、文件处理等业务的同时，已经初步具备了执行电子游戏程序的能力。相对街机，具有不需要去专门的街机厅即可进行游戏的优势；相对掌机，又具备更好的硬件和更好的显示输出；相对家用机，又拥有更多的功能以及由鼠标键盘带来的不同的游戏体验。因此，电脑游戏很快在全世界呈现出爆发式的传播，并且成为电子游戏的代名词。

相对家用机、街机和掌机，键盘和鼠标的引入，给电脑游戏带来了更多的可能性。例如，以《星际争霸》和《魔兽争霸Ⅲ》为例的这两款 RTS（即时战略游戏，Real-Time Strategy Game）游戏，键盘和鼠标带来的多线运营操作，是以上任何一个平台都无法给予的。此外，《魔兽争霸Ⅲ》地图编辑器提供的无比丰富的 MOD 玩法，脱离了计算机则无法实现。同时由于串口、并口以及后续发展推广的通用串行总线等接口具备通用性，还可以连接更多的手柄外设，如常见的家用机手柄或者竞速类游戏专用的手柄等。

随着电子元件小型化的发展，移动电话这一新兴事物在 20 世纪末期出现，并在 21 世纪呈爆炸式发展。从最早几公斤重、宛如板砖一般的"大哥大"，到现在具备极高屏占比的智能手机，手机开始逐步向 PDA（掌上电脑，Personal Digital Assistant）靠拢，甚至在功能上超过了当年 PDA 的概念。因而，基于手机平台开发的游戏应运而生。智能手机诞生早期，电子游戏程序更多地以 Java 平台进行开发。21 世纪的第一个 10 年，伴随着大屏智能手机的出现，手机游戏的交互性得到了极大地提升。通过重力感应等传感器，原本不具备操作反馈或仅有较弱操作反馈的游戏，例如《狂野飙车》等，均具备了层次丰富的、较强的操作反馈。并且，伴随移动互联网的发展，以智能手机为平台的网络对抗游戏开始"展露拳脚"。以轻量化、随时随地可以娱乐为重要特征的移动端电子游戏已然成为新时代的宠儿。

发烧友 DIY 的 F/A-18 飞行模拟座舱

然而，即便是电子设备充分发展的今天，还有一些游戏类型是属于 PC 机独占，其他平台可能也对这些游戏进行复刻，但是玩法以及实际的游戏效果，会大打折扣。例如，《帝国时代》以及《英雄无敌》均有手机复刻版，但是手机复刻版无法带来使用电脑直接利用鼠标键盘操作的爽快体验。此外，相对复杂的 ARPG（Action Role Playing Game）游戏也会因电脑键盘键位较多、响应速度快而较容易操作。相对来说，当今电容触屏手机的虚拟摇杆的操作性会差很多。以复刻自 PC 端《绝地求生：大逃杀》游戏的《绝地求生：刺激战场》为例，手机摇杆就经常存在操作精度不高，以及存在准心锁定烦琐的问题。并且，移动端的硬件需要考虑能耗和温度方面的问题，受这些方面的局限，移动端游戏在需求硬件性能的场景下就会显得力不从心。依旧以《绝地求生：大逃杀》和《绝地求生：刺激战场》为例来说，因为较低的硬件配置，使得《绝地求生：刺激战场》的画质较低，较难获取到远处的信息。

依托 PC 平台的强大硬件以及新技术的发展，电子游戏本身愈发向真实世界靠拢。从 VR（虚拟现实技术，Virtual Reality）到 DXR（光线追踪技术）显卡，无不是游戏世界趋向真实世界的体现。

VR 技术通过特制的 VR 外设，利用计算机生成一种模拟环境，并且通过传感器和特定位置，反映出真实世界，是一种多源信息融合的、交互式的三维动态视景和实体行为的仿真系统。人可以通过传感器直接和虚拟场景进行交互，同时通过头戴式设备和 3D 显示技术，在视野中呈现尽量贴近真实的虚拟场景。但是，VR 设备存在一定的局限性，一方面当前的无线连接设备，无法承担 VR 设备需要的大带宽、低时延、极高稳定性的要求。因此当前 VR 设备基本以有线线缆传输为主，这样就限制了穿戴 VR 设备者移动的范围；此外，即便通过线缆传输，在牺牲了使用者体验的同时，传输效果也难以达到实时。从另一方面说，当前的计算机硬件的计算能力也具备一定的"瓶颈"，顶尖的计算硬件的价格非常昂贵，也为 VR 设备的普及造成的阻碍。

相对 VR 技术，由 NVIDIA 公司首先在全球商用发布的 RTX 光线追踪技术具备更好的技术前景。虽然相关技术依旧处于初步发展期，搭载了 RTX 技术的顶尖硬件相对昂贵，但是也具备 RTX 2060 这种入门甜点级硬件以供消费者体验。在未来，通过光线追踪技术，可以完成更具有真实性的游戏场景展现，可能会引出全新的游戏类型。

二、电子游戏的分类

电子游戏的分类标准相对多元化，并没有一个统一的分类方法。上述内容电子游戏的发展中，已经引出了按街机游戏、主机游戏、电脑游戏、移动端游戏这几种，以游戏平台的一种分类方法。此外，还可以按照游戏人数和游戏方式进行分类，分为单人游戏、多人游戏以及大型多人在线游戏。按照游戏地区分类也是一个具有一定辨识度的分类方式，通过欧美、日韩、国产这种不同美术风格和制作风格，来对游戏进行区分。

除去以上这些分类以外，按照游戏内容分类，应当是目前认可度较高，并且是每个游戏发布时必然会具备的分类属性。依照游戏内容，电子游戏往往可以分为以下几类：动作、冒险、模拟、角色扮演、策略、音乐、休闲、体育竞技等游戏。不过，随着人们对电子游戏要求的提高，可能某一种电子游戏中，不一定只具备其分类的游戏内容。因此，在目前游戏内容分类中，一般以最核心玩法内容作为分类属性。当然，由于厂商宣传的便利性，多种游戏内容词缀组合的细分分类变得越来越多，如动作模拟游戏、角色扮演冒险游戏等。

1. 动作游戏

动作游戏是一种非常宽泛的游戏类型，其游戏内容的核心要点是"动作"，但是这个"动作"并不是狭义的指人物的动作，而指的是游戏中要素的动作。常见的动作游戏被分为三个小类，单纯的动作游戏（一般简称为 ACT 游戏）、射击游戏（一般简称为 STG 游戏）和格斗游戏（一般简称为 FTG 游戏）。从严格意义上说，以射击游戏为代表的电子游戏诞生早期的所有游戏，都归属于动作游戏。因此，动作游戏可以说是整个电子游戏中最古老的内容类型。

随着电子技术的发展和消费者需求的提高，步入 21 世纪后，单纯的动作游戏就已经很少出现，更多的会和别的游戏内容相融合，给消费者提供更好的内容体验。一般来说，横版过关游戏是一种典型的单纯动作游戏。实际上，依托在当年"小霸王学习机"上的游戏，多是以动作游戏为主，如《超级马里奥》《恶魔城》等。

射击游戏这个概念，在大众印象中更多的是以《反恐精英》（以下简称《CS》）等作为典型代表的第一人称射击类游戏。但是实际上，没有纯然的射击游戏，因为射击必须要经过一种动作方式来呈现它的"射击"。所以不论是用枪械、飞机，只要是进行射击动作的游戏都可以称之为射击游戏。不过，利用枪械作为主要射击手段，并且拟真度较高的射击游戏，至今仍存在监管和舆论的风险。早期的游戏中《合金弹头》就是一款典型的射击游戏，而《魂斗罗》则融入了较多动作的元素。《坦克大战》也是一款家喻户晓的射击游戏。

格斗游戏在许多人的认知中几乎就是街机游戏的代称，因为在街机这种大型设备上，利用摇杆和较大的按键进行格斗游戏具备更强的爽快感。以《拳皇》为例，相对使用键盘模拟手柄，街机上的立式摇杆的操纵体验更强，专门设计的按键的反馈也更佳。并且格斗类游戏经常存在一些"连招"的打法，在网络视频尚未发展时期，街机室里的围观是最有效能满足游戏者炫耀心理的途径。当前流行最广、最有影响力的纯格斗游戏是美国 Elecbyte 小组制作的 Mugen 引擎的延伸产品。虽然不同的开发者利用这个 C 语言编写的引擎搭配上自己的设计，制作了各式各样属于自己的格斗游戏，但是 Mugen 作为这一系列的统称，一直在格斗游戏的爱好者中相传。

2. 冒险游戏

冒险游戏常被简称为 AVG 游戏，和动作游戏相类似，冒险游戏也是一个极具历史意义的游戏类型。当时各种平台尤其是掌机和 PC 平台的运算能力相对欠缺，因此对运算能力要求相对较少的冒险游戏，特别是文字、图文冒险游戏十分流行。冒险游戏的内容集中于探索未知、解决谜题等情节化和探索性的互动，冒险游戏还强调故事线索的发掘，主要考验玩家的观察力和分析能力。目前较为知名的 AVG 游戏题材当为日本厂商发行的美少女游戏（又常被称 Gal Game），但是这类游戏并非完全都是冒险游戏，这是需要我们区分的。一般来说，文字冒险类和视觉小说类的美少女游戏属于冒险游戏的范畴。

此外，解密游戏也算在冒险游戏的范畴。早期的解密游戏更多的是以儿童教育的形式出现。例如，1996 年冈业出品的《七宝奇谋》，就是利用简单的数理知识作为解密题目，达到教育的目的。伴随着电子游戏的发展，解密游戏更多地与悬疑等元素结合，成为部分成年人追寻刺激心理和满足推理需求的新宠。

3. 模拟游戏

模拟游戏一般被简称为 SIM 或者 SLG 游戏，相对冒险游戏而言，模拟游戏的概念更加宽泛。模拟游戏会试图复制各种源自现实生活的情景，使得游戏者在游戏中获得接近真实的模拟体验。

在国外游戏平台 Steam 上，充斥着各种模拟类的游戏，如《微软模拟飞行 X》《欧洲卡车模拟Ⅱ》《火车模拟 2019》等。这类模拟游戏通过先进的物理引擎计算，完成类似于实际的仿真体验。此外，还有《城市天际线》《模拟城市》等建造类模拟游戏，以模拟一个城市建造运营的过程。Maxis 开发的《模拟人生》系列，当为是至今最负盛名的模拟游戏之一。《模拟人生》在早期实际上只是《模拟城市》的一个组件，后来独立成为单独的游戏。在《模拟人生》中，游戏者可以设定性别和基本的外形，决定人格特质，可以创建房屋、布置家居，可以模拟市民生活起居、外出聚会、上班交友等，一切就按照真实的生活进行模拟。甚至连配偶的寻找过程，都需要通过仿真的相识、相知、相爱到相惜的过程才能完成。2018 年末到 2019 年初在全球造成一定影响力的国产游戏《中国式家长》也是一种模拟游戏。

此外，瑞典知名厂商 Paradox 将模拟和策略结合，制作的历史策略模拟游戏也具备较多的受众，与其类似的还有《了不起的修仙模拟器》《太吾绘卷》等，但是从传统分类上来看，一般会将这类游戏归结在策略游戏的分类下。

4. 角色扮演游戏

角色扮演游戏即是人们俗称的 RPG（Role-Playing Game）游戏，也是游戏玩家最容易接触到的游戏类型。在游戏中，存在一个写实或虚构世界，玩家负责扮演一个或多个角色，并在一个结构化规则下通过一些行动指令推动角色发展。玩家在这个过程中的成功与失败取决于游戏本身的规则与系统。

相比其他游戏分类，RPG 游戏最大的优势就是具备代入感。早期的 RPG 游戏更多是以上帝视角进行，并且依赖一定的成熟规则。以 BioWare 制作，于 1998 年 12 月发行的《博德之门》为例，如下图所示，其采用了西方最负盛名的桌游设定集"龙与地下城"（Dungeons & Dragons）。"龙与地下城"的设定集对 RPG 游戏的起源与发展造成了很大得影响，大量的具备西幻设定的游戏，均或多或少的引用了它的设定内容。即便是目前最具影响力的 MMOR-PG（大型多人在线角色扮演游戏，Massively Multiplayer Online Role- Playing Gam）的代表《魔兽世界》也是如此。

《博德之门》重置版游戏画面

随着游戏引擎和相关硬件的迭代更新，RPG 游戏的表现形式呈井喷式发展，不再局限于早期的以上帝视角进行的模式，第一人称或者第三人称的 3D 场景 RPG 开始涌现。《鬼泣Ⅳ》《上古卷轴Ⅴ》《巫师》系列均是新世纪 RPG 游戏的代表。同时，MMORPG 的制作也日益精美，尤其是国内以《剑侠情缘 叁》为代表，腾讯、网易两大厂商入局的国风 MMORPG 对画质的堆砌已经达到了一个相当高的程度。其中《剑侠情缘 叁》与《逆水寒 OL》两款游戏均声称支持光线追踪技术。

5. 策略游戏

相对其他的游戏类型，策略游戏的覆盖范围相对狭窄。这类游戏提供给玩家一个可利用大脑思考问题、处理较复杂事情的环境，允许玩家自由控制、管理和使用游戏中的人或事物，通过这种自由的手段以及玩家们开动脑筋对抗敌人来达到游戏所要求的目标。在不同地区对策略游戏的定位不尽相同，部分地区的策略游戏会归结于模拟游戏中，因为策略往往会奖励在模拟的基础上，而且这两类游戏的结合相当紧密。

瑞典的知名厂商 Paradox，结合策略与历史模拟，创造性地制作了一系列魔幻历史主义策略游戏——《欧陆风云》系列、《钢铁雄心》系列、《十字军之王》系列、《维多利亚》系列。四款作品分别注重于不同的历史时期，以基本历史实据为前提，以玩家的意志推演游戏中历史进程。

此外，RTS游戏也是属于策略游戏的范畴，曾经风靡全球的《星际争霸》《魔兽争霸Ⅲ：冰封王座》等，均也是属于策略游戏的范畴。

6. 音乐游戏

相对于以上几类游戏，音乐游戏就相对比较小众，而且在部分场合被称为节奏游戏。本类游戏的主要内容为音乐及其本身的节律。但音乐游戏（或节奏游戏）通常被定义为专门依靠音乐节奏制定游戏规则、并依靠音乐节奏进行游玩的游戏类型，一般会被简称为音游。

音乐游戏具备专门的受众，与其他游戏类型都不尽相同。这也意味着这类游戏只要具备品质，就会拥有一定的受众，但是这也带来了一个问题——随着游戏社群的固定化，游戏玩家对于游戏品质的要求会日益提高，如何做出令游戏社群满意的作品成为音游厂商们新的难题。

7. 休闲游戏

相对音游的狭窄，休闲游戏这个分类又太过宽泛，甚至于定义也较为模糊，一般来说，以使得玩家在休息和闲暇时间，可随时随地进行且参与内容难度较低、相对轻度的游戏都可以称之为休闲游戏。

相对其他游戏类型具备较强的内容针对性，休闲游戏的内容针对性相对较为模糊，大多数休闲游戏都能勉强套用其他的游戏分类。例如，《愤怒的小鸟》就可以被定义为策略游戏，《神庙逃亡》就可以被定义为动作游戏。

8. 体育竞速游戏

体育竞速游戏其实可以理解为一种特殊的模拟游戏，但是具备给定的体育竞速类内容。在大型街机中，体育竞速游戏有突出的表现，因为可以提供专用的操作方式，例如，可以骑乘的仿真摩托车或手柄等，有别于电脑与家用主机只能进行按钮操作，具备更强的代入感。

此外，竞速游戏还常被单列一类，用于游戏厂商的宣传，例如《跑跑卡丁车》《QQ飞车》等游戏。

第三节　电子竞技的概念

相对电子游戏，电子竞技的概念比较狭窄，即具备竞技性的电子游戏的总称，或者指电子竞技游戏的竞技过程。它既可以代表一类游戏，也可以代表一类事件。但是，究竟什么是电子竞技，一直都存在一定的争论。为什么《王者荣耀》可以列为电子竞技，但是《欢乐斗地主》《QQ飞行棋》等即使具备比赛，也很少被当作电子竞技对待。电子竞技游戏和非电子竞技游戏又究竟具备怎样的区别？正确的知晓电子竞技的概念，是学习电子竞技课程的重要基础。

一、竞技的概念

竞技这个词并不是原生的中文词汇，而是针对英语单词Sports的意译。Sports一词首先发源于拉丁语Desporare，在公元900年以后，被古代法兰克人借用，转为Desport，直到公元 12 世纪，古英语的发展中，借用了古法语的一些词汇，最终在去掉词缀后延伸为现在的 Sports。在古英语中，Sports 的词根还具备休息、不工作等含义，因为当时社会生产力低下，只有上流贵族才会拥有参与或者观看竞技娱乐的时间。

19 世纪起，随着工业革命的推进，商品经济和城市化进程在飞速发展，社会上逐渐出现了一批具有竞技运动特征的组织性的户外游戏运动，而 Sports 也逐渐成为这些游戏运动的总称。对于 Sports 的释义，体育联合会主席索莱茵（Seurin）曾在 1975 年的一次学术会议上做出过归纳，他指出：Sports 是一种游戏（Games），也是一种竞赛（A Contest），指的是参与方在遵守一定规则的基础上，在给定的空间和时间内展开争夺冠军的行为，通过剧烈紧张的身体活动创造和突破运动成绩，是一种"勇猛的游戏"。时至今日，各国的体育学者还没有对 Sports 一词达成一个非常明确共通的阐释，但是，虽然共通性不足，Sports 过程中的竞技性和规则性的要点，在各国学者的不同阐释中均有提及。

从历史的发展角度来看，Sports 或者竞技这个概念的演化过程大致可以分为以下几个阶段：游戏——非正规比赛——半正规比赛——正规比赛——职业竞赛，这五个阶段。随着阶段的不断深入升级，Sports 活动对于技术和规则的要求也越来越高。

游戏作为竞技活动的源头，是一种休闲娱乐活动，虽然具备一定的规则，但是规则在不同情境下可以产生变化。同一种游戏媒介在不同地区和文化背景下的使用方法和游戏规则是不一样的，最能体现这一特点的就是扑克牌和麻将。在不同的地区，扑克牌和麻将都会具备一定的地区玩法，这种地区玩法多是已经具备一定受众和传承的，体现了该地区娱乐性的需要。但是某些游戏或体育项目中，就遵守如国际竞赛委员会这类国际权威的机构设定的统一标准。这个标准是全球通用的，参与这个特定的项目就需要遵守、不能修改，此时的这一特定项目，即可被称之为竞赛项目。如果修改了这些项目的相关规则，那么该项目就不能以原名称呼。因此，当一个项目上升为竞技项目的时候，它的娱乐性比例必然会大幅降低、规则性比例将会提升。一般来说，只有当前规则不适应竞赛形式的时候，才会通过一系列严格谨慎的商讨程序进行更改。

因此，综上所述，竞技可以简单定义为：具有竞争性、规则性、以发掘人类最大潜能为目的的个人或者集体活动。

二、电子竞技的特点

目前关于电子竞技的概念，在官方、学者和业界中都没有形成统一的认识，但是统一的是，电子竞技的运动行为是需要以电子设备为载体的一种运动形式，是在某个给定的虚拟环境下，完成人与人之间智力与体力结合的对抗活动。

因此可以看出，电子竞技是随着信息技术发展而出现的，是综合了电子游戏和体育运动领域的交叉产物。此外，电子竞技过程中使用的器械不同于传统体育竞技，需要依靠高科技手段，通过电子设备（包含软件设备和硬件设备两部分）在数字平台上进行的运动活动。但是，电子竞技本质上依旧是在体育规则和规范的指导下，在公平、公正、公开的基础上进行的人与人之间智力与体力结合的对抗性活动，这一点和传统体育竞技相同。

因此电子竞技兼具了传统竞技体育和新生电子游戏两方面的特点，其具备了竞技性、规则性、大众娱乐性、文化性、虚拟性和社交性。

1. 竞技性

竞技性是所有的竞技活动明显区别于其他活动的最基本特征，对于特定的活动，只有具备了竞争的要素，才能称之为竞技活动。相对传统竞技项目而言，电子竞技项目依托的平台是虚拟的网络，因此人与人之间的对抗往往以智力对抗为主。不过考虑到目前电子竞技赛事相对紧凑的赛程安排，即使不直接在赛场上比拼体力，体力仍然作为一个潜在的对抗要素存在着。

2. 规则性

前文有提到，具备世界范围内公认的规则，才能被称之为竞技活动。目前来看，在世界性的电子竞技项目中，同一品类的基础规则均具备一致性，这个一致性一般体现在比赛时使用全球统一的客户端版本。

但是比赛的赛制一般则是根据不同的主办方决定。不过，不同电子竞技品类都具备其品类常见的赛制模式，赛制模式一般是由该竞技品类的游戏文化和赛事执行方确定的，很容易受到经济因素的影响。《DotA2》项目的高等级比赛常用的是小组赛 + 双败淘汰制，而《英雄联盟》的顶尖赛事往往只使用单败制。此外，随着电子竞技进一步向传统竞技靠拢，传统竞技中的一些赛制也引入了电子竞技赛事当中，如《CS：GO》首先在顶级 Major 赛事中引入国际象棋等棋类比赛常用的"瑞士轮"赛制（又称：瑞士制或积分循环制，Swiss System，简称 SS），《DotA》也紧随其后，在次顶级的 PGL Major 等赛事上引入了"瑞士轮"赛制。不同的赛制的赛程时间不同，例如，单败制相对于双败制，基本可以节约一天的场馆租用时间，并且对于电子竞技选手而言也更加轻松，对体力要求更低。

3. 大众娱乐性

电子竞技的受众广泛，得到了社会各个阶层的喜爱。相对传统竞技场上，竞技运动一般都以体力对拼为主，对于年龄、性别、身体素质等指标都有一定的要求；电子竞技更类似于棋类传统竞技，体力和性别不再是硬性制约参与比赛或者娱乐的条件。电子竞技的本质是人与人之间的智力对抗，因此不论男女老少，均可借助一定的虚拟平台进行同台竞技。一般来说，电子竞技品类的受众具备按年龄划分的特性，如国内对战平台上，《帝国时代Ⅱ》《红色警戒》等这一品类的竞技对战，往往就是以三四十岁及以上的中年玩家为主，《DotA2》的玩家平均年龄则是略小于上述游戏的，往往在二三十岁之间，而《英雄联盟》《绝地求生：大逃杀》《王者荣耀》等近几年来具备现象级热度的游戏受众就更加年轻。

随着科技水平的不断发展，物美价廉的电子设备走入千家万户，为电子竞技大众化提供了坚实的物质基础；软硬件开发水平的提高，使电子竞技游戏的制作更加精良，进一步满足了人们追求高品质精神文化娱乐需求的需要。同时，随着各大电子竞技游戏赛事体系的构建与直播平台的发展，吸引越来越多的人群关注电子竞技赛事，使得电子竞技更深入地渗透到人们的娱乐生活。

4. 文化性

从文化分层的角度来看，文化本身可以分为上层和下层文化，其中下层文化一般指的是社会风俗习惯等。电子竞技作为近十年来发展最快、传播范围最广的社会文化现象之一，对下层文化有着深远的影响。学者会探究它的产生与发展规律，民众则享受它的娱乐效果，对其本身的内容进行体验与讨论。此外，电子竞技的赛事多以团体项目为主，在大型赛事举办和传播过程中，传达了和谐共赢、团结协作、健康益智等电子竞技文化精神。同时，在电子竞技内容制作传播以及渠道开拓的过程中，促进了不同国家、地区人们之间的文化交流。一款成功的电子竞技游戏，均会传播其特有的精神。如《DotA》社群中，就具备一种玩家群体认可的"塔不倒，人不退；不抛弃，不放弃"的 DotA 精神，这种精神随着社群的成熟，慢慢扩散影响更多的人。

5. 虚拟性

相对传统竞技而言，虚拟性是电子竞技最大的特征，电子竞技游戏往往会塑造一个虚构的世界作为其世界观支撑。例如，在《星际争霸》中，构建了一个 26 世纪初期，银河系中三个种族在克普鲁星际空间中争夺霸权的故事。其中的虚构事物，都是基于一定的现实基础上，通过进一步的想象塑造而成。

此外，在电子竞技中，选手不能直接以自己的真实客体参与到电子竞技活动中，而是需要通过使用一个虚拟形象来进行。这种操作虚拟化形象进行竞技充分体现了电子竞技的虚拟性特点。

6. 社交性

因为电子竞技依托于网络虚拟平台进行，在不讨论网络延时问题的情况下，理论上在任意一个有网络的角落，双方都可以进行电子竞技对抗。此外，也是鉴于电子竞技依托于网络虚拟平台的原因，电子竞技的技术交流与内容讨论也往往依托于网络平台进行。网络超越了时间与地域空间的限制，大量的参与者可以通过电子竞技行为获得各自所需的参与感。电子竞技在社交行为中，成为连接大众交流的纽带，成为一种新的社交方式。以《王者荣耀》举例，许多原本不熟悉的人借助这款游戏熟悉起来成为朋友；此外，在大学社团活动中，《王者荣耀》也是重要的建立话题的桥梁。

三、竞技游戏的分类

相对电子游戏的分类，竞技游戏的分类较少，按内容分类的话，一般只使用精准的混合类别进行分类。常见的电子竞技游戏分类有：即时战略游戏（RTS）、第一人称射击游戏（FPS）、多人在线战术竞技游戏（MOBA，又称 ARTS）、集换式卡牌游戏（TCG）等。

1. 即时战略游戏

即时战略游戏（Real-Time Strategy Game）简称 RTS 游戏，归属于策略游戏。不过相对于策略游戏中常见的回合制，不同的是 RTS 游戏采取即时的形式进行，参与方在完全即时的场景下进行对抗。

RTS 游戏是电子竞技发展早期具有代表性的游戏类型，并且目前其他类别的电子竞技游戏，或多或少的在起源或者 IP 上与 RTS 游戏有所关联。在全球范围内流行的 RTS 电子竞技游戏一般指的是《星际争霸》《魔兽争霸Ⅲ：冰封王座》《星际争霸Ⅱ》。目前来说，虽然 RTS 已经不再作为最受欢迎的电子竞技项目类型，但是 RTS 的活力依然没有泯灭。

2. 第一人称射击游戏

第一人称射击类游戏（First-Person Shooting Game）简称 FPS 游戏，严格上来说，FPS 游戏应当分属于动作游戏的类别，不过与 RTS 游戏一样，已经成为可以独立讨论的游戏类别。

早中期的 FPS 游戏的主题强调直接的对抗，不论是在全球影响力最大的《CS》系列，还是具备地区影响力的《穿越火线》《CS OL》《使命召唤 OL》等，均是以直接对抗为主题。2016 年 5 月 24 日，暴雪娱乐公司（以下简称暴雪）发行了《守望先锋》（Overwatch）这款 FPS 游戏，相对传统的 FPS 游戏，《守望先锋》对 FPS 游戏中玩家角色本身进行了创新，引入了"英雄"的设定。不同的"英雄"拥有特定的技能，并且拥有其特征属性，在竞技对抗中更加强调团队协作互补的精神。

2016 年到 2017 年，大逃杀模式从初露尖角发展成为现象级游戏主题。目前，具备大逃杀主题的电子竞技游戏一般认为有《绝地求生：大逃杀》《堡垒之夜》《Apex 英雄》等。其中，《Apex 英雄》是 2019 年最新发布的大逃杀类游戏，以三人组成一个小队，一场比赛有 20 支队伍参与。它是在传统大逃杀游戏的基础上，引入了《守望先锋》中使用的"英雄"这一设定，使得游戏更加具备策略性和团队协作性。

3. 多人在线战术竞技游戏

多人在线战术竞技游戏（Multiplayer Online Battle Arena），简称为 MOBA 游戏，实际上这个概念过于庞大，任何满足多人在线，且具备战术策略的竞技游戏均可以称之为 MOBA 游戏。如果只是针对《DotA2》《英雄联盟》《王者荣耀》这类游戏，那么采用动作类即时战略游戏（Action Real-Time Strategy，ARTS）更加恰当。

此类游戏的起源于《星际争霸》的一张自定义地图，随后 Euls 利用《魔兽争霸Ⅲ》地图编辑器制作了第一张 DotA 地图《RoC DotA》；Steve Guinsoo 进一步地发展了 DotA All-Stars，不过，此类游戏的模式定型是 Steve Guinsoo 的继任者 IceFrog 完成的，即两个阵营、三条线路、一条河道、拥有中立生物和需要团队协作才能打败的 BOSS 级生物。

撇开定义和词源不谈，此类游戏当然是当前电子竞技游戏中最为火热的类型，并且拥有整个电子竞技中奖金最高的赛事——《DotA2》项目的国际邀请赛（The International DotA2 Championships，简称 Ti）。除此之外，此类游戏因为对抗性和策略性并存，具有较好的观看体验，因此会吸引很多并不深入玩游戏的泛粉，赛事影响力远大于其他类别的电子竞技游戏。

4. 集换式卡牌游戏

集换式卡牌游戏（Trading Card Game），简称 TCG 游戏，此类游戏是以收集卡牌为基础的，游戏者需要通过购买随机包装的补充包，收集卡牌，然后根据自己的策略，灵活使用不同的卡牌去构组符合规则的套牌，进行游戏。由于各人的套牌都不同，每一局抓到卡牌的次序也不同，因此在 TCG 游戏中，运气与策略并存。不过，一般来说，TCG 游戏的卡牌都有一定的价值，玩家之间可以通过交易交换自己所需的卡牌，这也是 TCG 游戏相对其他卡牌游戏最大的特征。

当前以集换式卡牌游戏作为分类，并且在国内拥有较多受众的游戏只有《炉石传说》，但是这种分类从学术角度来说并不严谨，《炉石传说》的卡牌并不能在玩家之间交易，也不具备可以变现的价值，缺失了集换式一词中"换"的元素。同时作为传承 25 年的正统 TCG 游戏《万智牌》的电子版本《万智牌：竞技场》，也暂时不具备集换式一词中"换"的功能。目前来看，拥有过较大影响力的 TCG 游戏中，只有目前已经进入蛰伏期的《Artifact》具备 TCG 游戏应当具备的集换式体验。

第二章
全球电子竞技的发展

电脑硬件和互联网技术率先在日韩以及欧美普及发展，以电脑硬件和互联网为载体的电子竞技也更早的在这些地方发展。其中，众所周知，韩国的电子竞技发展最为迅猛，电子竞技产业也最为成熟。而国内的电子竞技产业虽然起步较晚，但是现在处于急速发展完善的过程中。本章我们就以地区为区分，针对不同地区电子竞技的发展进行简要介绍。

第一节　国外电子竞技的发展

对于国外电子竞技发展这个话题，韩国的电子竞技发展独树一帜，在韩国，电子竞技比其他任何国家都要流行且正规化，甚至已经成为主流文化。电子竞技与跆拳道、围棋并称韩国的三大国技，并且是韩国的支柱产业之一。韩国最大的门户网站 NAVER 还专门开设了游戏赛事报道版块。

而对于欧美的电子竞技的起源与发展，大多数人都知之甚少。电子竞技爱好者们对于欧美电子竞技水平的最直观印象，集中在欧美较高的 FPS 竞技水平上。虽然韩国的游戏产业与游戏开发较发达，但是实际上电子竞技游戏绝大多数是由欧美开发商开发。

一、韩国电子竞技的起源与发展

随着 1997 年亚洲经济危机的爆发，1998 年韩国 GDP 增长倒退了 5.8%，韩元大幅贬值 50%，股市暴跌 70% 以上，整个韩国的经济产业体系遭受了重创。以制造出口为支柱的经济发展模式难以为继，因此在熬过经济危机之后，韩国政府开始进行产业结构改革，将经济支柱向新兴的 IT 产业、软件产业等电子产业转移。同时，局限于韩国的地域因素，一些不太受资源、土地等因素制约的产业开始在韩国兴起，其中就包含游戏产业。

韩国电子竞技是在韩国游戏产业大发展的背景下开始兴盛的，在 20 世纪 90 年代末期，韩国兴起了一种类似现在网吧的场所——PC Room，PC Room 是韩国电子竞技最初的萌芽场所。但是 PC Room 更像一堆干柴，急需一个火星点燃。而暴雪公司于 1998 年 3 月 31 日正式发行的产品《星际争霸》成为点燃干柴的烈火。经济危机导致出现了大量的失业人口，其中那些无所事事的年轻人们就刚好可以用游戏来打发无聊的时间。这也是《星际争霸》为什么能成为点燃干柴的火源的主要原因。因为支柱产业的转移和地域较为狭小，韩国的通信基础设施一直走在世界前列，到 2000 年时，已经具备了依托于 PC Room 的成熟的电子竞技活跃玩家社群，PC Room 可以类比传统体育竞技中的球场，除了提供电子竞技的场所外，还延伸拓展了玩家之前的交流。同期，韩国政府通过积极引导，成立了官方的电子竞技协会，负责管理相关活动。

之后，PC Room 的所有者开始举办一些游戏项目的公开性比赛，这是最早的电子竞技赛事雏形。在 1999 年，韩国的 Land of East 公司举办了一个叫 PKO（Progamer Korea Open）的比赛，和以往比赛最大的不同就是这次比赛是 Land of East 与韩国电视台 Toonive 一起举办的，目的是能够对电子竞技比赛进行直播。通过这次比赛，Toonive 公司看到了电子竞技在媒体传播上的巨大潜力，并因此建立了韩国第一家游戏电视台 OnGameNet，也就是大家熟知的 OGN。在韩国，OnGameNet 现在已经实现了 24 小时全天候播出节目。2005 年，OGN 和 MBC 把旗下的电子竞技赛事品牌进行整合，诞生了 Pro League 赛事体系，这也是韩国规模最大、实力最强的联赛。这种品牌的整合成功迈出了韩国电子竞技赛事国际化的步伐。在 2005 年 11 月 7 日，韩国还专门成立了 2010 游戏产业规划委员会（2010 Game Industry Strategy Committee），并且发布了"2010 游戏产业发展规划报告"，旨在拓展海外市场，使韩国电子竞技走向国际化。截至 2006 年，韩国已经拥有了 64 个被官方承认的电子竞技赛事。其中，2006 年 4 月 29 日开始至 7 月 29 日结束的 SKY Proleague 是韩国电子竞技历史上最为成功的赛事之一。

一方面，韩国电子竞技产业的发展离不开韩国政府的支持，韩国是为数不多的把游戏产业和对游戏产业的支持列入法律的国家。通过《音乐，视频与游戏法》（Law of Music，Video and Game），韩国相对其他没有进行法律界定的国家，更加理清行政管辖权限。因此游戏产业得到统一的管理、支持和规划。电子竞技作为韩国游戏产业的一个下游分支，也得到了良好的发展空间。另一方面，1999 年成立的具备官方背景的电子竞技协会——KeSPA（Korea eSports Association，韩国职业电子竞技协会），对于韩国电子竞技的发展也起到了至关重要的作用。在其强力调控之下，韩国职业电子竞技的发展始终处于可控状态，对于处于成长期的韩国电子竞技来说，这是非常关键的因素。

韩国企业的投入则是韩国电子竞技行业飞速发展的强心剂，韩国的几大电子通信企业均是韩国电子竞技职业俱乐部的赞助商，或者直接组建队伍，参与电子竞技赛事。如我们耳熟能详的 SSG、STK，都是以韩国大企业直接控制或者冠名赞助的战队。主流媒体的支持以及较好的行业前景也是家长得以支持孩子步入电子竞技行业的重要原因。

不过，韩国的电子竞技产业发展至今的弊端和劣势也是相当明显的。相对目前国内电子竞技多点开花的势头，韩国的电子竞技项目带有一定的封闭性。目前韩国电子竞技的核心项目依旧是 1998 年发行的《星际争霸》以及其续作《星际争霸Ⅱ》，虽然这两款游戏因为深厚的项目底蕴，在世界范围内算不上被完全边缘化，但是相对其他热门项目必然具有不足。虽然韩国国内拥有极多顶尖的《英雄联盟》选手，但是在这个大背景下，待遇相对一般。来到 LPL 赛区作为外援可以给予他们更好的待遇，因此更多的《英雄联盟》选手选择出国比赛。此外，目前电子竞技项目中奖金最高的《DotA2》品类在韩国也屡屡碰壁，先是早期本土比赛被中国退役选手组成的同福三队摘取桂冠，再是 2015 年 NEXON 宣布不再代理《DotA2》，2016 年 TI6 MVP 战队惨败 Wings 最终销声匿迹。毋庸置疑的是，韩国依赖《星际争霸》，在电子竞技产业上走出了自己独自的道路，但是从宏观角度分析，这种过于"独"的路线，也成为当前韩国电子竞技国际化的重大阻碍。

二、欧美电子竞技的起源与发展

在国内，相对韩国而言，大众对欧美的电子竞技产业的起源、发展和行业现状的了解甚少，仅限于对于知名选手和一线战队的了解。这源于中国电子竞技玩家对于欧美电子竞技发展历程的不熟悉，这种不熟悉感实际上和中韩与欧美不同的电子竞技文化具有一定关系。

与韩国电子竞技行业全面兴起相类似，欧美的电子竞技也是源于某一款特定的游戏。1999 年，《CS》这一 RTS 类型游戏横空出世，吸引了众多欧洲玩家的目光。如同《星际争霸》系列于韩国，《CS》系列也与欧美电子竞技结下了不解之缘。欧洲各个国家和地区均纷纷成立了线上的职业战队，并且统治了包含《CS》在内的各类 FTS 游戏。

欧美电子竞技行业开创了许多先河，SK·Gaming 俱乐部效仿传统体育竞技于 2003 年与队员签订合同，这是历史上第一支与队员签订合同的电子竞技队伍。随后，于 2004 年又完成了首次电子竞技职业选手的有偿转会。欧美电子竞技俱乐部还开创了与韩国电子竞技俱乐部不同的运营方式，通过松散的管理，利用线上训练节约开支，并且线上训练也更适合欧美人散居的生活习惯；对于粉丝运营极为重视，具有较强实力的电子竞技俱乐部的外宣渠道往往相当于一个独立的电子竞技媒体；商业化模式也较为多样，除了常规的赞助和全资收购外，还引入了风险投资和股权融资的资本运作方式。

欧美电子竞技的俱乐部和赛事体系一般较为稳定，不轻易解散，欧美各国拥有多个有深厚历史底蕴和电子竞技文化沉淀的俱乐部和赛事体系，如瑞典俱乐部 Fnatic 与综合赛事 ESL、IEM（英特尔极限大师杯赛，Intel Extreme Master）。

相对韩国，欧美人更加崇尚个人英雄主义，强调个人在电子竞技活动中的参与感和体验感。因此，在欧美电子竞技发展的过程中，场馆成为重要的电子竞技社群交流载体。以《DotA2》项目官方 Valve 公司举办的 DotA2 国际邀请赛而言，其赛事场所除第一届为了宣发《DotA2》本体的需要在德国科隆举办游戏展外，4 次于美国西雅图钥匙球馆举办、2 次于美国西雅图贝纳罗亚音乐厅举办、1 次于加拿大温哥华罗渣士体育馆举办、1 次于中国上海梅赛德斯奔驰文化中心举办。其中，除去西雅图贝纳罗亚音乐厅外，其余场馆均具备容纳超过 15000 人的能力。

此外，欧美由于多媒体技术、电子设备硬件、网络基础建设等优势，较早的通过流媒体的形式，建立了可以分发个人实时画面的直播平台。其中 Twitch 就是著名的例子，2011 年 6 月由 Justin Kan 和 Emmett Shear 在旧金山联合创立，Twitch 的前身是 Justin.tv，2011 年成立后从 Justin.tv 分离，2014 年 2 月 10 日，公司名由 Justin.tv，Inc 改名为 Twitch Interactive，Inc。而到了 2014 年 8 月 5 日，Justin.tv 正式关闭，公司将资源集中在 Twitch 游戏直播上，直播内容以游戏、电子竞技为主。从其官网公布的 2016 年度数据来看，全年独立观看人数已经达到了 2200 万人；在营收上，Twitch 的打赏系统也产生了接近 600 万美元的打赏数额。网站支持 28 个国家和地区的语言，包括中文简体和繁体。2012 年 9 月 19 日，Twitch 获得 1500 万美元 B 轮融资；2013 年 9 月 30 日，Twitch 获得 2000 万美元 C 轮融资。2014 年 5 月 18 日，在其次访谈中谷歌公司（Google Inc）表示其旗下 YouTube 有意以 10 亿美元收购 Twitch，尽管并未收购成功，但此事使 Twitch 受到了广泛关注。2014 年 8 月 25 日，亚马逊公司以 9.7 亿美元收购了 Twitch。

至于欧美众多的游戏厂商，更是给欧美的电子竞技发展注入了一针强心剂。层出不穷的优秀电子竞技作品填充了电子竞技行业内容生产的需要，使得不同偏好的电子竞技爱好者都拥有自己喜爱的项目。

第二节 国内电子竞技的发展

国内电子竞技的起步较晚，过程也相对较为坎坷，但是从另外一方面来看，国内电子竞技目前呈爆发式的发展，也是在艰难道路背景下的必然趋势。我们要辩证地看待国内电子竞技发展历程中遇到的艰难险阻，总结并吸取有关教训，避免再次遇到类似的问题。

一、中国电子竞技的探索发展期

1. 中国电子竞技的萌芽

20 世纪 90 年代末到 21 世纪初，我国加入 WTO、对外开放性更加提高、国民收入水平提升显著，家用电脑和拨号上网得以普及，这些为电子竞技提供了发展的原始土壤。不过，当时上网玩游戏依然是一件比较奢侈的事情，因此我国早期电子竞技的萌芽、传播和发展，都是依附于各类具备局域网功能的电子竞技游戏进行，如《星际争霸》《CS》《魔兽争霸Ⅲ》等。

1998 年，《星际争霸》被奥美电子所代理，正式进入国内。由于《星际争霸》内置战网（Battle. net）系统，国内的玩家可以与其他地区的玩家进行接触。1998 年 7 月，王银雄（kulou. csa）发现每天都能在战网看见挂有 HOK（Hero of Korea）后缀的韩国战队队员的名字，因此决定成立一支中国人的星际战队，于是成立了中国星际争霸联盟（China Starcraft Association，简称 CSA）。1999 年，拨号上网资费下降、网速提升，网吧如雨后春笋一样在国内出现。相对之前只具备局域网功能的电脑房，网吧具备了联网的功能，不局限于本地局域网络，这样就可以与更多的高手较量。

2000 年，《CS》进入国内，其题材对于当时的中国玩家具备天然的吸引力，而且具备局域网对战的功能，即使在网络不能满足联网对战需要的情况下，也能使用局域网进行对战。此外还具备开放性的"房间"体系，可以自定义规则并且不需要额外设置即可容纳 32 名玩家（1.5 版本起）。同时，抛开其娱乐性，《CS》本身需要个人技术与团队战术结合的特点，也让当时的中国玩家体验到了特殊的乐趣。

2. 中国电子竞技早期的赛事成果

2000 年，WCG 的前身，WCGC（WCG Challenge）总决赛于 10 月 7 日开幕，设置《帝国时代Ⅱ》《星际争霸》《FIFA2000》《雷神之锤Ⅲ》四个项目的比赛。虽然本次 WCGC 是首次举办，主要参赛选手为韩国玩家，但是依旧有由 6 名选手组成的中国代表队参赛。不过由于当时国内的竞技水平还比较欠缺，最终只有《帝国时代Ⅱ》和《FIFA2000》两个项目有选手进入了六强。

2001 年，第一届三星电子杯 WCG（World Cyber Games）正式开赛，首届比赛设置《雷神之锤Ⅲ》《CS》《星际争霸》《FIFA2001》四个项目的比赛。在本次比赛中，中国玩家韦奇迪、马天元在《星际争霸》的 2V2 项目中取得了金牌，这也是国内选手的首个国际级电子竞技赛事冠军，随后《FIFA2001》项目中，林小刚、阎波也获得了一块金牌。2002 年，第二届 WCG 中，在《雷神之锤Ⅲ》项目中我国著名选手孟阳（RocketBoy）获得了单人项目第四名的成绩，马天元则在韩国选手垄断的《星际争霸》1V1 项目中，取得了第五名的成绩。2003 年，第三届 WCG 首次引入了暴雪的新作《魔兽争霸Ⅲ》，并且在本次 WCG 中，我国的《CS》战队 deViL * United 打破欧美战队此前对该项目的垄断，跻身八强，缔造了当时国际赛事中，中国战队《CS》最好成绩。

2003 年，ESWC（Electronic Sport World Cup，电子竞技世界杯）进入中国，不过由于我国正遭遇"非典"，最终只能以线上赛的形式进行比赛。即便是先天条件缺失，赛事组还是通过自己的运作和组织能力，在《CS》《魔兽争霸Ⅲ》《雷神之锤Ⅲ》这 3 个项目选拔了 7 名选手前往法国参加总决赛。虽然最终没有获得较好的成绩，但是 ESWC 在中国电子竞技的探索，给予了中国选手一次宝贵的和外界沟通的机会。

3. 中国电子竞技的初步发展

在 2001 年首届 WCG 世界总决赛上，在来自 37 个国家与地区的代表队中，中国代表队以 2 金 1 铜的成绩获得第二名，国内媒体争相报道，我国电子竞技得到了充分的宣传。

随着显像管技术的完善与新的液晶背投技术的出现，电视逐渐在国内普及，在网络费用依旧昂贵的当时，电视是重要的廉价的娱乐手段。在 2002 年 7 月 28 日，旅游卫视在黄金时段开播栏目《游戏东西》，开播后即获得了极高的收视率。

此外，在 2003 年 4 月 4 日，中央电视台体育频道（CCTV5）专门为电子竞技开设了《电子竞技世界》栏目。

《电子竞技世界》（见下图）是中央电视台首次播出的以电玩游戏为内容的电视栏目平台。栏目以资讯、言论、人物、赛事为主要切入点，及时捕捉国内外产业发展的最新动态、分析产业发展的现状和规律、展现业内精英的思想见地、组织国内国际范围的体育电子竞技赛事，以此在青少年中倡导健康、积极的电子娱乐方式，促进中国电子竞技产业的发展。

相对旅游卫视播出的《游戏东西》，中央电视台播出的《电子竞技世界》的影响范围更大。除去中央电视台本身的收视率和影响力因素外，《电子竞技世界》依托中央电视台的资源，除自己制作节目以外，还会通过体育频道购买国外著名电子游戏与电子竞技相关的内容，在翻译后播放，拓宽了当时国内电子竞技爱好者的眼界。此外，得益于中央电视台的平台，《电子竞技世界》还以编辑部的观点，对当时电子竞技行业的焦点与热点进行关注，引导舆

《电子竞技世界》开播画面

论导向，在行业里树立了正确的发展方向，促进了电子竞技产业的健康发展。

当然，在当时不只有这两档电子竞技栏目，几乎各地地方电视台，都制作了与电子竞技相关的电视栏目，并在当地均获得了可观的收视率。

2003 年 11 月 18 日，国家体育总局正式批准，将电子竞技正式列为第 99 个体育竞赛项目。

二、中国电子竞技的缓速停滞期

我国的电子竞技在 2001～2004 年第一阶段，经过萌芽期的初步发展后，获得了第一次

全面发展的机遇。但是，在电子竞技产业展现勃勃生机的时候，危机也一直潜伏在一片繁荣之中。

1. 网吧低潮期的到来

即便是进入21世纪，互联网使用费用已经得到了一定的降低，但是对于许多家庭来说，在家里上网依然不是常见的日常娱乐。此外，网吧作为公共场所，是电子竞技发展早期社群的承载场所，可以便于玩家之间的沟通。网吧本身就是一个局域网络，并且当时热门的游戏基本都支持局域网对战。因此，网吧是当时电子竞技爱好者重要的集聚地，网吧也承载着我国早期电子竞技选手和玩家最初的故事和记忆。

随着电子竞技在国内影响力的扩大，网吧也随之繁荣起来。不过，这种良好发展的势头并没有像韩国一样延续。"蓝极速网吧"事件的发生成为压倒当时网吧负面舆论的最后一根稻草。因为"蓝极速网吧"事件，各地网吧纷纷进入整顿期。在此过程中，成千上万的网吧被关闭，出现了新的网吧管理制度。对于电子竞技行业来说，后果最严重的是对社会舆论的影响。

在政策管理方面，2002年9月29日，国务院颁布《互联网上网服务营业场所管理条例》，自2002年11月15日起实施。2003年4月22日，文化部发布了《关于加强互联网上网服务营业场所连锁经营管理的通知》。2004年，国务院发布了《关于进一步加强和改进未成年人思想道德建设的若干意见》，加强了对网吧的管理，并且提出要建设适合未成年人上网的健康网吧。在社会文化方面，当时大多数人士认为电子游戏使得青少年沉迷网络，导致青少年精神萎靡、注意力不集中、学习成绩下降等，网吧被视为社会中的不良场所，电子游戏也被打上"电子海洛因"的标记。

综合以上，使得我国正处萌芽期的电子竞技社群生态步入了低潮期，直到国内互联网产业得到长足发展，各类BBS、贴吧、社群乃至视频网站的出现，才使得整个国内电子竞技社群生态重新得到发展和扩张的机会。

2. 广电总局的禁令与影响

"蓝极速网吧"事件的发生与影响以及各地网吧的整顿，从上至下地影响了我国电子竞技的发展。到了2003年时，网吧经济已经不如2000～2001年那么繁荣。因此，当国家体育总局正式宣布电子竞技成为我国第99个体育项目的时候，国内的电子竞技从业者和爱好者纷纷沉浸于国家认可的欣喜之中。如雨后春笋般出现的电子竞技栏目和媒体、赛事组织，也给整个行业带来勃勃生机。在当时我国电子竞技从业者和爱好者心中，国家正在以新的方式发展国内的电子竞技行业。

2004年2月26日，国务院发布了《关于进一步加强和改进未成年人思想道德建设的若干意见》，对深入贯彻落实党的十六大精神，适应新形势、新任务的要求，全面提高未成年人的思想道德素质，提出了六项具体意见。

2004年4月12日，国家广电总局为响应中共中央和国务院的号召，就电脑网络游戏类节目的问题向各省、自治区、直辖市广播影视局（厅），新疆生产建设兵团广播电视局，由CCTV-3发出《关于禁止播出电脑网络游戏类节目的通知》（以下简称《通知》），《通知》指出，某些广播电视播出机构设置电脑网络游戏栏目，播出电脑网络游戏节目，给未成年人的健康成长带来不利影响。具体《通知》内容如下：

根据中央领导指示精神，为贯彻落实中共中央、国务院《关于进一步加强和改进未成年人思想道德建设的若干意见》，为广大未成年人的健康成长提供良好的文化舆论环境，现就有关问题通知。

（1）各级广播电视播出机构要切实提高政治意识、大局意识和责任意识，充分认识做好未成年人思想道德建设工作的重要性，认真贯彻落实中共中央、国务院《关于进一步加强和改进未成年人思想道德建设的若干意见》，采取积极有效措施，努力办好未成年人节目。

（2）各级广播电视播出机构一律不得开设电脑网络游戏类栏目，不得播出电脑网络游戏节目。同时，要在相应的节目中宣传电脑网络游戏可能给未成年人健康成长带来的负面影响，积极引导他们正确利用电脑网络的有益功能，正确对待电脑网络游戏。

（3）各级广播电视行政部门在接到通知后，要对所属各级电台、电视台有关电脑网络游戏宣传情况进行全面清理检查，并建立健全管理制度，加强宣传管理，坚决防止任何有害未成年人健康成长的节目播出。

不过，《通知》针对的是所有上星的公共卫视频道，并没有涵盖付费电视频道。于是2004年，游戏风云频道正式对外开播，成为为数不多、覆盖全国范围的专门电竞类电视频道之一。"游我所爱，任我风云"这个口号，是我国电子竞技进入缓速停滞期时，国内电子竞技爱好者耳熟能详的一句话。此外，GTV（Game TV，游戏电视）也是一个著名的全国性电子竞技付费电视频道。

虽然电子竞技栏目可以依托付费电视在夹缝中生存，但是当时绝大多数人没有为视听节目付费的习惯。在整个电子竞技发展的缓速停滞期内，宣发渠道的限制使得资本或赞助商投入力度大大减少，影响整个电子竞技产业中从业者的收入甚至是基本生存。电子竞技行业从业人员大批的退出，整个行业生态都受到了影响。

3. 缓速停滞期的曲折探索

与之前其他行业遇到的艰难险阻类似，电子竞技行业从业者也继承了中国劳动人民的智慧，充分发挥主观能动性，另辟蹊径，开拓了一条适合中国国情的电子竞技发展道路。

2005年8月25日，PLU游戏娱乐传媒与全球首家P2P点播的网络电视软件PPStream（简称PPS）合作研发了网络视频直播技术。这一技术使得电子竞技赛事直播进入互联网时代，开辟了世界电子竞技赛事直播的新纪元。网络直播技术的诞生也得益于宽带技术在国内的普及，相对拨号上网的极低速度，"宽带"具备高速率，可以支持视频流媒体的实时播放，其中宽带技术以ADSL最为有名。网络视频直播技术的诞生，打破了传统电视媒体对于电子竞技赛事直播的垄断，也为后期游戏直播平台的出现提供了技术基础。

同年11月7日，PLU举办了PLU4赛事，这次赛事是世界上第一次通过P2P直播的电子竞技赛事。2005年WCG，国内千千万万的电子竞技爱好者通过网络直播，见证了李晓峰（SKY）夺冠的画面。2006年PLU5赛事举办，同样采取PPS网络直播，最终取得了仅次于当年国际足联世界杯与《超级女声》的收视率。同时，整个国内的互联网基础建设在飞速发展，越来越多的网络电视与流媒体软件争相上线，电子竞技行业勉强走出了困境，并为未来中国电子竞技的膨胀式发展打下了坚实的基础。

随着网络电视的发展，慢慢恢复元气的国内电子竞技产业，依托网络平台完成了一系列的探索与发展。网络P2P直播的方式已经成为电子竞技赛事常见的传播方式，并且随着影响力的扩大，获得了更高的赞助。因此在2005～2008年，第三方赛事遍地开花，在国内，以 StarsWar、IEF、G 联赛、PGL、PLU 等影响力较高。

StarsWar，全称国际电子竞技明星邀请赛，又名 StarsWar 电子竞技盛典，是一个全球性的电子竞技赛事。StarsWar 是中华全国体育总会审批通过的正规赛事，也是继 BlizzCon、WCG、ESWC、WC3L 之后的第五项被暴雪全球认证的电子竞技赛事。除此之外，StarsWar 还举办了全球首个《星际争霸Ⅱ》国际线下赛事。

IEF（International E-Culture Festival），中文全名为国际数字娱乐嘉年华，是全球首个由多个国家共同发起的、跨国界的数字娱乐盛会，是全球唯一的数字娱乐与数字体育综合赛事品牌。起源于 2004 年 5 月中韩两国政府签订的《青少年交流协议》。2005 年，我国共青团中央和韩国文化观光部精诚合作，为了贯彻落实《青少年交流协议》，在国内相关部门的支持下，成功举办 CKCG2005 中韩电子竞技大赛，第二年该赛事改名为国际数字娱乐嘉年华（IEF）。IEF2006 作为改名后的第一次赛事，囊括了国际电子竞技大赛、国际高校电子竞技邀请赛、网络歌曲大赛、博客比赛、机器人比赛、网络动漫比赛、FLASH、数字擂台挑战赛等诸多内容，得到了当时共青团中央、新闻出版总署、上海市相关部门、大连市相关部门等部门的支持，同时也得到了韩国企业的赞助。

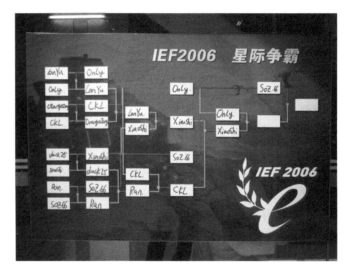

IEF 2006《星际争霸》赛事

G 联赛（G-League）全称全国电子竞技电视联赛，是由前文提到的游戏风云频道主办制作的国内首个电子竞技电视联赛，是我国借鉴韩国电子竞技成功的先例，将策划激烈的赛事和丰富的电视拍摄手法结合在一起，吸引观众，以创造明星为核心的赛事，成为国内电子竞技新人的成名之路。在电视技术方面，G 联赛开创了数字电视及网络同步直播的先河。每天常规 3 小时电视直播及网络多平台直播，所有 G 联赛比赛都围绕着直播而展开。

不论是官方支持还是从业者自办，在 2008 年之前，具备顶尖选手参赛的电子竞技赛事从来不会缺乏电子竞技爱好者的关注，因此赛事的赞助也水涨船高，整个电子竞技行业的现金流和从业者收入逐渐好转。但是 2008 年爆发的金融危机席卷全球，赞助企业自顾不暇，对外支出紧缩，对于电子竞技的赞助也呈断崖式下跌。电子竞技行业依赖的现金流紧缩，国内电子竞技行业最大的海外合作商 IGE 破产，整个行业呈现出一片萧条的景象。

三、中国电子竞技的野蛮生长期

经济危机结束后，直至 2016 年国家规范电子竞技产业的这段时间里，电子竞技作为新的经济增长点，虽然旧的规则尚未取消，但是也已经得到了较多缓和。因此，在这段时间里，国内的电子竞技以及衍生行业得到了长足的发展，不过也是由于监管的缺位，暴露出来了很多的问题。相对之前和之后两段时期，在这段时间内，中国的电子竞技产业得到了一定的膨胀性发展，但是又缺少体系化与监管，因此被称为中国电竞的野蛮生长期。

1. 野蛮生长的背景与原动力

在野蛮生长期的这段时间里，电子竞技进入 DotA 时代。随后，《英雄联盟》外宣作为《DotA》的衍生品，在完成对原《魔兽争霸Ⅲ》RPG 地图时代 DotA 的玩家社群收割的同时，由于腾讯代理，吸纳了很多对 DotA 玩法感兴趣，但是苦于 DotA 入门门槛较高、对新人不友好的新玩家。相对 RTS 时代强调电子竞技的个人实力秀与单打独斗；此时，强调团队成为电子竞技新的主题。

此外，虽然《DotA》地图的作者之一 IceFrog（冰蛙）与美国 Valve 公司合作制作的正统续作《DotA2》姗姗来迟，但是却推动了电子竞技赛事体系向专业化和完整化改变。于德国科隆举办的《DotA2》第一届国际邀请赛（TI1）设置了 160 万美元的总奖金，并且赛事由 Valve 公司直接运营，此外，超过总奖金一半的 100 万美元归属冠军独有。TI1 开创了电子竞技赛事超高额奖金与顶级赛事由开发商（或运营商）直接举办的先河，同时也确定了电子竞技赛事中胜者独赢的概念。

DotA 时代的团队性相对 RTS 时代的个人主义，并不是完全不强调个体在电子竞技活动中的作用。相反，正是因为强调团队的同时，也能因为团队的存在给实力突出的选手一个个人秀的机会，电子竞技的赛事开始逐渐变得多元且精彩。集合赛事高奖金且日益提高以及"胜者独赢"机制，使得电子竞技在全球范围内获得了更多的新闻报道，也提升了在公众心中的影响力。尤其是在 TI2 上，iG 战队力克群雄夺得冠军，举盾西雅图，这一喜讯由中央电视台报道后，大众对于电子竞技的看法开始有了转变。同时，在经济逐渐复苏，尤其是国内经济复苏较快的大背景下，越来越多的热钱和赞助也涌入了电子竞技行业以及相关产业，为野蛮发展提供了物质基础。

2. 视频作者与早期直播平台的出现

伴随着互联网技术的发展，高速宽带为流媒体的传播提供了技术可能。至此，视频网站开始出现，电子竞技职业玩家开始利用制作视频，并且在视频中插入赞助或者自营网店广告。其中"09DotA 从零单排""海涛教你打 DotA"等视频栏目获得了巨大流量，这些流量通过视频片头片尾以及口播的广告，成功的变为网店等其他渠道的流量。不过，由于视频广告监管与网店监管的双重缺位，在视频里出现谁的广告完全由视频制作者自主添加并且无须经过审核，网店售卖物品也没有权威第三方验证其可靠性与真假。而这种缺乏监管的模式很快就出现了问题，2013 年的"肉粒门"事件成为关于视频广告乱象问题的爆发点，一些视频制作者们在视频中宣传的网店中，出售名叫"美味牛肉粒"和"XO 酱牛肉粒"的零食，但其实这两种零食都不含有牛肉成分。前者中，"美味牛"是肉粒的商标，后者则是通过酱料制作成牛肉味的猪肉粒。不管视频作者对于他们所售肉粒的真实情况是否知情，"肉粒门"事件产生了很大的负面影响已成定局。不过，虽然视频贴片广告这种形式出现了很多的问题，但是其积极作用还是不能忽略的。通过这些贴片广告，可以提供优质产出的原创作者获得了一条具备稳定收益来源的渠道，也算是摆脱了早期电子竞技产业整体负收入的尴尬局面。

同时，基础通信设施也迎来了更新换代，光纤宽带在二、三线城市开始铺开，移动网络更新换代，得到了长足的发展。3G 网络的速度已经可以承担视频播放的需要，直播平台也由此而生。2008 年，依托 YY 语音带来的良好玩家互动生态，YY 直播应运而生。早期的诸多电子竞技职业选手与原创作者均依托 YY 频道作为平台，开始拓展新的内容分发渠道。相对优酷、土豆等视频网站的分发渠道，YY 提供的 UGC 直播模式加入了互动的元素。互动元素的加入彰显了电子竞技选手的个性，也刚好将电子竞技和传统粉丝经济结合在一起。如中国 DotA 史上，就有一个非常著名的 YY 频道 90016。90016 由著名职业选手 YaphetS（卜严骏、Pis）在退役后创立，曾经被称为"中国 DotA 界的黄埔军校"，聚集了当时我国 DotA 圈子里的各路退役选手或者尚未接触职业圈的新粉，他们通过 YY 提供的平台进行直播。时至今日，这批在 90016 直播的选手们，或在某个直播平台大红大紫，或在某个职业战队中成为中流砥柱。除去选手优秀操作的直播以外，直播中带来的个性彰显，也是主播吸引粉丝的重要方式。

3. 电子竞技仍然存在盲目性

相对传统行业，电子竞技产业在 2016 年以前依旧具备一定的盲目性特点。电子竞技从业者依旧以兴趣使然为主，尤其是大多数涉及职业赛事的从业者，大多数都是以退役选手担任为主。缺少系统的教育学习以及系统的方法指导是电子竞技存在盲目性的根本原因。同时，这种退役前是队友或者是朋友，退役后变成工作关系的现象，也不利于国内电子竞技产业的健康发展。

四、中国电子竞技的快速爆发期

电子竞技行业的野蛮生长引发的一系列问题以及电子竞技产业发展迷茫的情况引起了国家的关注。在国家力量的引导下，我国的电子竞技产业逐渐走向规范化。越来越多的观望游资也随着产业规范化而注入，同时通信基础建设的发展提供了电子竞技以及衍生品泛娱乐化的可能性。这一切都是我国电子竞技进入快速爆发期的重要环境背景。

1. 政策利好与地方政府支持

政策利好是我国电子竞技进入快速发展期的重要原因，自 2016 年起，从中央到地方，将电子竞技视为正式体育竞技项目、规范化电子竞技产业、引导电子竞技产业扎根入驻的一系列政策层出不穷。

2016 年是我国电子竞技产业发展利好的一年，从电子竞技赛事活动到电子竞技设备场地，再到电子竞技专业化教育，整个电子竞技产业得到了全方位的关注与政策支持。

除去以上的国家宏观层面的政策外，各地地方也给予了很多的政策性支持，如上海、西安、杭州等地。此外，地方政府也参与到电子竞技赛事的承办和赞助中来，为电子竞技赛事的举办与宣传带来了便利，并且在场地、接待等方面提供了支持与帮助。如武汉市政府赞助 2017 年腾讯 TGA 大奖赛冬季总决赛，银川市政府举办的 WCA（世界电子竞技大赛）等。

政府政策的利好与支持为电子竞技产业本身及其衍生产业带来了发展的土壤与平台，也为电子竞技的公众推广做出了重要的引导作用。

对电子竞技行业意义重大的国家政策

时　间	颁布部门	主　要　内　容
2003 年 11 月 18 日	国家体育总局	将电子竞技列为第 99 个正式体育竞赛项目
2004 年 4 月 12 日	国家广电总局	发布《关于禁止播出电脑网络游戏类节目的通知》
2006 年 9 月 27 日	中华全国体育总会	颁布《全国电子竞技竞赛管理办法》
2008 年	国家体育总局	国家体育总局整合现有的体育项目，将电子竞技运动列为第 78 号体育运动项目
2016 年	国家发改委	2016 年 4 月 15 日，国家发改委发布《关于印发促进消费带动转型升级行动方案的通知》，通知中第 27 项明确指出："在做好知识产权保护和对青少年引导的前提下，以企业为主体，举办全国性或国际性电子竞技游戏游艺赛事活动。"
2016 年	国家体育总局	2016 年 7 月 13 日，国家体育总局发布《体育产业发展"十三五"规划》，规划指出"以冰雪、山地户外、水上、汽摩、航空、电子竞技等运动项目为重点，引导具有消费引领性的健身休闲项目发展。"
2016 年	文化部	文化部 2016 年 26 号文件指出：鼓励游戏游艺设备生产企业积极引入体感、多维特效、虚拟现实、增强现实等技术；支持打造区域性、全国性乃至国际性游戏游艺竞技赛事，带动行业发展；全面放开游戏游艺设备的生产和销售，全面取消游艺娱乐场所总量和布局要求
2016 年	教育部	2016 年 9 月 6 日，教育部公布《普通高等学校高等职业教育（专科）专业目录》，该目录增补了 13 个专业，其中包括"电子竞技运动与管理"
2016 年	国务院常务会议	2016 年 10 月 14 日，国务院总理李克强主持召开国务院常务会议，会议指出："要出台加快发展健身休闲产业指导意见，因地制宜发展冰雪、山地、水上、汽摩、航空等户外运动和电子竞技等。"
2017 年	文化部	《文化部"十三五"时期文化产业发展规划》中提出推进游戏产业结构升级，推动网络游戏、电子游戏等游戏门类协调发展，促进移动游戏、电子竞技、游戏直播、虚拟现实游戏等新业态发展
2019 年	人社部	中国人社部发布公示通告，拟发布 15 个新职业，其中包括电子竞技员、电子竞技运营师两项电竞相关职业
2019 年	国家统计局	《体育产业统计分类（2019）》经国家统计局第 4 次常务会议通过，其中电子竞技被正式归位为体育竞赛项目，编码为 020210210

2. 直播平台的爆炸性增长与淘汰

在前文已经讲到，YY 与其母公司欢聚时代开创了中国流媒体直播的先河，但是早期的电子竞技直播本质上只是游戏公会的附属品，是吸引频道人气和公会获得营收的重要手段。纯粹的游戏直播还是要从虎牙和斗鱼的诞生说起。

虎牙和斗鱼两家直播平台的正式独立运营均始于 2014 年，虎牙直播的前身是 YY 直播的游戏版块，而斗鱼直播的前身是 AcFun 直播。截至目前，两家直播平台在创建时间、用户体量、融资进程等各个方面都处于行业领先位置，但是两者的驱动力以及驱动方向并不相同。这里通过大事记表的形式给予简单对比。

虎牙与斗鱼直播平台对比

时间	虎牙直播	斗鱼直播
2014 年前	1. 2012 年，YY 推出游戏直播业务，即 YY 直播（虎牙直播前身），成为国内首家开展游戏直播业务的公司； 2. 2012 年 11 月，欢聚时代公司上市，登录美国纳斯达克	—
2014 年	1. YY 直播注册用户突破一亿大关，成为行业首家"亿人俱乐部成员"； 2. 虎牙直播平台首次推出 1080P 高清码率直播服务，并具备支撑百万级用户同时在线观看能力	1. 正式立项"斗鱼 TV"； 2. 冠名赞助国内顶级电子竞技俱乐部 OMG、WE、皇族； 3. 与 iG 电子竞技俱乐部达成合作，斗鱼 TV 将成为 iG 电子竞技俱乐部新一年的赞助商； 4. 获得奥飞动漫 2000 万元人民币的天使投资； 5. 获得红杉资本 2000 万美元的 A 轮投资； 6. 冠名赞助国内电子竞技俱乐部 HGT（Hyper GloryTeam）； 7. 冠名赞助国内顶级电子竞技俱乐部 EDG； 8. 独家冠名赞助 CDEC 电子竞技俱乐部； 9. 成立斗鱼 TV 炉石电子竞技俱乐部
2015 年	签约明星代言人，首次开启直播行业明星代言合作	冠名赞助 LGD 电子竞技俱乐部
2016 年	1. 九位数薪酬签约电竞第一女神 Miss（韩懿莹），创行业纪录； 2. 央视首次正面关注直播行业，虎牙直播作为行业唯一代表，接受《朝闻天下》新闻栏目采访； 3. 注册用户达 2.1 亿，月度活跃用户 9700 万，日人均观看时长 135 分钟； 4. 知名主播 Miss、安德罗妮、骚男同时斩获微博十大影响力游戏大 V 大奖； 5. 正式全网启用 HTML5 直播技术。用户享受"1 秒即开看直播"的畅快体验	1. 宣布获得腾讯领投的 B 轮超 1 亿美元融资； 2. 宣布完成 C 轮 15 亿元人民币融资
2017 年	张一山签约成为虎牙直播品牌形象代言人	1. 英雄联盟世界冠军战队 SKT 入驻斗鱼直播，知名选手 Faker 在斗鱼首秀； 2. 宣布已经于 2017 年上半年完成 D 轮融资
2018 年	1. 成为 LCK 职业联赛的外部独家直播平台； 2. 向美国证券交易委员会（SEC）提交了注册上市申请书草案文件； 3. 腾讯以 4.62 亿美元投资虎牙； 4. 正式在纽约证券交易所挂牌交易，股票交易代码为"HUYA"	1. 获得新一轮 6.3 亿美元融资，腾讯独家投资； 2. 计划赴美进行 IPO，筹资 6 亿~7 亿美元
2019 年	—	4 月 22 日晚，向美国证券交易委员会（SEC）正式递交了 IPO 申请

从大事件表中可以明显看出两家直播平台截然不同的地方，虎牙以内容和技术作为驱动力，同时因为背靠欢聚时代，在资金方面明显有所优势。而斗鱼则是更类似于国内近年来互联网公司的运营思路，起步现金流少且没有收入来源，但是流媒体传输需要的服务器带宽费用又极其高昂，因此非常依赖融资输血；同时，为了扩大影响力获得更多的融资，又需要花钱扩大自身影响力，因此参与了众多战队的赞助。因此，两个平台的发展侧重点也不尽相同，虎牙更多的在于深耕直播行业生态与技术研发，而斗鱼则是布局国内泛娱乐相关内容。

此外，在野蛮生长期的末尾，即 2014～2016 年，直播成为热门风投风口，还有成百上千的直播平台接连出现，知名的有源自 PLU 的龙珠直播、熊猫直播、全民直播和三国杀与浩方对战平台的母公司创办的战旗直播等。但是令人遗憾的是，国内电子竞技产业步入快速爆发期后，许多平台均萧然落幕。龙珠直播被苏宁收购，头部主播出走，转而专注传统体育竞技流媒体内容；熊猫直播管理混乱，资金链断裂，宣布关闭服务器；全民直播自称系统维护升级，但头部主播出走且网站至今无法打开等。

计算机硬件与通信基础设备决定了直播开播的低门槛性。部分自身道德建设不强的人混入主播队伍，造成了消极的社会影响。不过，我国的行业监管比较到位，对于主播言行的监管也上升到了公共人物的层次，不符合行业自律要求的主播自然优胜劣汰。这也是国内电子竞技产业发展快速爆发期和野蛮生长期不同的一点。

3. 赛事与俱乐部的职业化进程加深

赛事以及赛事衍生是电子竞技产业的核心，而且选手与俱乐部是参与赛事的主体。我国电子竞技步入快速爆发期后，各项本土赛事或蓬勃涌出，或积极完善。以在这段时间新兴的移动端电子竞技游戏《王者荣耀》的顶级联赛 KPL 联赛为例，首届 KPL 于 2016 年下半年举办，其本身已经吸纳了当时其他游戏联赛制赛事的特点，并且在政策上得到了地方政府的支持。随后，KPL 成为国内首个效仿 NBA 等成熟传统体育职业联盟赛制的电子竞技职业联赛。现在的 KPL 职业联赛分为春秋两个赛季，并均设季后赛，依照常规赛积分，东西两个战区各自前四队伍晋级季后赛。此外，KPL 还于 2018 年秋季赛起取消了降级机制，进一步向效仿 NBA 等成熟传统体育职业联盟的方向靠拢。

俱乐部的职业化进程还在持续，除了赛事奖金之外，赞助和投资在电子竞技职业俱乐部收入中所占比重愈发增高。从早期一家俱乐部一般只能获得一到两个赞助商，到现在队员的队服前后左右贴满了各种赞助商的 Logo，整个电子竞技职业圈的资金情况得到了极大得好转。此外，固定式的电子竞技俱乐部训练基地也一座座拔地而起，围绕着上海、昆山、太仓、张家港等区域，国内的许多电子竞技俱乐部均设置了永久性的训练基地。如位于上海吴淞区的 OMG 俱乐部基地、位于杭州的 LGD 电竞馆等。此外，结合直播行业的发展，电子竞技职业选手自备的粉丝流量经济效应也被挖掘，通过直播经济，为电子竞技职业选手扩展了新的收入渠道，大大提高了电子竞技职业选手的收入水平，同时也为职业选手退役铺设了较好的道路。

由于电子竞技职业赛事的特殊性，部分品类的选手年龄相对较小，需要通过青训体系选拔选手，赛事和俱乐部职业化进程的加深，则是为成熟的训练营、青训体系提供了土壤。

第三章
电子竞技产业内涵

从全球范围来看，当前阶段，电子竞技产业总体都处于一个爆发式增长期。技术的革新引导产业变革，从早期以单纯的电竞游戏——电竞赛事的直链，变更为现在具备视频、直播、图文等泛娱乐化的网状结构，整体产业的丰度得到了明显的增加。同时，全球电子竞技产业与其延伸产业的产值也在得到爆炸式增长，与其他产业的交流也在逐渐加深。

在本章，编者试图以我国电子竞技产业当前的方方面面作为示例，简单介绍当前阶段电子竞技产业的产业构成与其分支产业，从产业内涵的角度了解电子竞技。同时，也将简单阐述国外电子竞技产业的发展优势与不同社会背景下的不同特点，以作参考。

第一节　国内电竞产业

在当前阶段，电竞产业已经完成了整套产业链的布局。按照产业分类，电子竞技应当属于第三产业，也就是现代服务业的范畴。相对传统的第二产业制造业，服务业的产业链链条一般较短，最终输出点一般为接受服务方，因此受众在整个电子竞技产业的链条中起到了关键的作用。电子竞技作为当前年轻人接受度极高的内容，其产业自然具备活力。同时，社会生产力的提高必然导致社会分工的形成，并且生产力的进一步解放则必然意味着需要解放生产力，进行产业结构转型升级。因此，国内电子竞技虽然得到的支持较晚，但是所幸发展较为迅速。

同时，科学技术环境的发展也影响了电子竞技产业的发展进度与方向。智慧终端技术的发展，提供了更多可以用于接入互联网，具备一定图形处理能力的入口。智能手机的快速发展引发了新的智能手机定义，Android 和 iOS 系统的高智能性使得智能手机具备了更多的功能，并且使得智能手机移动端娱乐与传统的 PC 端娱乐各自占据半壁江山。同时，移动通信技术的发展也为移动娱乐提供了坚实的基础。4G 技术的高速网络与较低时延决定了可以承载移动端电子竞技游戏与流媒体传输。由于移动端轻量化、碎片化的特点，吸引了相当多的不具备使用 PC 端娱乐条件的碎片化时间的用户，大大拓展了电子竞技产业的覆盖面。

此外，云计算服务与人工智能的发展也在很大程度上影响了电子竞技产业的发展。云计算为电子竞技产业提供了可靠的服务端平台，不论是电子竞技游戏品类本身还是赛事流媒体分发，或是社区社群交流平台，均离不开云计算服务提供的服务端支持。同时，人工智能在云计算服务中的嵌套，使得服务端具备自我调节互联网资源的使用能力，节约了电子竞技开发商、执行方、供应商等环节对于互联网资源使用的支出。在电子竞技游戏品类中，人工智能成功地为其本身的算法提供了更优化的解决方案，从寻路算法、脚本逻辑、行为管控、平衡计算等方面进一步优化电子竞技游戏本身的品质。

综合以上两点，伴随产业结构转型调整升级与科学技术环境的发展，我国的电子竞技产业形成了以内容授权、赛事执行、赛事参与、内容制作、内容传播、第三方监管等方面结合的完整产业体系，如下图所示。

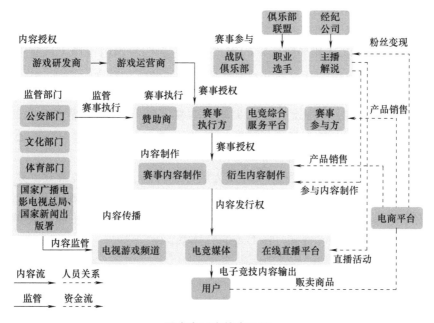

国内电子竞技产业链

去除电子竞技游戏本身，电子竞技产业的受众更多的是通过内容传播渠道获得自己所需要的电子竞技产业内容。电视游戏频道、电竞媒体、在线直播平台这三者虽然共同作为电子竞技产业重要内容的传播平台，但呈现受科学技术影响的时间递进性。内容传播的上游产业相对于普通用户来说难以企及，但是对于电子竞技行业的从业人员却是极其重要的，因此本节将会逐一对于每一个上游环节进行简单阐述；其中，内容制作在实际的产业链条中已经渗透到各个环节，本节也将会针对各个环节分别介绍内容制作的方向。

一、内容授权环节

内容授权环节为电子竞技产业提供了原始的内容来源，是整个电子竞技产业的最上游。没有内容的授权，自然就不可能存在电子竞技赛事，甚至整个电子竞技产业都不复存在。而且在国内的电子竞技产业中，尤其是以 PC 为平台的电子竞技品类中，国内厂商扮演的角色往往是代理商的位置。近年来，在移动端领域，以腾讯的天美工作室群和光子工作室群为代表，产出了具备现象级的作品。

1. 游戏研发商

一般来说，企业性质的游戏研发者会被称之为游戏研发商，但是宽泛的游戏研发者可以指任意制作和开发游戏的企业、团队甚至是个人。不同研发商对于游戏的开发的侧重点不同，一般来说，多数的研发商开发游戏是以获取利润为直接目的，一般会开发可玩性强、趣味性高的游戏。而电子竞技游戏一般具备平衡性高、游戏外因素影响极小的特点，因此只有极少的研发商会直接以电子竞技为目的开发游戏。

国内的电子竞技游戏研发商集中在移动端游戏领域，业界公认的代表作品一般是指《王者荣耀》和《绝地求生：刺激战场》（现改名为《和平精英》），分属腾讯互动娱乐事业群（IEG）自研工作室部门下的天美工作室群和光子工作室群。前者已经不满足于国内接近饱和的市场，化身为《Arena of Valor》（《AOV》）成功出海，并在进入欧美地区后得到 1.6 亿以上的注册用户，DAU（日活跃用户数）突破 1000 万，并且持续呈上升趋势。而后者虽然身陷版号漩涡，但是以《和平精英》的形式上线后，深耕国内市场，目前正在扭转它的不利舆论。

相对《绝地求生：刺激战场》或者《和平精英》，《王者荣耀》以游戏内容的天生优势，具备极高的电子竞技化程度。其顶尖职业联赛 KPL（王者荣耀职业联赛，King Pro League）在全网均具备极高的关注量与热度，在 2018 年，其海外版《AOV》还作为亚运会表演项目在地区顶级体育赛事的舞台登场。

除此之外，国内仍有诸多厂商以 MOBA 为旗号，制作了许多此类游戏，并且也在运营一些赛事，但是影响力都不及《王者荣耀》。如网龙公司开发的《英魂之刃》、网易开发的《决战！平安京》等。其中《决战！平安京》依托网易的财力，完成了职业联赛的建设，引入了 OPL 职业联赛（Onmyoji arena Pro League）体系。

2. 游戏运营商

如果说，腾讯在一定程度上垄断了国内的自研电子竞技游戏的话，当前主流的 PC 端电子竞技游戏的国内代理权则是分散在国内三大厂商的手上。除了人们耳熟能详的国内两大游戏霸主腾讯与网易外，还有一家公司的名字也不得不提，那就是北京完美时空网络技术有限公司（常简称为完美、完美世界、完美时空）。其在早期投入了研发资金，开发了自研的 Angelica 3D 游戏引擎与 Eparch 2D 引擎，不过并没有用于研发电子竞技游戏。在 2012 年完美成功拿下美国游戏与科技软件公司 Valve 开发的人气游戏《DotA》续作《DotA2》的国服代理权。随后，在 2017 年 7 月 27 日，又宣布获得 Valve 公司旗下的《CS：GO》的国服代理权。2018 年，完美又成功拿下了 Steam 中国的代理权，在国外厂商的深度合作上，完美可以称得上国内的业界标杆。

相比较完美的合作模式，腾讯则更多地是以并购的形式进行海外电子竞技产品的代理业务。以国服代理的明星游戏《英雄联盟》为例，在国服上线之初，腾讯就已经部署了收购其开发商 Riot Games 的计划。虽然在收购公告与后续的实际运营中，腾讯并没有对 Riot Games 在《英雄联盟》这款游戏的开发方向上做出直接影响，但是间接的影响是一定存在的。此外，另外一款在 2018 年亚运会表演赛登场的手游《部落冲突：皇室战争》，由芬兰开发商 Supercell 制作，也被腾讯为首的财团收购。此外，腾讯拿到 Bluehole Studio（蓝洞公司）《绝地求生：大逃杀》的国服代理权后，斥资 5000 亿韩元（约 30.5 亿元人民币）成为 Bluehole Studio 的第二大股东。

至于网易，在国内电子竞技游戏的博弈中，扮演了一个较为被动的角色。2008 年，网易获得《星际争霸Ⅱ》代理权并且搭建战网平台，2009 年网易以占战网平台的优势，斥巨资从第九城市手中抢得《魔兽世界》的代理权，从此和暴雪搭上了不解之缘。此后，暴雪出品的多款游戏，除去《暗黑破坏神Ⅲ》以外，均是具备电子竞技价值的游戏，甚至设计之初就为电子竞技所考虑。《守望先锋》《炉石传说》以及之前的《星际争霸Ⅱ》《魔兽争霸Ⅲ：冰封王座》共同构成以网易为代理渠道构建的电子竞技游戏版图，并且因为暴雪发行商品牌本身的原因收获了相当稳定的受众。

二、赛事执行环节

如果说电子竞技是一道菜的话，内容授权环节提供了做菜的原材料，而赛事执行环节则是处理原材料、将其做成菜品过程中必不可少的炊具。任何电子竞技游戏均离不开赛事这一组分，赛事不仅是任何一款电子竞技游戏扩大自身影响力的重要手段，也是在游戏失势时候重新聚拢人气的手段。如2017～2018年，《英雄联盟》游戏的人气受到《王者荣耀》的影响严重下滑，项目组甚至以贩卖抽取绝版皮肤来完成KPI考核，但是英雄联盟赛事的人气却丝毫没有下滑。此外，《DotA2》也是如此，每年的国际邀请赛总是会有很多人因为各种原因没有时间再去体验《DotA2》游戏内容的"云玩家"⊖回归游戏，为国际邀请赛勇士令状投入大量的金钱；同时《DotA2》的赛事关注度，也远远高于游戏本身的月活人数。

1. 电子竞技知名赛事

从21世纪初至今，各大赛事陆续登场，从最早期的世界电子竞技大赛（WCG）、电子竞技世界杯（ESWC）、职业电子竞技联盟（CPL）这三大传统赛事，到发展期内国内开展的全国电子竞技运动会（CEG）、中国电子竞技大会（CIG）、中国电子竞技职业联赛（PGL）等。并且，在2016年以后，我国各地方政府自身主办或合作协办，举办了大量的国际性赛事，国内的电子竞技赛事也慢慢向国际化靠拢。

世界电子竞技大赛（WCG）是截至目前，在电子竞技爱好者心中最具有分量的综合性赛事。其创立于2000年，并与2001年开始正式举办赛事，曾经在超过6个不同的国家举办全球总决赛，每年都会吸引百余万人观看。WCG在当时也是世界范围内最高水平的赛事，其赛制按照各国分区预选——全球总决赛的形式进行，各个参加的国家和地区通过自办分组预选赛，选送最优秀的选手进入全球总决赛，参赛选手除了在赢取自身荣誉和奖金外，还代表着自己的国家出战。因为其高水平度与类似奥运会的形式背负国家荣誉，被誉为"电子竞技奥运会"。从2001年正式举办第一届WCG，到2014年WCG首席执行官李秀垠通过官方邮件宣布WCG不再举办包含WCG全球总决赛在内的任何赛事，WCG一共举办了13届赛事。其中，在2005年和2006年，中国选手李晓峰（SKY）在《魔兽争霸Ⅲ：冰封王座》项目上完成了个人赛事两连冠的壮举。2008年，是WCG最巅峰的一年，在世界上最大的电竞组织ESL的总部城市德国科隆举办，这次WCG共有78个参赛国家、800名参赛选手参与，赛事包含9款PC游戏、4款主机游戏、1款手机游戏，共计14个项目，总奖金高达47万美元。但是在2008年以后受到世界经济形势的影响，WCG由盛转衰。商业模式的弊端最终导致了WCG的消亡，为了获得收益维持运作而被厂商绑架，很多以推广为目的的比赛并不能引起广大电子竞技爱好者的共鸣。同时，在2011年，以Valve旗下《DotA2》的国际邀请赛（TI）为代表的游戏厂商第一方顶尖赛事涌现，极大地影响了WCG这种综合性第三方赛事的影响力，也影响了赞助商对第三方赛事的投入力度。

电子竞技世界杯（ESWC）与职业电子竞技联盟（CPL）是电子竞技发展早期的另外两大第三方赛事，与WCG并称为国际三大电竞赛事。

⊖ 云玩家是指那些没有自己玩游戏，而是通过他人诉说或者通过游戏视频来对游戏有了一定的了解的玩家。

ESWC 最早举办于 2003 年，并设立了中国赛区，国内选手克服了"非典"带来的困难和阻碍，完成线上预选赛，前往法国参赛。至 2005 年，ESWC 已经拥有超过 60 个国家参赛，其中中国区预选赛一度成为当时国内规模最大、水平最高的电竞赛事盛会。同样，随着 2008 年外部经济形势的变化，ESWC 在 2008 年宣布破产，随后被收购。直到 2012 年，Oxent 购得 ESWC 的所有权，将其重新带回法国，及时发放奖金打造口碑，使得其重回国际顶级赛事。

CPL 在三大电竞赛事中举办最早，于 1997 年创办，是世界上第一个把电子游戏竞赛作为一种赛事运动的组织，还拥有一个针对成年玩家的在线联盟——CAL（Cyberathlete Amateur League），以赛季为单位进行线上赛事。1997 年 10 月 31 日，首次举办正式赛事 The FRAG，选择了当时最火的电子竞技游戏《雷神之锤》，奖金为 4000 美元，随后，CPL 接连以《雷神之锤》系列作为项目举办了一系列线下赛事，在赛事举办过程中，CPL 也逐步建立了夏季赛和冬季赛的赛制，并且采用的规则直至今日还有很多仍在被沿用。可惜的是，步入 21 世纪后，CPL 为了迎合赞助商，放弃了一系列受欢迎的项目品类，选择了赞助商指定的游戏，因此丢失了人气。在 2006 年，CPL 最大的赞助商 NVIDIA 和 Intel 的撤资给予了 CPL 最后一击，加之 CPL 在欧洲的合作游戏组织 Turtle Entertainment 自己成立了自己的 ESL 联赛（至今仍有全球巡回赛）。2007 年，极度依赖雪乐山赞助的 CPL 已经完全"变味"，其总决赛项目只采取雪乐山的两款游戏，因此彻底丢失了人气，于 2008 年宣布停运。

全国电子竞技运动会（CEG）、中国电子竞技大会（CIG）、中国电子竞技职业联赛（PGL）这三大赛事均是 2002~2006 年初步发展期内成立并开始举办的，是国内电子竞技赛事的早期探索。CEG 是由中华全国体育总会主办的最具权威性的国家级电子竞技联赛，其宗旨是规范和普及电子竞技运动，提高中国电子竞技运动水平，向国际市场推广电子竞技运动，使中国成为全球性的电子竞技市场，首届比赛于 2004 年 6 月 19 日开幕。而 CIG 定位于半职业的电子竞技比赛，是由人民邮电报社发起、中国各大通信运营商支持，中国电子竞技大会组织的以网络游戏比赛、展览、论坛、峰会、调查为内容的综合性活动，旨在推广电子竞技以及帮助电信发展的一个广泛性的比赛，致力于为整个游戏产业链上游、中游、下游搭建互动、交流和展示、推广的服务平台。PGL 则是创办于 2006 年，由北京数字娱乐产业示范基地主办、华竞互动（北京）科技发展有限公司承办、中华全国体育总会支持，是经我国政府部门正式批准开展的国际性电子竞技职业联赛，曾在 2009 年短暂停办，在 2015 年又重新回归。此外，近年来国内还有世界电子竞技职业精英赛（WPC）、世界电子竞技运动会（WESG）、世界电子竞技大赛（WCA）等世界性第三方赛事品牌。

除去第三方赛事品牌外，2008 年金融危机后，各大厂商均开始主推第一方赛事模式。在国际上最知名的第一方电子竞技赛事分别是《DotA2》的国际邀请赛（TI）、《CS：GO》的 Major 系列赛、《英雄联盟》的 S 系列赛。国内的第一方电子竞技赛事则是更多以手游为主，如《王者荣耀》的 KPL 联赛。其中，TI 系列赛事是开启了电子竞技高奖金的先河，也是至今单次赛事奖金与系列赛总奖金最高的赛事，见下表。

历届 TI 奖金池与冠军奖金

	赛事奖金	冠军奖金
TI1	1,600,000 美元	1,000,000 美元
TI2	1,600,000 美元	1,000,000 美元

（续）

	赛事奖金	冠军奖金
TI3	2,874,380 美元	1,403,811 美元
TI4	10,925,709 美元	5,028,308 美元
TI5	18,429,613 美元	6,634,660 美元
TI6	20,746,930 美元	9,121,908 美元
TI7	24,688,095 美元	10,906,683 美元
TI8	25,532,177 美元	11,234,158 美元
TI9	32,150,000 美元	14,600,000 美元

相对第三方赛事，厂商主推的第一方赛事的专业性更佳，宣发投入更多，并由开发商自身掌控赛事运营，更有利赛事生态的延续与健康发展。

2. 电子竞技职业联盟

国内最早的电子竞技职业联盟还要追溯到 20 世纪，1998 年 7 月，王银雄在看见挂有 HOK（Hero of Korea）的韩国战队队员的名字每天不断出现在战网后，决定成立一支属于中国人的星际战队，于是成立了中国星际争霸联盟（China Starcraft Association，简称 CSA）。不过，在 CSA 转入国内 263 战网后，因没有全国赛事、没有竞技组织，转变为了纯粹的以星际会友的联盟。

21 世纪的第 2 个十年，由 iG 电子竞技俱乐部牵头，中国电子竞技俱乐部联盟（Association of China E-sports，简称 ACE）成立，其整合了当时国内几乎所有的职业俱乐部，囊括 WE、iG、DK、天禄、LGD、PanDarea、AgFox、ForLove、DT_ Club、同福等顶尖职业俱乐部，并且以联盟的名义开设各个项目的各类比赛。联盟成立的初衷是以促进电子竞技事业发展为宗旨，维护电子竞技俱乐部以及职业选手相关权益为基本。但是令人遗憾的是，ACE 虽然整合了国内电子竞技俱乐部的资源，规范了俱乐部与选手的转会行为，但是并没有为中国电子竞技的发展起到特别显著的作用。从长远角度来看，ACE 在开发商对赛事规定缺位的情况下，为中国电子竞技俱乐部行为做出规范准则是有积极意义的。

第一方以赛事为载体的职业联盟相对 ACE 这种第三方联盟，具备的专业性更强，并且具备直接的约束力。如《英雄联盟》项目的 LPL 赛区联盟和 LDL 赛区联盟。厂商通过第一方视角直接掌控赛事与俱乐部，按地区和游戏品类设置职业联盟，是目前看来更加趋向于传统体育职业联盟的形式，也是减少矛盾和争议的重要方法。

3. 电子竞技赛事供应商

电子竞技赛事供应商通常指第三方，是除了厂商第一方外，以第三方身份与厂商进行合作，部分负责或者全权负责某项赛事。国内比较成熟的赛事供应商有 MarsTV 与量子体育（VSPN），此外，ImbaTV、东方卫视等也有举办或者承办过电竞赛事。

MarsTV 隶属上海耀宇文化传媒有限公司，致力于打造游戏行业的第一传媒，成为游戏界的 ESPN 是其发展的方向和目标。MarsTV 具备国外诸多顶尖赛事的中文转播权，且与 Valve 合作，自办 MDL 赛事，其澳门站 MDL 国际精英邀请赛，与 Valve 在《DotA2》项目上启用 Minor 和 Major 赛事规则后一直运行 Minor 赛事。2019 年 5 月 4 日至 5 月 12 日，MarsTV 于法国巴黎 Disneyland® 举办《DotA2》赛季顶尖官方职业巡回赛 MDL Disneyland® Paris Major，作为 2018~2019 赛季的第 4 个 Major 特锦赛。这是 MarsTV，也就是耀宇传媒首次在国门之外举办大型电竞赛事，也是迄今为止国内以赛事供应商为主导在海外举办的级别最高的赛事。同时，MarsTV 还从 ACE 处接手中国 DotA2 职业联赛（DPL，DotA2 Professional League）。

量子体育（VSPN）则是深耕国内，与腾讯系游戏进行了大量且深度的合作。在电视端拥有王者荣耀赛事（IPTV 独家）、英雄联盟系列赛事、穿越火线系列赛事等顶级电竞赛事版权，同时，通过与腾讯、英雄互娱等领先游戏厂商的合作，量子体育 VSPN 直接拥有赛事的运营权，先后主导并成功承办或举办了《王者荣耀》《穿越火线》《英雄联盟》《绝地求生》《皇室战争》《球球大作战》《炉石传说》《FIFA Online 3》《全民枪战》《地下城与勇士》（DNF）等知名竞技游戏的一系列官方职业赛事，包括 KPL、CFPL、CFML、LPL、PCPI、CLO、BPL、FSL、HPL 及国际游戏联盟大赛 IGL 等。

其中，KPL 作为 VSPN 最成功、最亮眼的赛事品牌，成功融入了许多新的技术与电子竞技赛制，独创式地在电子竞技赛事中引入东西赛区主客场机制，并且支持纯净公共流媒体与官方导向包装后的官方流媒体两路同时推送的功能。此外，还在一部分较难呈现赛事效果的品类上采取了不同的应对方式，为赛事的观看效果做出了较大的努力。

ImbaTV 在早些时候制作过 I 联赛等赛事，与 2019 年 1 月 19 日至 1 月 27 日举办由 Valve 授权的 2018~2019 赛季第二个 Major 特锦赛。此次重庆 Major 特锦赛由 ImbaTV、StarLadder 与重庆有线联合主办，共计 15 支从六大赛区预选赛脱颖而出的队伍加上布加勒斯特 Minor 冠军队伍，对总计 100 万美元的奖池及 15000 点 TI9 DPC 积分发起冲击。

4. 赞助商

除去直接投资，赞助商的赞助投入是电子竞技赛事中重要的获利部分。对于电子竞技赞助，一般来说分为四种形式：冠名权、直接广告、产品展示、推广宣发。相对而言，冠名权是顶级的赞助形式，出资赞助的赞助商可以以自己的企业或者品牌命名赛事或战队，如 2017 赛事 VIVO 冠名 KPL；法甲第一豪门巴黎圣日耳曼（PSG）冠名 LGD DotA2 分部，战队更名 PSG.LGD；亿电竞冠名赞助 Team Aster，Aster 下所有队员 ID 后均标注亿电竞字样等。直接广告在电子竞技中，一般来说指的是队服、海报、口播等形式的宣传。在《DotA2》游戏中，还可以将赞助商的广告挂入游戏中，WCG 也有过将赞助商 Logo 做入赛事地图的方式进行直接广告。此外，借助于直播转播镜头，展示的电子竞技选手队服胸前与肩部广告也是重要的直接广告形式。2017 年 12 月，巴西著名的 SG 电子竞技俱乐部发布了新一年的招商赞助方案，在成员队服胸前和肩上约 10cm 的广告位置每个月的价格 2500~3500 美元，且最少赞助 6 个月。可见当前情况下电子竞技对于赞助商的诱惑力，并且这类收入对于多数电子竞技俱乐部来说，也是非常重要的现金流来源。

电子竞技赞助的优势和劣势在当前阶段是比较明显的。首先，电子竞技的涉及面大，对于赞助商来说，拥有全面展示的机会，并且这种曝光在短期内非常集中。同时，电子竞技借助新兴媒体传播，主流受众是二次传播能力强的青年人群，因此电子竞技赞助还具备覆盖面广的特点。以 TI6 期间哈尔滨啤酒赞助 LGD 战队出征西雅图为例，虽然 LGD 战队在 TI6 止步八强门外，但是"一起哈啤"这句话在《DotA2》玩家群体内口口相传，比赛中，不管是赢了或是输了，粉丝都会用"一起哈啤"的口号来表达或是称赞或是嘲讽，"一起哈啤"一度成为当时电竞圈最为流行的表达方式。TI6 邀请赛期间，哈尔滨品牌 Logo 露出的比赛直播观看人数达到了 1.58 亿，游戏相关的"一起哈啤"的网络口碑占到了总体提及率的 67%，也就是说赞助电子竞技的收益超过了赞助沙奎尔·奥尼尔、张震岳与世界杯的总和。另外在 TI6 DotA2 邀请赛期间，哈尔滨啤酒的百度指数甚至一度达到了 5 年来的新高。其"一起哈啤"的热度已经超过了之前哈尔滨啤酒高价请明星代言的效果，超过了赞助巴西世界杯的效果。

不过，电子竞技赞助走到今天，其赞助成本水涨船高，哈尔滨啤酒的成功案例进一步提高了电子竞技赞助的价格，并且，集中性、井喷式地大量曝光的代价则是推广效果周期短。哈尔滨啤酒的赞助案例已经作为特例，具有一定的不可复制性。

三、赛事参与环节

具备了内容授权环节的"原材料"以及赛事执行环节的"炊具"，赛事参与环节则是电子竞技赛事这道大菜的"掌勺人"。没有职业战队、职业选手、解说主播在赛事中的参与行为，任何赛事都将是不复存在的。

1. 职业战队与其组成

每个电子竞技项目职业战队的数量数不胜数，职业选手的实力、心理能力、特点、打法都不尽相同，尽管职业战队的组合打法不计其数，但是一个战队的基本构成是有规律可循的，而且缺一不可。一般来说一个战队应当具备职业选手、战队领队、教练组、后勤组等组分。

其中，职业选手部分会因为参与的电子竞技项目的不同而发生一定的变化，这里简单以《DotA2》《王者荣耀》《英雄联盟》等为代表的 MOBA 类游戏为例做简单介绍。

目前主流的电子竞技 MOBA 类游戏通常由 5 位选手组成，一般会设置队长一职，在电子竞技赛事中，由队长进行全权指挥，但是有的时候因为特殊原因，还会单独设定实战指挥职位。MOBA 类游戏的队长的选取并不局限于某一个英雄或位置，通常具有以下几个特点：

1）游戏大局观强。队长要能够准确地把握战队战术的核心思想，具有破坏对方战术意图的能力。

2）管理能力强。队长需要得到队员无条件的支持，以便在团战指挥中队员可以一丝不苟地完成队长下达的命令。

3）以身作则。这是成为队长必备的素质。队长在平常训练和比赛中需要以身作则，起到带头作用。

4）善于学习，总结经验。队长的重要作用是从训练和实践中积累经验，总结战术上的得失，把队伍培养成为一支更强的战队。

因此，在紧张的电子竞技赛事中，队长还需要进行指挥与全局性的思考，甚至在早期，Ban/Pick 还必须由队长进行。鉴于这个特点，传统意义上队长一般都是以非核心位置的选手来担任，以便核心位置选手可以全身心投入自己角色的操作上。当非核心位置的选手存在管理能力不足或者资格较新的问题时，可能就会任命资格老的核心选手为队长，只负责极其关键的决策，平时交由具备大局观和指挥能力的非核心选手指挥。其他类别游戏的职业选手组分可能与 MOBA 类游戏不同，但是总体差异不大。

至于电子竞技职业俱乐部中的领队、教练组、后勤组等职位则是大同小异甚至完全一致，领队这一职位在一个专业的电子竞技战队中不可或缺。领队的主要工作职能：负责战队所有日常事务的对接和安排工作。一个职业电子竞技战队的训练赛和正式比赛的安排是十分紧凑的，需要领队提前做好表格进行规划与安排。同时，参加线下赛事与主办方沟通的事宜都需要领队去完成。这些事物是烦琐且琐碎的，如果交由队长去处理会浪费选手大量的时间，并且有的时候因为沟通上的问题，还会影响到队员的情绪。除去赛事中发挥沟通的作用外，在日常的训练中，领队也有必要协调内部队员关系，参与战队规章制度的整理和落实。此外，部分俱乐部中选手年龄较小，领队还要担任部分生活与心理方面的工作。

至于教练组则是电子竞技职业俱乐部中除去职业选手以外最重要的组分，目前电子竞技俱乐部的教练组大多由 3 人组成，分别是主教练、助理教练和分析师。主教练负责统筹整个战队的战术方向，与教练组成员联合研发新战术并进行测试，对其他竞争对手的战术进行研究和分析并制定相应的应对策略。主教练也会负责管理整个训练计划的实施，同时安排每个战队成员的个人训练任务以及团战默契度的训练。助理教练与分析师都是对主教练进行辅助的职位，主要通过数据收集、战术分析为主教练制定训练任务提供相应的情报和依据，帮助主教练制定出适合这一时期战队成员的训练计划，同时这些数据的更新也会随时帮助主教练微调自己的训练计划，达到适宜的目的。目前各大游戏均在强化教练与数据分析师在整个电子竞技赛事流程中的存在感，主流的 MOBA 类游戏赛事中，教练均可以直接参与到 Ban/Pick 和随后的战术讨论环节。

此外，后勤组虽然不能在电子竞技赛事中直接发挥作用，但是在电子竞技活动中，后勤组对电子竞技职业选手的作用是至关重要的。一般来说后勤组主要工作包括饮食后勤、心理辅导甚至随队医生。饮食后勤负责保障职业选手一日三餐的供应，保证科学营养。并且由于职业选手训练时间的特殊性，有的时候还要额外准备低卡且饱腹感和口感较好的夜宵。当队伍外出比赛，尤其是去国外参赛时，饮食后勤还需要保证选手不会因为饮食的问题出现水土不服的情况。心理辅导则是保证选手减抗的心理状态，尤其是在出现不可控的意外事件导致失利的情况下，心理辅导师需要迅速对选手进行心理辅导，避免心理问题影响选手的竞技状态。部分完善的俱乐部还会携带随队医生或者随队理疗师，帮助选手在身体不适时作及时调理。

2. 解说主播的不可替代性

除了电子竞技俱乐部的参与外，并不是只要有受众，电子竞技赛事就能称得上成功。解说和主播是电子竞技中不可忽视且不可替代的一环。在电子竞技赛事中，解说是在赛事活动本身和观众之间必要的润滑剂。优秀的解说可以缓解赛事中可能无聊的部分，同时合理的解说可以帮助很多因为现实事务繁忙不完全了解游戏的"云玩家"快速了解游戏或赛事。尤其对于新兴的电子竞技项目，如《绝地求生：大逃杀》，解说尤为重要。相对其他的电子竞技品类，《绝地求生：大逃杀》的平缓期更长，且选手的意图多，只具备导播的话无法为观众分析选手心理与下一步行动。此外 Ban/Pick 环节对于解说也具有极高要求，因为 Ban/Pick 环节是两队在战术和心理上的无声博弈，必须要通过高水平的解说进行解读。

此外，主播在电子竞技赛事和电子竞技整个产业流程中，也具备非常重要的地位。主播的解说是电子竞技爱好者在游戏本身外，可以最直接了解游戏的途径。同时具备较多粉丝，或者能力较强的主播，可以自行对于具备版权的赛事进行解说。具备大流量的主播对于一款电子竞技游戏的寿命是具有益处的，可以更好地达成宣发的效果。

优秀的电子竞技作品会培养优秀的主播和解说；同时，优秀的主播和解说又可以吸引路人转粉反哺游戏。流媒体的出现注定了解说和主播在电子竞技中的不可替代性，两者存在难以割断的联系。

四、内容传播环节

在赛事参与环节作为"掌勺人"，通过赛事执行环节的"炊具"烹调内容授权环节的"原材料"的时候，内容传播环节则是以"调味料"的形式出现。缺失内容传播环节，电子竞技赛事这道菜是可以食用的，但是味道必然不会太好。内容传播环节的职责就是将电子竞技产出的内容做一定处理后传播出去，增加娱乐性，扩大影响力。我国电子竞技的内容传播环节明显地具备从电视游戏频道至电竞游戏媒体再转至在线直播平台的变化过程。

1. 电视游戏频道

自国家广电总局于2004年4月12日发布《关于禁止播出电脑网络游戏类节目的通知》后，电子竞技相关的电视频道一律不能直接在公共上星频道播放。游戏风云、GTV等电子竞技频道均以付费频道的形式出现。

除此之外，各地的数字电视以各自的形式，在数字机顶盒内加入了诸如转播视频、转播国外电竞频道，以转播国内付费电竞频道的方式播放电子竞技节目。

2. 电竞游戏媒体

在电竞游戏媒体这个词中，媒体的概念是宽泛的，泛指当时所有的门户网站，YY旗下的多玩游戏网、游久网、17173、游民星空、电玩巴士、178游戏网均属于电竞游戏媒体的范畴。

在国内电子竞技发展历程中，直至Steam平台的引入，电子竞技爱好者对于电子竞技内容的付费习惯一直欠缺，许多人不愿意通过付费订阅电视频道的方式获取电子竞技资讯。因此这些以收取厂商合作费用与广告费用盈利的门户网站成为大众最廉价获取电子竞技资讯的手段。

3. 在线直播平台

随着网络技术和流媒体传输的发展，电子竞技爱好者已经不满足于图文或者视频形式的资讯内容产出，具备极强互动性和娱乐效果的直播成为电子竞技爱好者们在无法自己体验的情况下进行娱乐或者了解电子竞技赛事的首要选择。

目前，国内以斗鱼、虎牙、企鹅电竞三家直播平台三足鼎立，此外还有花椒、快手、bilibili（简称B站）、触手、火猫、网易CC等直播平台百花齐放。截止2019年5月，国内直播平台中只有虎牙借助其母公司欢聚时代与其本身技术先导的特点，在美国纳斯达克成功上市，斗鱼则是在2019年4月提交了美国纳斯达克的上市申请，目前尚未得到结果。

流媒体的在线直播形式改变了国内整个电子竞技的生态布局，为电子竞技职业选手的后职业生涯提供了一种解决方案。同时直播行业门槛低，全民性的直播又为电子竞技的推广做出了重要的贡献。

第二节 国外电竞产业

相对我国电子竞技在2016年正式得到国家层面政策上支持、地方政策扶持，全球范围内多数发达国家的电子竞技产业均已经得到充分发展。但是，对于起步较早，产业存在一定局限性的韩国，电子竞技产业的发展已经遇到一定的瓶颈。

相对国内电子竞技产业，国外电竞产业在内容传播与内容制作发行上存在明显区别。本节就针对这两点进行简单介绍。

一、内容传播

目前，在内容传播上，国内外常用的渠道本质上是雷同的，但是因为文化差异，呈现出完全不同的状况。

Twitch、Twitter、YouTube、Reddit，这四个词分别对应国内的流媒体直播（如斗鱼、虎牙）、分享简短实时信息的社交网络平台（如微博）、视频分享平台（如腾讯视频、优酷、bilibili）、社区社群（如天涯、贴吧）。

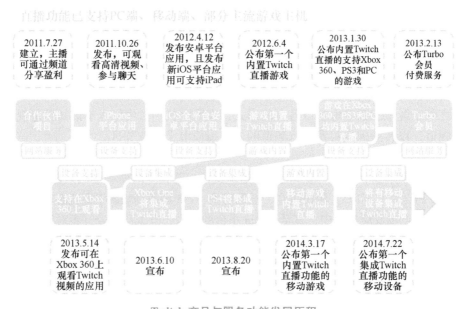

Twitch 产品与服务功能发展历程

其中，Twitch 与国内对应的斗鱼、虎牙这些直播平台的差异最大。在国内，大多数平台都兼具弹幕、付费道具、免费道具三项功能，极少数平台是兼具这三项功能中的两项。而在 Twitch 平台上，这三项功能都不具备的。Twitch 的付费形式更固定化，主要通过三种途径获利。第一种，通过用户的订阅获利，用户要想成为一个主播的订阅者，并在该主播的频道里可以享受一些特别福利（专用聊天表情、订阅者专属聊天的通行权等），就需要每月支付 5 美元。用户的付费大多数直接付给主播，少部分归 Twitch。第二种获利途径是主播自己在直播的间隙休息时间，选择让 Twitch 播放广告，这部分广告收益大部分归 Twitch，也有一部分归主播本人。第三种获利的方法是主播参与 Twitch 举办的专题活动获得收益。

在国外，一个中高规模的主播常常有成千上万的同时观看者。因此小量积成多数，主播和 Twitch 的收益就都很可观了。这与国内的"直播+淘宝"盈利模式有很大的不同，但各自都有各自存在的合理性。不过，总体来说，相比于国内的直播平台，Twitch 的界面更简洁，广告较少，国内鲜有直播平台是完全不依赖直播页面内广告的。

Twitter、Reddit、YouTube 三者相对国内相对应的平台具备审查较少的特点，尤其以 Twitter 显著，不过电子竞技很少会存在涉及审查的内容。YouTube 则是当前全世界范围内具备最强技术能力的视频网站，同时本身也具备流媒体直播的功能。在 YouTube 上，只要发布者不设置付费，只要网络带宽支持，即可以在网络上轻易访问分辨率高达 2K、帧率达到 60 帧的视频。YouTube 的用户可以随时暂停播放源自 YouTube 的流媒体直播，同时也可以在直播中随时回看本场直播中错过的任意时间段。

此外，Reddit 作为国内电子竞技爱好者们了解极少的网站，但是其本身作为全世界最受欢迎的社区讨论网站，经常会有电竞爱好者提供国内无法获取到的尚未公开的情报。同时 Reddit 的交流相对国内的天涯、贴吧等更为和谐，有意义的讨论也相对更多。

与国内相比，国外的各大平台对于版权的审核尤为严格，以 Twitch 为例，Twitch 此前曾为了背景音乐版权问题而推出消音服务，在国内，版权的重视程度正在不断加强。同时，YouTube 对于版权的审核也极为严格，违规的侵权作品会被立即下架，并且需要承担相关责任。

二、游戏制作与发行

国内的电子竞技游戏，尤其是 PC 端电子竞技游戏，主要来源是代理美国的暴雪与 Valve 两家公司的相关产品。不过就暴雪与 Valve 来说，他们对产品、赛事、盈利模式的不同策略，极大地影响了各个电竞游戏项目的产业生态。这里针对这两家公司进行简要的介绍。

相对国内的厂商，不论是暴雪还是 Valve 都具有很长的游戏开发历史，并且在品控上远强于国内厂商。通过多代的发展与演变，在形成 IP 的同时，通过搭建自身平台培养了众多的受众人群，收获了口碑后，才成为了电子竞技游戏开发商中的常青树。

1. 暴雪与战网

暴雪公司是一家著名视频游戏制作和发行公司，于 1991 年 2 月 8 日由加利福尼亚大学洛杉矶分校的三位毕业生 Michael Morhaime、Allen Adham 和 Frank Pearce，以 Silicon&Synapse 为名创立；1994 年品牌正式更名为 Blizzard。

暴雪公司推出过多款经典系列作品：《魔兽争霸》《星际争霸》《暗黑破坏神》系列、《守望先锋》《炉石传说》《魔兽世界》。其中，《魔兽争霸Ⅲ》和《星际争霸》均被多项著名电子竞技比赛中列为主要比赛项目，在电脑游戏界享有高评价。

除了游戏本身的研发，暴雪在与游戏相关的服务器研发上也取得了傲人的成绩。1997 年，暴雪专设了在线服务器"战网"。战网的出现，是暴雪对互联网时代的敏锐感与准确把握。1998 年，随着《星际争霸》风靡全球，战网也日渐繁荣兴旺，两者相辅相成，共生共荣。1999 年，暴雪第一次在战网举办大赛，提供了 2 万美元的现金和奖品，全球玩家竞相参与，掀起了一场前所未有的网络游戏大战。有了战网以后，《星际争霸》吸引力暴增，全球各地的玩家联网对战，真人对战，其乐无穷。暴雪的战网虽然提供免费服务，但玩家必须拥有正版的暴雪游戏，才能进入战网争霸。2000 年，暴雪在全球拥有 1300 万用户，战网的注册用户已达 750 万，日均 12 万人在线。为配合新产品的推出，暴雪进一步加强反盗版功能，对战网上 CD-KEY 的控制将更加严格。

自《魔兽世界》开始，暴雪旗下所有游戏必须依赖战网才能正常使用，后续的《星际争霸Ⅱ》《风暴英雄》《炉石传说》《守望先锋》，包括未来的《魔兽争霸Ⅲ》重置版，都必须依托战网平台，且只有通过战网登录才能使用。战网的布局与发展成功为暴雪后续产品的发布与推广打下了坚实的基础，同时因为战网的存在，暴雪也拥有一批非常忠实的粉丝，这批粉丝与暴雪对游戏的严苛品控是暴雪二十余年屹立不倒的缘由。2016 ~ 2017 年，暴雪逐步将战网的平台名称统一改为暴雪游戏平台（Blizzard）。

2. Valve 软件公司与 Steam

Valve 软件公司（Valve Software，简称 Valve），1996 年成立于美国华盛顿州西雅图市，由曾经是微软员工的 Gabe Newell 和 Mike Harrington 一同创建。Valve 是一家专门开发电子游戏的公司，代表作品有《半条命》《CS》《求生之路》《DotA2》等。

Valve 的意思是"阀"，在 Valve 公司开发的游戏的开头片段里，就有意为开放思维与开拓视野的画面，如下图所示，这也是 Valve 软件公司开发游戏的宗旨。

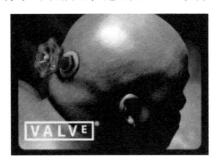

Valve 开放思维　　　　　　　　　Valve 开拓视野

Valve 软件公司自 1996 年成立以来，开发了大量的游戏，为众多玩家带来了一个又一个精品。同时，Valve 不仅停留在游戏的开发上，还在游戏平台的建立上也做出了很多努力。Valve 的 Steam 内容输送系统于 2002 年开始工作，这也解决了在电脑游戏上面的更新问题。

Steam 平台是目前全球最大的综合性数字发行平台之一，无数游戏发行公司的游戏在此平台上发行、更新，玩家可以在该平台购买、下载、讨论、上传和分享游戏和软件。Steam 平台提供数字版权管理、多人游戏、流媒体和社交网络服务等功能。借助 Steam 平台，用户既能安装并自动更新游戏，也可以使用包括好友列表和组在内的社区功能，还能使用云存储、游戏内语音和聊天功能。Steam 软件免费提供了一个应用程序接口——Steamworks，开发商可以用来集成 Steam 的功能到自己的产品中，如网络、在线对战、成就、微交易，并通过 Steam 创意工坊分享用户创作的内容。最初 Steam 只在 Microsoft Windows 操作系统发布，后来也发布了 OSX 和 Linux 版本。2010 年以来，Steam 推出了为 iOS、Android 和 Windows Phone 设计的移动应用，与电脑版软件实现互联。

在 Steam 的主流功能中，对于电子竞技及电子游戏行业最具有影响力的当为创意工坊功能。创意工坊功能为愿意依照游戏开发商提供的标准与 API 开发第三方模组（Mod）或其他组件的玩家提供一个发布的平台。在 Valve 自己开发的游戏中，《CS》系列即脱胎于《半条命》的游戏模组（Mod），因此 Valve 非常重视玩家自产的第三方模组方面的内容。2019 年初，巨鸟多多工作室制作的基于《DotA2》地图编辑器的 RPG 地图《刀塔自走棋》获得了巨大的成功。《刀塔自走棋》的本质也是一种第三方游戏模组，目前巨鸟多多与 Valve 分别在移动端和 PC 端深耕自走棋玩法，巨鸟多多已经率先与龙渊网络合作开发移动端的自走棋，Valve 的独立版自走棋尚在孵化当中。

截至目前，Steam 平台是世界范围内最成功的电子游戏发行商平台，同时在线人数超过 1400 万人，强大的在线人群为 Valve 旗下两款电子竞技游戏《DotA2》与《CS：GO》提供了强大的玩家基础，两款游戏目前每日在线峰值分别在 85 万人与 50 万人上下，强大的玩家基础为游戏社群的活跃与赛事的传播提供了强大的推动力。

第四章
电子竞技游戏的用户现状与发展

第一节　电子游戏用户的变迁

每个行业都有自己的历史脉络，游戏也有自己的发展史。从 1994 年的中国游戏产业元年到当前中国游戏行业的全面发展。这二十多年不光见证了中国游戏产业的变迁，也见证了中国计算机、电信、互联网、移动互联网产业的蓬勃发展。可以说，中国的游戏产业是伴随着中国电子产业、移动产业和互联网产业的综合发展，逐步铸就当前的繁荣。

从时间跨度上来看，中国游戏大致经历了单机、端游、页游、手游四个阶段。在这四个阶段中，用户也随着时代的进步与游戏的发展，一同变化着。

一、单机时代

1995 年之前，我国的个人计算机拥有量较低，不像现在电脑已经成为每个人生活的必需品。并且当时的计算机在我国主流的是 MS-DOS 操作系统，即全部以指令符形式通过键盘输入进行控制，操作难度较大。1995 年，微软发布了 Windows 95 操作系统，实现了操作系统图形化，让计算机的操作变得简单，大大降低了人们学习使用计算机的门槛。得益于此，我国普通老百姓也开始接触、学习、使用计算机。

1995 年年底，大陆引进了台湾公司大宇资讯开发的 RPG 游戏《仙剑奇侠传》，游戏中"李逍遥"与"赵灵儿"的故事广为流传，这部游戏也成为当时游戏玩家心目中的一部经典佳作。大宇资讯也凭借该作获得 1995 年 CEM STAR "最佳角色扮演游戏奖"以及 1995 年 KING TITLE "游戏类金袋奖"，并于 2004 年被改编成同名电视剧。

此后，我国游戏产业进入萌芽期，这期间，我国游戏商分为两个发展方向，其一，从代理入手，引入各类游戏在国内销售；其二，国内一些人开始创立游戏公司，进行

《仙剑奇侠传1》游戏界面

国产游戏的自主开发，如金山软件公司西山居工作室创作的《剑侠情缘》系列（见下图）、大宇资讯的《轩辕剑》系列、宇峻奥汀的《三国群英传》系列等。这段时期，国外的优秀游戏作品也是不断涌现，如《星际争霸》《魔兽争霸》《暗黑破坏神》《CS》等。从 1995 年到 1999 年，可以说是我国游戏公司集中爆发的时期，但也比国外的游戏产业起步晚了近十年。

这个时期的中国游戏行业刚刚起步，随着电脑的普及以及视窗操作系统的发布，使得普通老百姓也开始接触电脑。对于这种新颖的游戏承载形式从一开始就吸引了很多用户，而当时因为技术限制，游戏产品并不多，种类也并不丰富，所以每出一款游戏都能够称得上经典，形成初期的游戏用户体量。

二、端游时代

1998 年前后，电脑逐渐普及，硬件技术与显示技术得到了空前的提高，使得电脑游戏逐渐进入 3D 领域。相对于硬件技术的提升，互联网的变革使得整个 IT 行业得到了加速发展，虽然当时的网速很慢，价格昂贵，但依然抵挡不住我国人民网上冲浪的热情。

这个时期，端游可分为两个阶段。第一个阶段，以局域网为主，互联网为辅。此时的端游更多的还是处于局域网对战阶段。互联网时代初期，我国的平均网速与整体网络环境不是很好，价格昂贵、速度慢、延迟严重。因此，催生了网吧产业的发展，那时很多人都与朋友、同学在网吧一起进行游戏，通过局域网形式，进行对战，比如《CS》《星际争霸》等。此后，因为网络速度的提升，衍生出了互联网对战平台，很多玩家不再局限于网吧内的局域网，将目光投向了更广阔的互联网，例如浩方对战平台、VS 对战平台等。在这些对战平台中，可以与五湖四海的玩家进行线上对决，当时较为流行的有《CS》《星际争霸》《魔兽争霸》等项目。

第二个阶段，互联网游戏真正的起步阶段。在图形化网络游戏诞生之前，第一款网络游戏被称之为 MUD 游戏。MUD 的全称是 Multiple User Dimension（多用户层面），是很多用户参与活动的一种计算机程序。1979 年第一个 MUD 多人交互操作站点建立。这个站点包含了各种冒险游戏、棋类游戏和丰富详尽的数据库。到了 1996 年，第一款国产 MUD 游戏《北大侠客行》（见下图）诞生。这款游戏最初架设于北大物理楼的一个服务器上，是以金庸先生的所有作品为背景制作的一款 MUD 游戏，里面包含了许多金庸小说里的人物、武功，有一些秘籍也是根据金庸小说设计的。在这款游戏中，很多人体会到了真正的武侠世界，完成了自己的侠客梦。

时隔一年，EA 旗下工作室 Origin 开发的《网络创世纪》（UO）上市。至此第一款图形

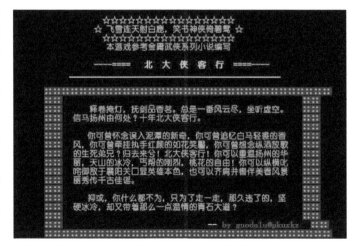

《北大侠客行》

化网络游戏诞生。虽然这款游戏很快风靡全球，但当 EA 想将该游戏引入中国时，却未能如愿。由于没有中国服务器，在那个用 14.4Kbps 上网的年代（要用最高 2K 的速度下载 600MB 的游戏客户端），在中国连接国外服务器万分艰难。终于在游戏推出一年后，即 1998 年，一些 UO 的爱好者们自己开发编写出了模拟 UO Server 的程序，并且自己架设了 UO 网站，不断完善。并且 Origin 也默许了这种私人 Server 的存在。至此，私服的出现，给我国玩家带来了真正的网络游戏的盛宴，开始走向中国网络游戏的高速发展道路。

1999 年，我国第一款自主研发的图形化网络游戏《万王之王》（见下图）由台湾雷爵资讯股份有限公司开发。2000 年，正式进入我国大陆进行运营，根据当时的硬件性能与网络环境，可以支持上千人同时在线，并拥有相当不错的 2D 图形化技术，让所有玩家都眼前一亮，成为我国真正意义上的第一款网络游戏，也成为当时那代人的回忆。

《万王之王》游戏界面

另一种回合制 MMORPG（大型多人在线角色扮演游戏）游戏，在我国也有着举足轻重的地位。1999 年《石器时代》上线、2002 年 1 月《魔力宝贝》上线。这两款游戏是最早被代理引入的回合制角色扮演游戏，其新颖的宠物系统、回合战斗形式、丰富的职业与技能，成为当年风靡全国的爆款产品。也为国产回合制游戏的开发与设计奠定了基础。网易经久不衰的《梦幻西游》系列，其核心规则也是脱胎于这两款游戏。

从 2000 年起，我国网络游戏进入高速发展阶段，大部分玩家也是从这个时期开始接触网络游戏，这是一个经典游戏层出不穷的时期，如《千年》《传奇》《奇迹》等。而通过《传奇》成就了"中国传奇"的就不得不说盛大游戏了。

《传奇》这款游戏曾经在亚联负责人戴红手中，由于种种原因，戴红最终放弃。游戏最后交由陈天桥，他带领的盛大团队发挥了社区运营和炒作的功底，在独创的 IDC 合作运营、网吧直销系统等新模式的协助下，迅速抢占了我国大陆地区的网游市场。自 2001 年 9 月上线到 2002 年 7 月，《传奇》同时在线人数突破 50 万，成为当时规模最大的网络游戏。网络的开放世界让玩家有了新的感官体验，玩家沉浸其中，游戏已不再是一个简单的游戏，而是

《石器时代》游戏界面

一个和现实截然不同的虚拟生活。

《传奇》的成功得益于游戏的经典职业模式，初步构建出了 MMOARPG 的游戏职业体系，战士、法师、道士的铁三角组合自此成型，这也是后续国产游戏开发中被借鉴最多的职业体系关系。此时，点卡制收费的形式被引入游戏产业，奠定了网络游戏初步的盈利模式，在此后的三四年间，各类投资机构大举介入。搜狐、网易等巨头公司先后开始涉足游戏行业，网络游戏行业进入全面爆式发展，2001 年达到了 2.7 亿的市场规模，并一直持续高速增长。

战法道经典职业三角

与此同时，伴随着对抗类游戏（RTS、FPS 等）的风靡，第一届世界电子竞技大赛（WCG）在韩国开赛，电子竞技应运而生并逐渐变为一项体育运动。各个国家都开始组建自己的电子竞技俱乐部，涌现了许多游戏高手，他们给普通玩家带来了赏心悦目的精彩对抗，竞技游戏爱好者很快遍布全球。虽然此时国外的电子竞技产业发展火热，但在我国境内，并没有什么起色，反而引起了社会上各种负面的声音。这些声音虽然对电子竞技的发展带来了负面影响，但是并没有阻止我们的电竞人，他们刻苦训练，坚持不懈的努力，积极参加世界大赛，一方面，为我国赢得了荣誉，另一方面，也赢得了当时我国玩家们的敬意。

从 2005 年起，我国游戏进入高速发展期。2006 年巨人网络推出《征途》。其创新的道具收费模式，让我国游戏业的付费方式有了颠覆式的创新，从此以后，全国游戏逐步走向道具收费模式，游戏行业也成为最赚钱的行业之一。

从 2001～2004 年这 4 年期间，我国互联网游戏行业发展迅猛，根据艾瑞咨询 2004 年《中国网络游戏行业研究报告》显示，2001 年，我国网络游戏市场规模仅为 3.7 亿元人民币，而到 2003 年，整个市场规模已经达到 25.2 亿元人民币。

在此时段内，我国网民的数量也成爆发式增长。根据《中国互联网络发展状况统计报告》显示，截至 2001 年末、2002 年末、2003 年末，我国上网用户中，经常进行网络游戏娱乐的用户所占比例分别为 17%、18% 和 15%，这个比例一直稳定在 17% 左右。而到了 2004 年末、2005 年末，这个比例将上升至 19%、21%。整体趋势如下图所示。

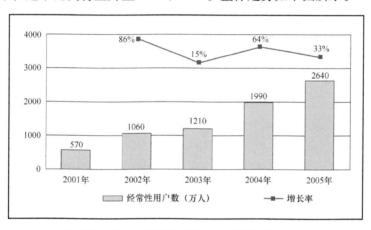

中国经常性网络游戏用户数（艾瑞咨询 2004 年）

这 4 年的高速增长，得益于我国的互联网市场处于起步阶段，人口红利正在被慢慢发掘。此时的我国网络游戏用户，大部分都是第一次接触网络游戏这种新鲜事物，再加上网络游戏特殊的社交属性、PK 击杀带来的荣誉感，极大地满足了国人自我实现的一种心理诉求，使游戏行业保持了较高速的增长。但增长中的负面情况也不容忽视，例如游戏同质化的初步显露、游戏外挂的肆虐、私服的兴起，也搅乱了我国网络游戏市场秩序，给很多游戏公司造成不少的损失。因此游戏市场进入了短暂的发展瓶颈，增速开始下降，网页游戏逐渐兴起。

三、页游时代

网页游戏的出现，得益于端游发展的瓶颈，最初的页游意在补全游戏市场的空缺，拉拢端游玩家。随着网页技术（Flash 技术）、网络宽带技术的提高，早期的端游玩家大部分已参加工作，页游"点击即来，无须下载客户端"的特点，更适应这些职场人士的碎片化时间理念，因此红极一时。

最早的网页游戏，起源于人人网、开心网等这些社交网站。此时的游戏也是以 Flash 技术承载、在网页中运行的，因在社交网站中嵌入实行的是熟人关系的游戏，又被称为社交游戏（Social Game；简称，SNS）。曾风靡中国的"种菜"游戏就是典型代表作，如下图所示。

《开心农场》游戏界面

2009 年～2012 年，随着技术的逐步成熟，各大游戏厂商也纷纷涉足网页游戏的开发，如《热血三国》（见下图）、《傲视天地》《烽火战国》《天书奇谈》《傲剑》等大作陆续上市，游戏种类也从 SLG 发展为 RPG、ARPG、休闲类等多种类型，丰富了整个页游市场产品线。这时期，联合运营这种市场合作形式开始成熟，并沿用至手游时代。

《热血三国》游戏界面

由于 3D 化图形引擎技术的发展，从 2012 年至今，页游逐渐从 2D 向 3D 转化，游戏体验逐步变强，不再弱于端游。

页游时期的用户，主要是在端游时期成长起来的用户，他们逐渐进入了职场，没有太多的精力花费在游戏中；网页游戏恰恰因打开无门槛、无须下载的特点，让职场人士可以利用碎片化的时间进行游戏；他们有稳定收入，肯为游戏付费，因此成为页游的主要用户。

但随着移动互联网、智能手机的逐步发展，页游用户逐渐被手机游戏引走。2015 年以后，页游市场停滞不前，还有一定的下滑。因为手机的便利性，手游的市场份额逐年提高，至今依旧是各个游戏公司的主要收入来源。

四、手游时代

诺基亚塞班（Symbian）系统流行期间，其实已经诞生了一些手机游戏。只是当时限于手机硬件技术，都是一些简单的休闲单机游戏，技术层面一直难以突破；直到 2008 年前后，

iOS 和 Android 系统的诞生一改塞班较差的体验性，苹果的 App Store 以及安卓的 Android Market 平台的出现真正开启了智能机手游的发展之窗。随着 3G、4G 移动网络发展，手机 CPU、内存、GPU 等硬件的性能提升，使得手机游戏的多样化得到了发展。

2013 年，从《我叫 MT Online》开始，手机游戏呈爆发性增长，很多端游巨头纷纷转向手机游戏的开发，先后出现了《王者荣耀》（见下图）、《阴阳师》《刺激战场》等 RPG、卡牌、SLG 类型游戏。随后，移动支付的发展，降低了移动付费的门槛，使得移动端游戏得到健康发展。而传统 PC 端游戏在移动市场的冲击下，份额逐渐减少。

《王者荣耀》游戏界面

移动端之所以可以呈现爆发性增长，原因主要有：社会发展变快，人们很难有精力和时间投入到大型端游中，碎片化体验成为主流；手机可以随身携带，下载 APP 简单、快捷，WiFi 和 4G 网络的延伸，让手机游戏可以随时随地的进行，减少了对大型设备的依赖；加之手机游戏类型多样，可以满足不同用户的需求。以上这些让移动端端游戏得到了空前的发展。

根据游戏产业网报道，中国音数协游戏工委（GPC）和伽马数据（CNG）联合发布的信息，2018 年 1~6 月，我国游戏市场实际销售收入达到 1050.0 亿元，同比增长 5.2%。其中，移动游戏市场实际销售收入 634.1 亿元，占我国游戏市场实际销售收入比重为 60.4%；客户端游戏市场实际销售收入 315.5 亿元，占 30.0%；网页游戏市场实际销售收入 72.6 亿元，占 6.9%；社交游戏市场实际销售收入 22.6 亿元，占 2.2%；家庭游戏机游戏市场实际销售收入 4.2 亿元，占 0.4%，如下图所示。

移动产业的发展，也催

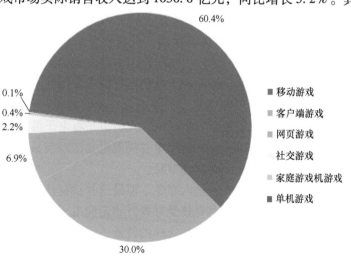

我国游戏细分市场占比

生出了移动电竞市场，根据艾瑞《2018 年中国电竞行业研究报告》显示，2017 年我国电竞市场的增长主要来自移动电竞游戏的爆发。预计 2019 年会达到 138 亿元的市场规模。

2015 年～2019 年中国电竞整体市场规模

相信在产业规模潜力如此强大、增长速度如此快速的中国市场，游戏产业会迎来更好、更健康的发展。

第二节　电子竞技游戏用户的发掘

我国电子竞技的起步相对于欧美与韩国都较晚。

1998 年开始，《CS》成为我国第一个正式且火爆的电子竞技项目。2002 年正当《CS》大赛火遍全国的时刻，因 2002 年 6 月 16 日蓝极速网吧大火事件，把这一切繁荣景象打回原形。国家层面开始重点整治网吧行业。网吧作为我国早期电竞发源地，扮演着赞助队伍、举办比赛的重要角色，而网吧的停业整顿，对电子竞技产业可谓是雪上加霜，特别是 CS 大赛受到重创。由于比赛停办、战队失去赞助，选手只能黯然退役。但也因为此次事件，我国的电子竞技产业从野蛮生长逐渐向正规的发展方向迈进。

2003 年 11 月 8 日，中国体育总局宣布电子竞技是我国正式开展的第 99 项体育项目，2008 年整合后为第 78 号体育运动。有着官方承认的电子竞技在国内的发展理应一帆风顺，但是却因为各种因素的影响，使得我国电竞发展并不顺利。

虽然，国家政策已经证实了电子竞技的体育属性，但是对于整个社会风气尚属保守的中国，很多人都觉得玩游戏是"不务正业、玩物丧志"的代表。尤其是媒体曝出了很多青少年沉迷于游戏影响正常学习生活后，人们更是将电子游戏视为"洪水猛兽"，对其"严防死守"，从而导致了 2004 年 4 月广电总局就电脑游戏节目做出全国范围的禁制令，禁止电视台播出任何关于网络游戏类游戏节目。

自此，我国电竞产业进入寒冬。但是这并没有让电竞人灰心，我国较大的网民人数造就了电竞用户的基础。这些竞技爱好者开始走向电子竞技市场化的发展，寻找队员、成立电竞俱乐部，进行训练、参赛。在这样的背景下，我国的电竞人取得了多项世界级的冠军，为中国的电子竞技事业做出了卓越的贡献。

电竞的寒冬整整经历了 10 年，随着我国互联网产业的蓬勃发展，网络游戏的普及，国家也逐渐接受电子竞技这一产业在当代社会中的意义，并逐步放宽对电竞产业的管制，电子竞技重新回到大众视野。截至 2014 年底，我国网络游戏用户达到 3.66 亿，2015 年达到了 3.91 亿，如下图所示。

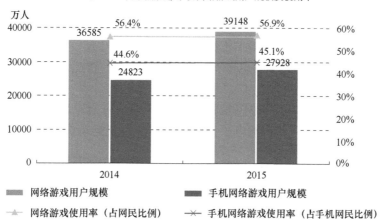

网络游戏用户规模

网络直播行业的兴起，让游戏更快地得到传播，自此网络媒体成为电子竞技主要的宣传手段。2016 年以后，重度竞技类游戏直播收视率占比再度攀升，在 2018 年竞技游戏排行榜中，排名前十的游戏如下表所示。

2018 年经济游戏排行榜前十游戏

排 名	名 称	游戏类别
1	英雄联盟	MOBA
2	王者荣耀	MOBA
3	穿越火线：枪战王者	FPS
4	绝地求生：刺激战场	FPS
5	堡垒之夜	FPS
6	梦幻西游	MMORPG
7	穿越火线	FPS
8	地下城与勇士	MMORPG
9	逆战	FPS
10	守望先锋	FPS

这 10 款游戏中，竞技类游戏占 80%，由此可见我国玩家对对战类游戏的热爱。

得益于国内游戏市场的蓬勃发展，电子竞技的发展也得到了社会各界的关注，随着人们意识的提高，网络游戏与电子竞技产业逐渐得到主流社会的认可。随着国内各大游戏厂商的商业化运作，伴随着《英雄联盟》《DotA2》《CS：GO》等火爆的电子游戏比赛项目的火热展开，由游戏公司、设备厂商投资的各类联赛、电子战队如雨后春笋般涌现。中国电子竞技不再被压抑，彻底进入爆发性发展。

第三节　电子竞技游戏用户的转化与渗透

中国的电子竞技起步晚于欧美与韩国数年，但是经过多代电竞人的追赶，逐渐在各大主流电竞赛事及项目中奋起直追，获得了不错的成绩。

2018年雅加达第18届亚运会将电子竞技纳入表演项目，至此，电子竞技登上主流体育赛事。

同年11月iG战队夺得韩国举办英雄联盟S8全球总决赛冠军后，中国电子竞技再次成为世人瞩目的焦点。此时，大家都把电子竞技选手为称为"运动员"而不再以"玩家"称呼。现在电竞赛事是可以给国家带来荣誉的一项体育事业。

国内主流媒体"人民网"更是在2018年12月31日发布纪录片《记住这60秒》中记录了2018年11月3日iG战队夺冠的一幕，如下图所示。

从这一幕，也可以看出国内媒体对于电子竞技态度的转变。

要在电子竞技产业中持续发展，后续的产业模式及人才培养就显得尤为重要，总体可分为以下三个方面：

《记住这60秒》视频片段

一、政策支持

政策的支持是我国电子竞技发展的重要因素。一方面，政策为我国的电子竞技发展指明了发展方向；另一方面，政策的出台也可以更好地保障电子竞技的发展，为发展扫清障碍。从2016年以后，国家发布了多条对电子竞技产业发展有利的政策，但在我国各省市地区，目前直接发布电竞产业规划或政策的却寥寥无几，仅浙江、四川等省份在文化、体育产业的"十三五"规划中对电子竞技稍有提及。而宁夏银川在2017年4月发布《银川市人民政府关于促进电竞产业发展的实施意见》提出整体的政策内容，如下：

银川市人民政府关于促进电竞产业发展政策内容

规 划	项 目	政 策 优 惠
三大基地	电竞产品研发基地	1. 对企业：当年收入或结算金额 1000 万元以上的，给予市级税收贡献 70% 的奖励； 2. 对人才（高管）：给予其上一年度所缴纳工薪个人所得税市级税收贡献 100% 奖励； 3. 对产品：获得国际性重大奖项的原创作品，一次性奖励 100 万元；获国家级、省级重大奖项的原创作品，一次性分别奖励 50 万元、30 万元；被国家主管部门推荐为优先播出的优秀动画片，一次性奖励 30 万元；经国家主管部门批准、正式上线运营的原创游戏，每款奖励 10 万元；获国家主管部门认定并推广的益智类游戏，每款奖励 10 万元
	电竞赛事举办基地	对在银川举办国际性电子竞技大赛总决赛且参赛国家不少于 20 个的，一次性奖励 200 万元；对在银川举办全国性电子竞技大赛总决赛且参赛省份不少于 20 个的，一次性奖励 100 万元；对在银川注册的电竞俱乐部，每进入一次全国性赛事决赛，奖励 10 万元，每进入一次国际性赛事决赛，奖励 20 万
	电竞人才培育基地	对本市域内各类高等院校、职业院校增设电子竞技专业课程且实际招生 60 人以上的，一次性奖励 30 万元，用于提高师资待遇、建设电竞实训基地；对引进的高层次电竞人才，可享受人才改革试验区相关政策
两大平台	电竞产品交易发布平台	对落户银川智慧产业园区的电竞企业，免除五年办公用房租金；对于将数据存储于滨河大数据中心的电竞企业，给予三年数据机房或服务器租赁费用补助
	电竞产业服务平台	鼓励各类市属产业基金通过股权投资模式支持电竞项目，将电竞产业列入市体育旅游产业发展基金扶持目录；对于由本市担保公司担保取得贷款的电竞企业，一次性给予担保费用 50% 的补贴
一个基本原则	政府引导、市场运作、企业主体、产业联动、健康绿色	

二、完善的产业链与人才培养制度

每个产业的发展都离不开人才建设。电子竞技产业，从产品开发、产品运营、比赛执行、内容传播等方面，已经发展出一套相对完整的产业链，如下图所示。

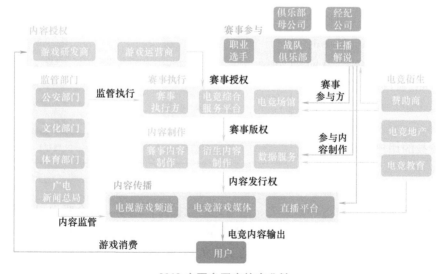

2019 中国电子竞技产业链

从图上可以看出，一个完整的电子竞技产业链涉及面相当广泛，政府的支持和监管可以有效地遏制不法行为，让整个产业朝着积极、健康的方向发展；并且电子竞技的宣传、运营需要专业的传播媒体、赛事举办方，需要赛事承办方进行优质的赛事策划，并整合硬件厂家、网络服务商、各类媒体平台以及俱乐部的积极参与才能把一个好的比赛落实、发展下去。

这些都离不开人才培养机制的完善，尤其是在电子竞技全球化的今天，与国际接轨变得格外重要，因此熟悉国内外市场、可以进行国际谈判的人才也成为培养的重点。值得一提的是，在教育部发布《普通高等学校高等职业教育（专科）专业目录》后，已经先后有上百所院校对外宣布开设电子竞技专业，如中国传媒大学、南京科技职业学院等院校更是已经正式开班授课了。

虽然开设专业的院校大多集中在专科院校中，但这也是一个好的开始，只有更加专业化、体系化的培养，才可以在后续的电子竞技发展中为各个环节提供专业人才，保证行业健康、有序的发展。

三、广泛的群众基础

每个体育项目的开展都离不开广泛的群众基础。就像乒乓球，之所以称之为"国球"，就是因为拥有广泛的群众基础；同理，电子竞技的产业发展也离不开人民群众的支持，这要从以下两个方面分析。

1. 观众及用户

说到人民群众，大部分人担当的角色是竞技游戏用户与竞技赛事的观众。一般情况下游戏用户大部分以男性为主，但是根据中国音数协游戏工委（GPC）及伽马数据（CNG）联合发布的2018年中国游戏产业报告半年报（1~6月）显示，女性用户消费规模为241.5亿元，同比增长13.5%，如下图所示。

之所以会有如此成绩，得益于近两年的游戏精品大作受到了广泛的关注，这些关注，主要来自于网络直播平台。平台用户关注自己喜欢的主播，不论是给游戏开发商做广告也好，还是为了紧跟潮流也罢，主播总会第一时间玩起当下最流行的游戏，从而帮助游戏产品进行宣传，不论粉丝们最后是否亲自玩了游戏，但总归给人留下了深刻的印象。这也给电子竞技的用户和观众转化埋下了一粒种子。

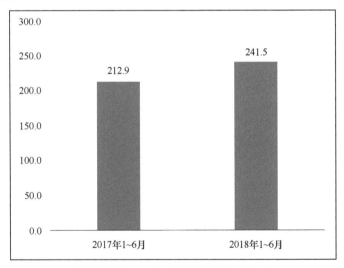

中国游戏市场女性用户消费规模（亿元）

随着女性用户的市场份额及消费规模的提升，电子竞技这种低体力、泛场地的竞技体育运动，将会吸引更多女性用户的参与。在电子竞技用户中，19~24岁的玩家数量占比42.4%，成为主要的用户群体，他们大多为在校学生或单身人士，没有被过重的工作负担、生活压力、家庭环境所影响，有较多的空余时间关注、参与到电竞游戏中。

2017 年《王者荣耀》的火爆效果，使得移动端、PC 端 MOBA 类游戏成为电竞游戏之冠。2018 年"吃鸡"游戏的火热，在原本就很激烈火热的射击游戏中加入战术类元素后，成为 2018 年最火热的游戏，移动端《刺激战场》"吃鸡"游戏的跟进，让战术射击类游戏更是火热得无法阻挡。

电竞火热的根源：其一，是开发商提供了优质的竞技游戏产品，能让玩家进入的门槛降低，在这个碎片化时间较多的当代社会，一款入手门槛低、精通要求高、局时短，且过程紧张刺激的好产品才是吸引用户、提升关注度的重要基础；其二，是各类媒体、游戏厂家、直播平台以及其他有效宣传渠道的宣传、引导；其三，社会认知度的提高、政策的支持、各大主流媒体的正面报道，也为电竞的产业生态提供了较好的发展土壤。

2. 选手的培养

光有用户与观众也是无法形成一个产业闭环的，所以参赛选手就变得最为重要。现阶段，还没有一个相对正式、公开的人才选拔机制，导致现在电子竞技运动员的选拔途径比较狭窄。

当前的电子竞技运动主要是通过电子竞技俱乐部以公司行为进行商业化运作。早期电竞战队大多起源于各大网吧，选手的选拔一般都是因各大网吧自行举办的电竞游戏比赛，从个人比赛中进行观察，发觉有潜力的选手，进行培训，组成战队。

近几年，随着外部资本力量逐渐关注电竞产业，逐渐出现了很多电竞俱乐部。随着网络直播或线上比赛的丰富，各大俱乐部选择选手的途径也变得多种多样，例如，iG 电子竞技俱乐部，目前就与比心 APP 合作，进行选手的选拔并将成绩好的玩家招入麾下，进行队内试训。

目前主要有几种发掘运动员的途径：

1）在任意一款当前主流竞技游戏的天梯赛中排名或得分达到一定高度，可投递自己的简历到各大俱乐部，俱乐部会派人观察记录其比赛，以确定人选的天赋与能力，再招募进行试训。

2）参加中国大学生电子竞技联赛，得到一定的名次。有些俱乐部也会前去观战，寻找人选。

3）各大游戏或其他平台举办的玩家类线下或线上比赛，也会得到各大俱乐部的关注，选拔人才。

4）走访各大网咖，并在网咖举办的线下赛中进行观察发觉有潜力的选手。

这些途径的选拔更像是经纪公司的"星探"挖掘明星一样，如果有一个"大神"级选手被招致麾下，对整个俱乐部的发展也有很大的好处，既可给俱乐部带来不错的名声，也可以带来丰厚的经济收益，如各大品牌商的广告代言、硬件设备的支持等。

运动员如果能够一战成名，也会吸引对这款游戏感兴趣的玩家进行观战，形成"粉丝效应"，既成全自己成名的欲望，也间接帮助俱乐部扩大名气，获得额外的收入。

因此整个产业，是一个完整的闭环，选手通过比赛发挥自己的特长，得到劳动报酬，让自己"功成名就"，也帮助俱乐部获得商业收益，同时吸引更多的观众与用户玩游戏，让游戏厂商得到收益，使得整个产业积极、健康的发展。

第五章
电子竞技游戏的开发

第一节　电子竞技游戏开发团队的组建

截止到 2018 年，中国游戏产业全年收入达到了 2144.4 亿元，同比增长 5.3%。根据 Newzoo 公布的《2018 年全球游戏市场报告》显示，全球游戏市场已达到 1379 亿美元，较上一年增长 162 亿美元，同比增长 13.3%，而其中 28% 的收入来自于中国。我国俨然成为全球游戏市场的主要经济来源。

产业发展过程中，我们可能只是看到了成功上线的游戏甚至可能只看到了上线中最火爆的那几款游戏。但是游戏背后，需要什么样的人才与什么样的努力才能研发出成功的一款游戏可能很多人并不知道。下面就解析一下游戏从 0 到 1 的整个过程。在这个过程中，到底都经历了哪些环节，才能保证游戏的火热与持久。

一、游戏开发团队的分类

目前游戏的开发可以分为两个主要流派：独立游戏和商业游戏。

1. 独立游戏

独立游戏的全称是 Independent Game，通常简称 Indie Game。它的概念是源自独立电影和独立音乐，指开发者没有游戏公司或游戏发行商提供的薪资，必须独力负担开发过程中的所有花费开发的游戏。相对的，开发者可以决定游戏的走向，做自己想做的游戏，这样往往可以推出崭新观点的作品，而不用受制于游戏公司或市场。开发者最初的目的，可能仅仅是要做一款与众不同的或者自己喜欢的游戏。

随着游戏产业的发展，独立游戏制作和商业游戏制作之间的界限也变得模糊起来。现在独立游戏的定义，可以扩展为只要不是明显的以盈利为目的，有非常强的个性表达、艺术追求、与众不同，都可以被称为独立游戏。

独立游戏开发者人数都比较少，一般在 1~2 人，多的也只是在 10 人左右。大部分都是出于自身爱好或者是多个志趣相投的朋友一起合作制作。

2. 商业游戏

商业游戏就是经过相关平台厂商或部门授权按照商业模式开发的游戏，其特点是以盈利为目的。商业游戏的开发人数相对于独立游戏多很多，小到一二十人，多到上百人。现在全球大型游戏开发商，一个 3A 大作可能会用到 400 人左右的开发团队，持续开发 3 年左右，需要庞大资金的支持，因而游戏定价也都颇为不菲。

我们对于独立游戏暂时不做剖析，主要针对商业游戏进行解析。

二、商业游戏开发团队的配置

在我国，游戏公司或游戏开发团队，如腾讯、网易、盛大、英雄互娱、龙图游戏等，国外的知名公司，如暴雪、EA、育碧、任天堂、卡普通等。这些公司，都有多个开发团队，这些开发团队都有一个名字，一般称为"工作室"。

近些年随着硬件技术、网络环境的不断发展，游戏的开发水平也在大幅度的提高，所需要的技术、人力较以前都发生了很大的变化。公司越大对于游戏部门的划分就越细致，这里单从游戏研发的角度分析一下商业化游戏开发团队的配置。

下图是一张游戏开发团队的组织结构图，不论游戏公司的体量大小，开发团队的配置基本上如此，除此之外就是人数上的区别。

1. 游戏制作人

游戏制作人（Game Producer）主要指全面掌握从研发到运营整个体系知识的游戏项目的总负责人，在其管理下实现游戏研发运营一体化。从某种意义上讲就是游戏设计师（游戏策划）职能的延伸，世界上被认可的游戏制作人有小岛秀夫、宫本茂、铃木裕等。

目前，采用游戏制作人制度的多为国内的大型公司。他们可能需要负责研发部门多个项目的开发工作，每个公司的

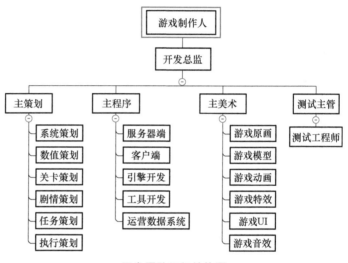

开发团队组织结构图

制作人可能有不同的责任，但通常来说，制作人的工作职责主要包括：

1）针对版权授权、IP授权、某些工具（如引擎）的商业授权合同等的谈判（包含其他部门的协助，如法务部门）。

2）在制作团队和（发行商或执行团队的）高层股东间扮演沟通传递的角色。

3）制定各项目的开发时间表和预算。

4）监督游戏开发中的创意（艺术和设计）与技术（编写程式）方向。

5）确定开发团队准时达成各阶段的预定目标。

6）安排品质管理的时间表（测试）。

7）制定上线期的小规模测试及测试标准。

8）游戏开发团队的最终人事管理权。

2. 开发总监

每个公司对于开发总监这个职位可能定位不同，有的公司由各个项目部（事业部）的主策划担任。但有时候当事业部内的项目变多时，会单独设立一个部门总监。部门总监主要负责的是整个部门内部多项目或单一项目的管理工作。主要职责包括：

1）根据制作人或公司战略，完成具体的工作部署以及发展规划。

2）对各项目的生产进度进行监督、控制与调整。

3）帮助项目组沟通、协调公司内部或外部的资源，保证游戏项目的顺利实施。

4）对内部人员进行业务指导与培训。

5）拥有一定的人事任免权。

6）对项目最后的产品品质与业绩负责。

3. 策划团队

策划团队的主管为"主策划"。主策划需要对某一领域的游戏产品有完整的设计、开发、运营经验，对游戏产品涉猎广泛，对游戏的商业化有自己的理解，能够独立指导策划部门按照公司的战略意图或制作人的市场规划选择某一领域的游戏进行实际工作的落实，进行设计并主导开发。

主策划的主要职责包括：

1）负责具体项目的产品框架设计。

2）管理策划团队的日常工作及项目版本的排期。

3）培养策划团队的产品设计能力。

4）针对迭代版本进行测试验收。

5）收集并分析用户反馈并以此为依据有针对性地进行游戏版本的更新。

策划团队中，除了"主策划"还有不同的策划职位，每个职位负责的内容也不尽相同，一般分为：

（1）系统策划

系统策划主要针对主策划的游戏整体架构，进行具体的游戏系统规则设计、交互设计。如游戏中常见的技能系统、公会系统、战斗系统等。

系统策划需要对游戏有很广泛的了解，对游戏系统的用户心理和体验有一定研究，对各类游戏中的系统有深入的体验。在开发过程中，配合开发、美术设计、测试等进行协作，保证系统开发的顺利进行。

（2）数值策划

数值策划是游戏设计中比较重要的一环，数值的设计决定了整个游戏的生命周期与玩家的体验节奏，甚至决定了游戏未来的收入。

数值策划需要完成游戏内的数学模型搭建和公式设计。数学模型会运用到游戏中每一个环节，如职业战斗数值平衡、游戏日常资源投放规划（任务奖励、活动奖励、副本的掉落，怪物的刷新时间等），保持游戏内经济系统平衡（货币单位，各个货币的比例关系，每日的产出与消耗等）。游戏的数值设计需要较强的数学知识、心理学知识以及对游戏经济的理解。

（3）关卡策划

关卡策划主要负责整个游戏世界中所有地图、副本、剧情关卡的设计。设计的原则主要根据剧情策划所构建的游戏世界观将每个场景从文字描述转化成实际的立体场景，并结合游戏类型，设计一些有趣的、新颖的特色玩法。

关卡策划一般需要对地图中NPC、地图地势、美术风格、场景中道路、桥梁、机关、怪物分布进行合理的布局。

（4）剧情策划（任务策划）

剧情策划主要负责游戏中所有跟文字相关的设计。其中最主要的任务有：

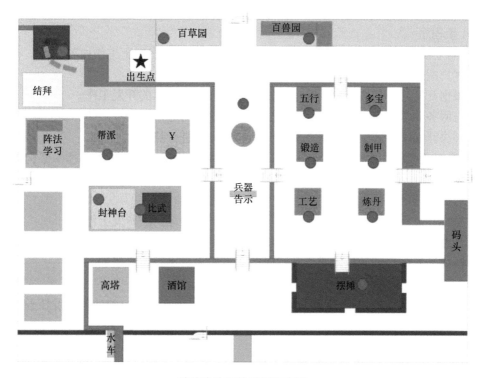

某游戏地图的平面示意图

1）游戏世界观设计。

2）主线剧情设计。

3）支线剧情设计。

4）各个关卡副本的剧情设计。

根据公司的职位不同，有些公司将剧情策划、任务策划分开设置。有的小公司会把两个职位合并为剧情策划一个岗位。

如果剧情策划要兼顾任务剧情设计的话，还要有一部分系统策划的能力，因为要设计任务流程、任务模式等。

（5）执行策划

执行策划在整个策划团队中属于最初级的策划岗位，很多都是由新人、实习生担任。执行策划主要负责具体工作的执行或辅助，不参与核心功能的设计。如果执行策划有一定的能力或有一些工作经验，可能会接触到一些最基本的系统功能设计，其主要的工作内容包括：

1）辅助系统策划、数值策划进行一部分的项目开发跟进、沟通工作（助理的角色）。

2）负责游戏中简单的系统玩法、简单的关卡设计工作。

3）负责各系统功能、美术资源的跟进执行、进度反馈、工作协调、修改等工作。

4）通过工具录入并维护游戏数据、更新游戏资源（美术资源、音频、视频资源）。

4. 开发团队

如果说策划团队是整个游戏项目的大脑和灵魂，那么开发团队就是整个游戏项目的筋骨与血肉。因为有了开发团队，才能将策划团队的所有设想变为现实。

开发团队中的负责人称之为"主程序"。一般分为客户端与服务器端两大部分。根据其不同的技术要求又可增加细分岗位引擎开发与工具开发等。

（1）主程序

客户端主程序主要负责客户端的开发管理工作，主要负责以下工作内容：

1）客户端开发技术选型、核心技术框架搭建。

2）根据开发任务，负责协调开发人员并指导下属程序员的开发工作。

3）与服务器端程序员进行配合，完成前后端数据的通信、数据存储、功能联调。

4）解决开发中遇到的技术难点并适时对下属人员进行技术培训。

服务器端主程序主要负责数据库、数据通信、数据加密、数据传输等技术架构进行设计与搭建，同时负责服务器端开发的管理工作。主要负责以下工作内容：

1）服务器端的整体框架搭建。

2）根据开发任务，负责协调开发人员并指导下属程序员的开发工作。

3）与客户端程序员进行配合，完成前后端数据的通信、数据存储、功能联调。

4）解决开发中遇到的技术难点并适时的对下属人员进行技术培训。

（2）客户端、服务器端程序员

客户端、服务器端程序员指普通的开发人员，主要负责大部分的功能开发任务并对开发的功能质量负责。

（3）引擎开发人员

在以下两种情况下会设置引擎开发人员：

1）公司在使用需要授权的商业引擎时，会设置专门的引擎开发人员。该类型的开发人员需要对相关授权的引擎技术有非常详细的了解，可以使用引擎里的相关工具进行游戏开发，或根据引擎的特性对游戏项目进行有针对性的优化。

2）公司在自研游戏引擎时，会设置专门的引擎开发人员。该类型的开发人员需要对引擎技术有多年的开发经验，使用过多种商业授权引擎、开源引擎开发过项目。并且可独立或在开源引擎的基础上，对引擎进行升级开发。这对程序员的能力要求很高。

（4）工具开发

工具开发是在游戏项目的开发过程中为了提高项目组的工作效率而开发的各类辅助工具。一般情况是指在商业授权引擎中未提供的编辑器或功能；或者为开源引擎中缺少的工具进行开发。

辅助工具涉及的面比较广，如 UI 编辑器、特效编辑器、任务编辑器、地图编辑器等。

（5）运营数据系统

运营数据系统一般为公司的一套重要业务组成部分。数据系统兼顾着游戏运营期间产生的所有数据，如用户充值数据、消费数据、在线时长、用户等级分布情况等。根据这些数据，可以实时了解用户的游戏行为以及消费习惯，并通过这些数据分析出用户的偏好，对游戏后期的迭代提供了依据。

此类系统的开发，根据公司的发展规划进行设计，需要能够满足后期项目的发展要求。不过，现在大部分中小企业不会自行开发数据系统，数据系统开发迭代周期长、成本较高。现在多半使用第三方的数据分析工具，第三方提供了完整的接入 SDK，通过 SDK 将代码提前埋入游戏开发过程中的各个模块中，上线运行后，即可使用第三方工具，进行数据采集、数据分析。

目前市场上比较有名的第三方工具有友盟、诸葛 io、Talking Data（见下图）。

Talking Data 游戏数据分析工具

5. 美术团队

如果说策划团队是整个游戏的大脑与灵魂，开发团队是整个游戏的筋骨与血肉，那么美术团队就是整个游戏的皮囊与化妆师。

有了美术的设计才能让游戏画面变得唯美、真实，变成一个"真实"的虚拟世界。

美术团队的负责人称为"主美术"。主美术需要拥有相当专业和扎实的美术基本功底，对某一种游戏风格需要（Q 版风格、漫画风格、二次元风格、武侠风格等）有较为丰富的经验，有自己的设计思想。主美术在工作中主要职责包括：

1）负责游戏整体美术风格的选择并设计美术风格初稿及设计规范。

2）负责美术团队的人员、技术管理、工作进度和质量的统筹工作。

3）负责审核所有项目资源，保证资源质量。

（1）美术原画

美术原画是美术设计中最重要的步骤，也是第一步。如下图所示，通过原画设计，可以让所有美术人员、策划团队了解游戏元素设计完成后是什么样子的，美术风格是否符合预期，是否满足策划提出的相关需求，为后期的 3D 美术提供了设计标准。

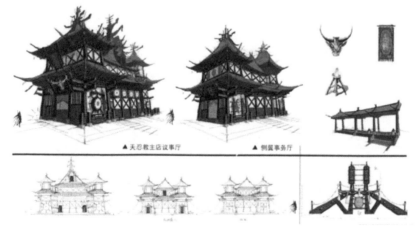

场景原画设计稿

美术原画又可以细分为角色原画和场景原画。角色原画（见下图）主要负责游戏内所有角色的设计，包括主角（各个职业）、怪物、NPC 等。场景原画主要负责设计游戏的关卡地图、城市地图等。

原画主要负责的内容包括：

1）根据主美术设定的美术总体风格及标准，按照策划需求，设计角色、怪物、场景的原画。

2）根据实际游戏效果，对个别设计进行调优。

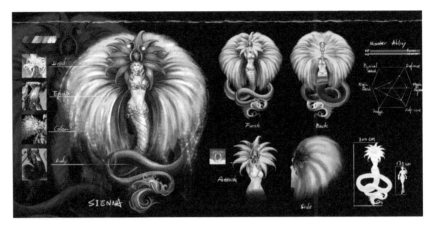

角色原画设计稿

（2）美术模型（动画）

美术模型是根据美术原画的设计，将平面图形，设计为 3D 立体的角色或实景，是可以真正用于游戏内的资源。美术模型不光需要将原画变为 3D 实体，还需要将诸如怪物、游戏角色、NPC 等形象变为会动的资源。所以在模型设计完毕之后，需要制作其骨骼动画，让这些角色可以动起来。

一般游戏的动画，可以通过 3ds Max 等软件进行设计，如下图所示，也可以通过游戏引擎自带的动画编辑器进行设计。这 2 个步骤可以分别由 2 个人负责，也可以合二为一变为 1 个人。这需要根据公司的人员配置来确定。

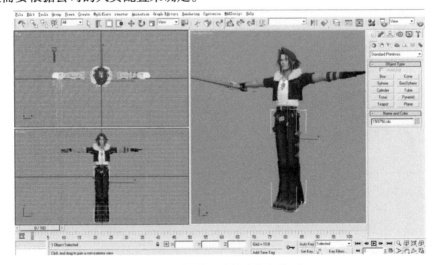

3ds Max 软件设计游戏角色模型

（3）美术 UI

游戏不光要有场景与角色，还需要有玩家可以进行操作的界面，这些界面承载着游戏中各种功能。游戏界面设计又称游戏 UI（User Interface）设计。UI 美术根据策划提供的功能需求及功能原型，进行美术设计。UI 的整体风格需要与游戏整体风格协调一致，融为一体，否则会给人一种"这不是一个游戏"的错觉。

游戏策划根据功能需求，优先设计出功能的界面原型，之后交付给 UI 设计师，进行 UI 设计。在 UI 设计时，要遵循统一的设计规范，保证 UI 界面大部分功能的使用方式与习惯是统一的，也是符合用户的使用方式，如下图所示。

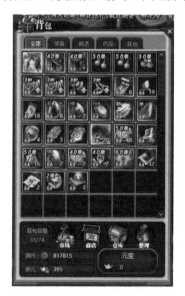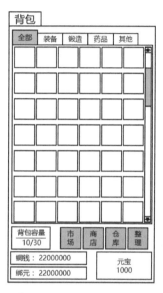

游戏背包功能 UI 设计稿（左），背包功能原型图（右）

（4）美术特效

美术特效主要负责游戏内所有跟展示效果有关的内容设计，例如角色技能发出的亮光、火球；武器装备中各种发光、发亮的炫酷效果；甚至场景角色中一个亮光的灯笼、波光粼粼的水面、篝火堆等都是通过特效制作的，如下图所示。

美术特效（人物技能）

（5）美术音效

美术音效是游戏中作为画龙点睛的内容存在。游戏中的音效分为两个部分：音乐和音效。

1）音乐：就是游戏中不同场景中播放的背景音乐。主要是与当前的地图或事件形成呼应，更好地突出该场景环境。

2）音效：音效就是各种游戏场景中针对不同事件所配合发出的声音，音效可以还原游戏场景的真实感，优质的音效设计可以给玩家以更好的代入感。例如骑马时的马蹄音、打怪物时武器砍中怪物的劈砍声或者是锻造时的"叮叮叮"的声音等。

根据游戏的发展，如今的游戏更多讲究细节，开始增加每个角色的特殊配音，例如英雄联盟中，每个英雄都有自己独特的配音，某些过场剧情还有旁白在演说。这都可以归纳为音效的一种。

美术音效就是根据游戏策划提出的所有音乐、音效需求进行制作。不过目前大部分游戏公司都没有独立一个音效部门，大多采用外包形式。这样可以节省游戏制作成本。

6. 测试团队

游戏测试是整个游戏开发环节中最后一环，也是最重要的一环，负责整个项目的质量验收。测试团队需要去测试游戏中的每一个功能模块及细节，发现问题并提出问题，再由开发团队、美术团队等进行有针对性的修改；保证项目可以正常游戏，不出现问题。

在不同的公司中，测试团队的存在形式可能会有不同，一般有两种形式：独立的测试部门或每个游戏项目部内部单独有一支测试团队。测试部门的领导一般为"测试主管"。

独立测试部是研发体系中独立的一个部门，进行单独管理。当有项目需要测试时，在组内挑选合适人选，临时组成一个测试团队，对该项目进行测试。测试任务完成时该测试团队则解散。

项目组内的测试团队是每个项目组中单独存在的一支测试队伍。他们只针对该项目组内的项目进行测试工作，不参与项目组之外项目的测试工作。

一般大型的游戏公司会采用第一种独立测试部的形式，中小型公司因为业务较少，多采用第二种项目组内的测试团队的形式。

测试工作中主要任务包含：

1）根据游戏策划提出的功能需求，对整体功能进行验证，提出问题并追踪，推进测试中发现的问题并及时、合理地解决。

2）对游戏中设计不合理的功能和数值提出合理化的建议。

3）对最终测试结果及产品质量负责。

游戏开发是一项需要多人参与、投资较大、耗时较长的一项事业。开发过程中，需要各部门紧密配合，协作完成每一个环节。如果团队凝聚力不够，就会造成人员松散，对事不够负责，最后的结果可能就是项目问题百出，就算仓促完成、上线，也很难红火。所以细心、团结、有责任感是游戏研发团队每个成员都应该具有的基本素质。只有这样，才能为我国游戏产业添砖加瓦，不断涌现出好的作品，给玩家提供优质、有创意的游戏。

第二节 电子竞技游戏引擎的详解

在最早的游戏开发行业中，并没有"引擎"这个概念。游戏开发者关心的只是如何尽量多地开发出新的游戏并把它们卖出去。尽管那时的游戏大多简单、粗糙，但每款游戏的平均开发周期也要 8 到 10 个月，一方面是由于技术的原因，另一方面则是因为每款游戏几乎都要从头编写代码，造成了大量的重复劳动。渐渐地，一些有经验的开发者摸索出了一些规律，他们发现，相同类型的游戏总有一部分代码是可以重复利用不需要再开发的，因此将这部分类似的代码抽离出来作为新游戏的基本框架，以节省开发时间和开发费用。慢慢地这些通用的代码就形成了引擎的雏形，伴随着技术的发展，最终演变成今天的游戏引擎。

《全境封锁》游戏界面

游戏引擎到底是干什么的呢？游戏引擎是指一些已编写好的可编辑电脑游戏系统或者一些交互式实时图像应用程序的核心组件。这些系统为游戏设计者提供制作游戏所需的各种工具，其目的在于让游戏设计者能容易且快速地做出游戏程序而不用每次都从零开始。大部分引擎都支持多种操作平台，如 Linux、Mac OS X、Windows。游戏引擎包含以下内容：渲染引擎（即"渲染器"，含二维图像引擎和三维图像引擎）、物理引擎、碰撞检测系统、音效、脚本引擎、电脑动画、电脑 AI、网络引擎以及场景管理。

一、游戏引擎的发展

游戏引擎的出现，也在另一方面促进着游戏的开发。随着各类硬件设备的发展，显卡性能越来越强，游戏的画质越来越高，游戏开发周期也越来越长，通常都需要 3 到 5 年，如果自行开发游戏引擎的话时间还会更长，所以大多数游戏公司还是选择购买现成的游戏引擎，简化游戏的开发过程。对游戏引擎起到关键性促进作用和商业化作用的是射击游戏。因此，引擎的发展历史我们主要围绕动作射击游戏展开。

1992 年，3D Realms 公司/Apogee 公司发布了一款只有 2 兆多的小游戏——《德军司令部》

《德军司令部》游戏界面

（Wolfenstein 3D），如右图所示，稍有资历的玩家可能都还记得初接触它时的兴奋心情，即使用"革命"这一极富煽动色彩的词语也无法形容出它在整个电脑游戏发展史上占据的重要地位。这部游戏开创了第一人称射击游戏的先河，更重要的是它在 X 轴和 Y 轴的基础上增加了一根 Z 轴，在由宽度和高度构成的平面上增加了一个向前向后的纵深空间，这根 Z 轴对那些看惯了 2D 游戏的玩家引起的巨大冲击可想而知。

《德军司令部》游戏引擎的作者是约翰·卡马克，这位 id Software 公司的首席程序师正是凭借这款《德军司令部》游戏引擎在游戏圈里站稳了脚跟。

经历了《德军司令部》游戏引擎的小试牛刀之后，id Software 公司的另一款非常成功的第一人称射击游戏——《毁灭战士》（Doom）诞生，如下图所示。在游戏中，角色与游戏中物品的互动性得到进一步增强；楼梯、楼梯上的花朵以及路桥已经实现可升可降。游戏中的光照效果也不再单一，不同的单位也有了不同的亮度，此外 Doom 引擎还支持立体声效，环境的定位感更真实。这些效果在 3D 显卡都没有问世的 1993 年来说毫无疑问是令人非常激动人心的一次进步。

《毁灭战士》第一代画面

不过更值得纪念的是 Doom 引擎。它是第一个被用于商业授权的引擎。1993 年底，Raven 公司采用改进后的 Doom 引擎开发了一款名为《投影者》（Shadow Caster）的游戏，这是游戏史上第一例成功的"嫁接手术"。1994 年 Raven 公司采用 Doom 引擎开发《异教徒》（Heretic），为引擎增加了飞行的特性，成为跳跃动作的前身。1995 年 Raven 公司采用 Doom 引擎开发《毁灭巫师》（Hexen），加入了新的音效技术、脚本技术以及一种类似集线器的关卡设计，使玩家可以在不同关卡之间自由移动。Raven 公司与 id Software 公司之间的一系列合作充分说明了引擎的授权无论对于使用者还是开发者来说都是大有裨益的，只有把自己的引擎交给更多的人去使用才能使引擎不断地成熟起来。

《毁灭战士》系列本身就相当成功，大约卖了 350 万套，而授权费又为 id Software 公司带来了一笔可观的收入。在此之前引擎只是作为一种自产自销的开发工具，从来没有哪家游戏商考虑过依靠引擎来赚钱，Doom 引擎的成功无疑为人们打开了另一片新的市场。

在引擎的进化过程中，肯·西尔弗曼于 1994 年为 3D Realms 公司开发的 Build 引擎是一个重要的里程碑，Build 引擎的代表作就是家喻户晓的《毁灭公爵 3D》（Duke Nukem 3D），如下图所示。《毁灭公爵 3D》已经具备了今天第一人称射击游戏的所有标准内容，如跳跃、360°环视以及下蹲和游泳等特性。Build 引擎的授权业务大约为 3D Realms 公司带来了一百多万美元的额外收入，3D Realms 公司也由此成为引擎授权市场上的第一个"暴发户"。不过从总体来看，Build 引擎并没有为 3D 引擎的发展带来任何质的变化，突破的任务最终由 id Software 公司的《雷神之锤》（Quake）完成了。

《毁灭公爵 3D》游戏界面

1996 年，id Software 公司发布了具有突破性质的游戏《雷神之锤》（Quake），如下图所示，相比 Doom 使用的是拥有高度信息的二维地图渲染成 3D 图像的伪 3D 引擎，Quake 则是实实在在的 3D 引擎。

Quake 引擎是当时第一款完全支持多边形模型、动画和粒子特效的引擎，而在技术之外，《雷神之锤》游戏操控方式也树立了 FPS 游戏的标准。游戏采用流动控制方案（Fluid Control Scheme），它使用鼠标来实现"观看/瞄准/定向"以及用键盘来实现"前进/后退/侧移"，这也成了 FPS 游戏最普遍的操控模式，直到今日仍没有变

《雷神之锤》游戏界面

化。并且 Quake 首开连线游戏模式，最终把网络游戏带入大众的视野之中，《雷神之锤》也

促成了电子竞技产业的发展。

1997 年,《雷神之锤》发售一年之后,id Software 又发售了《雷神之锤Ⅱ》,采用的引擎也升级为 id Tech2。这款引擎则支持了最新的 3D 加速技术(显卡)。当时较为知名的 3D API 是 OpenGL,《雷神之锤》也因此重点优化了 OpenGL 性能,这也奠定了 id Software 公司系列游戏多为 OpenGL 渲染的基础,如下图所示。

《雷神之锤Ⅱ》游戏界面

id Tech2 引擎添加了 256 种颜色材质贴图,首次实现了彩色光影效果,使得游戏中的物体在反射光影时候能展现出不同的色彩效果,另外一个技术特性则是通过支持 DLL(Dynamic-Link Libraries,动态链接库)文件实现了对软件渲染和 OpenGL 渲染的支持。而之后火遍全球的射击游戏《半条命》以及《CS》也都采用了 Quake 引擎。

正当 id Software 公司因为 Quake 引擎而赚得盆满钵满的时候,Epic MegaGames 公司(即 Epic 游戏公司)的《虚幻》(Unreal)正式发布,如下图所示。相比只负责 3D 图像处理的 Quake/Doom 引擎来说,Unreal 引擎涵盖的方面更多,涉及物理特性、动画演示、音频效果和碰撞检测等游戏的所有组件,也就是说 Unreal 引擎的集成度更高,通用性更强。

《虚幻》游戏界面

《虚幻》游戏中除了精致的建筑物外，还拥有许多游戏特效，例如荡漾的水波，美丽的天空，庞大的关卡，逼真的火焰、烟雾和力场等效果。单纯从画面效果来看，《虚幻》在当时是当之无愧的佼佼者。

1998 年 ~ 2000 年，凭借第一代 Unreal 引擎带来的精美画面和 DirectX 规范的通用性，Unreal 很快就得到了 18 款游戏的支持，包括《虚幻》《虚幻竞技场》《哈利波特》《Rune》《杀出重围》等都采用 Unreal 引擎实现了不同的游戏效果。而且，由于 Unreal 引擎具有广泛的通用性，除了游戏，它还被使用在 3D 建模、建筑设计、动作捕捉、电影特效等领域。得益于 Unreal 引擎带来的良好市场反响，Epic 游戏公司又相继推出了 Unreal 二代引擎。相较于第一代引擎，二代引擎的代码几乎全部重写，并集成了最新的编辑器。随着游戏的开发需要，游戏引擎囊括的功能也越来越多，Unreal 2 引擎拥有了更多的功能，如下图所示。

Unreal 2 引擎

随着技术的进步，游戏的视觉效果发展已经达到了一个瓶颈，不可能再依靠视觉效果继续发展了。这时，两部对后世影响较大的作品同时出现——Valve 公司的《半条命》（Half-Life）和 Looking Glass 工作室的《神偷：暗黑计划》（Thief：The Dark Project）。

《半条命》（见右图）采用的是 Quake 和 Quake 2 引擎的混合体，Valve 公司在这两部引擎的基础上加入了两个很重要的特性：一是脚本序列技术，这一技术可以令游戏以合乎情理的节奏通过触动事件的方式让玩家真实地体验到情节的发展，这对于诞生以来就很少注重情节的第一人称射击游戏来说无疑是一次伟大的革命；二是对人工智能引擎的改进，敌人更显狡诈，行动与以往相比明显优化了很多，不再是单纯地扑向枪口。这两个特点赋予了《半条命》

《半条命》

引擎鲜明的个性，在此基础上诞生的《军团要塞》《CS》和《毁灭之日》等优秀作品，令《半条命》引擎焕发出了更为夺目的光芒。

在这期间迅速崛起的另一款引擎是 Monolith 公司的 LithTech 引擎。这款引擎耗费了 Monolith 公司五年的时间，花费超过 700 万美元，如此高的代价也迫使公司改名为 LithTech，业务范围也转向 LithTech 引擎授权事务以图收回高昂的开发成本。

采用 LithTech 第一代引擎制作的游戏包括《血兆 2》和《清醒》（Sanity）等。2000 年 LithTech 公司推出了引擎的 2.0 版本和 2.5 版本，加入了骨骼动画和高级地形系统，LithTech 3.0 则衍生出了"木星"（Jupiter）、"鹰爪"（Talon）、"深蓝"（Cobalt）和"探索"（Discovery）四大系统，其中"鹰爪"被用于开发《异形大战掠夺者 2》（Alien Vs. Predator 2），"木星"用于《无人永生 2》的开发，"深蓝"用于开发 PS2 版《无人永生》。

Valve 公司的《半条命》使用的是 Quake/Quake 2 引擎，当他们开发续作《半条命 2》时，Quake 引擎就已经略显老态，于是他们决定自己开发游戏引擎，这也成就了另一款知名引擎的诞生——Source 引擎（起源引擎），如下图所示。

《半条命 2》使用的 Source 引擎

Source 引擎也与 Unreal 引擎一样是一款高度集成的综合引擎。它同样包括了 3D 图像渲染、材质系统、AI 人工智能计算、Havok 物理引擎、游戏界面、游戏声效等各个组件，而且创造性地使用了模块化理念，结合 Valve 公司的 Stream 平台，游戏引擎的修改和升级都非常简单，这也使得 Source 引擎可以长盛不衰，至今依然是主流引擎之一。2019 年最火热的游戏《Apex Legends》也是采用 Source 引擎开发的。

2000 年以后，得益于硬件技术的持续发展以及软件算法的支持，游戏引擎技术也得到了相应的提升。尤其是 2002 年底微软发布的 DirectX 9.0，更是让游戏引擎有了更好的算法支持。

此时，Epic 游戏公司的 Unreal2 引擎就展现出了疲态，公司急需一款性能更强大、灵活性更高的新时代引擎，这便是红极一时、惊艳引擎界的 Unreal3 引擎。融合了众多新技术、新特性的 Unreal3 也是当前使用最广泛的引擎之一，在主机、单机、网游等全面开花。

《虚幻竞技场 3》

　　Unreal3 支持 64 位 HDRR 高精度动态渲染、多种类光照和高级动态阴影特效，可以在低多边形数量的模型上实现需要数百万个多边形模型才有的高渲染精度，这样就可以用最低的计算资源做到极高画质。不光如此，引擎之中还集成了许多现成的游戏技术，包括 PhysX 物理引擎、SpeedTree 植被引擎、EAX5.0 音效引擎、AI 引擎等，其中的 PhysX 物理加速技术是 NVIDIA 公司力推的，在 PhysX 游戏中会拥有更好的效果。正是因为这些强大的编辑工具，可以让开发人员随意调用游戏对象，真正做到所见即所得。

　　Unreal3 引擎大放异彩，因此也诞生了不少经典神作，如《生化危机》《阿尔法协议》《战争机器》《荣誉勋章：空降神兵》《枪神》《质量效应》《镜之边缘》，尤其是《战争机器》一度创下 PC 游戏的画质神话，如下图所示。

《战争机器》游戏界面

　　2004 年，与《半条命 2》同时期，育碧公司利用 CryENGINE 引擎做出了另一款画质堪称"鬼神级"的游戏——《孤岛惊魂》（FarCry），如下图所示，游戏一经推出，就赢得了大片称赞之声。

《孤岛惊魂》的画质

CryENGINE 引擎使用了 PolyBump 特效，利用很少的多边形做出了大量多边形才能实现的画质效果，游戏中的动态光影效果也非常出色。CryENGINE 引擎还具有 HDR 高动态压缩、3Dc 等技术，后期还通过补丁升级，支持 SM3.0，画面又有所增强。

《孤岛惊魂》作为 CryTek 公司的试水之作，展示引擎实力和公司技术实力的目的已经达到了，但是引擎授权方面却不尽如人意，除了《孤岛惊魂》在主机平台的几款游戏之外，仅有 NC Soft 购买了授权用在自家的网游上，这款网游就是当年盛大代理的曾经火爆一时的《永恒之塔》（AION），如下图所示。

《永恒之塔》（AION）

后来 CryTek 公司的 CryENGINE2 引擎在 DX10 时代缔造了另一个画质新高，如下图所示那就是著名的《孤岛危机》。2006 年底，《孤岛危机》夺得了最强 DirectX10 画质大旗。

CryENGINE2 在一代的基础上不断强化，全面支持 DX9 中的 SM2.0/3.0 和 DX10 中的 SM4.0，引擎完整涵盖了游戏开发中的 3D 图像、游戏音效、AI 人工智能、物理效果、脚本系统、动画系统、编辑器等，可为游戏开发者提供强大的可视化开发环境，此外 CryENGINE2 还支持 64 位系统，多核心多线程处理。

在 CryENGINE2 发布的同一时间，一家瑞典游戏工作室 EA DICE 设计和开发的引擎寒霜（Frostbite Engine）问世。时隔两年，即 2008 年，第一款由寒霜引擎开发的游戏《战地：叛逆连队》（Battlefield：Bad Company）上市，如下图所示。

DX10 画质巅峰——CryENGINE2 引擎

《战地：叛逆连队》游戏界面

《战地：叛逆连队》的上市，带来了引擎系统的革新。得益于引擎的强大能力，游戏中的场景支持建立最大 32 千米 ×32 千米的地图，其中最多 4 千米 ×4 千米用来进行游戏，这意味着 Frostbite 引擎支持最大 16 千米的高视距，同时表现出真实的地平线效果。引擎能够模拟 24 小时昼夜更替系统，天空也会随之变化。引擎还可以快速制造出多层次的植被，丰富地面细节。基于 Frostbite 3 引擎开发的《战地4》游戏界面如下图所示。

Frostbite 3 引擎开发的《战地4》游戏界面

并且，最让人震撼的就是引擎使用 Havok Destruction 系统，应用了非传统的碰撞检测系统，可以制造动态的破坏，物体被破坏的细节可以完全由系统即时渲染产生，而非事先预设定。引擎理论上支持 100% 物体破坏，包括载具、建筑、草木枝叶、普通物体、地形以及燃烧等使得物体原型态改变。

得益于 Havok Destruction 系统的使用，使得游戏中 90% 的内容都可以被破坏，从而营造出更符合综合战场的战斗环境，带给玩家更真实的模拟战争体验，而这套系统也成为《战地》系列从开始至今一直被使用的特色系统。也让该系列成为经典射击类游戏之一。

现代引擎，除了具有最初的图形渲染功能之外，已经是一个包含 3D 建模、动画设计、光影特效、AI 运算、碰撞检测、声效处理等多个子系统在内的综合工具。全功能、模块化、按需订购的设计使得这类游戏引擎成为市场上的主流，能满足游戏厂商的多种需求，一些特殊且专业的引擎如物理引擎、植被引擎等都集成在通用型游戏引擎里，如 Vnreal 3 引擎集成的 PhysX 和 SpeedTree 引擎，Source 引擎集成的 Havok 物理引擎等。通过这些专业工具的集成化操作，使游戏引擎的功能变得越来越强大、越来越简单，效率也越来越高。从而给玩家们带来了更好、更真实、更绚烂的游戏世界。

二、主流游戏引擎

经过 20 多年的发展，游戏引擎技术已经相当成熟，自成体系。随着硬件技术的发展、互联网的崛起，游戏引擎逐渐脱离了传统的电脑平台，转向了综合的跨平台模式。在这期间也涌现出了很多新的引擎，小到 HTML5 网页游戏，再到 Android、iOS 移动端操作系统，甚至大型 PC 系统平台 Windows、Mac OS 和家用机平台（PS、Xbox），甚至最新的 VR 游戏，都可以通过游戏引擎的跨平台输出特性进行打包与配置。这样，只需要开发一次，就可以通过调整一些配置，实现不同平台的输出，既节省了开发周期，又节约了开发成本。

当前的游戏行业中，根据游戏支持平台不同，将游戏引擎分为：PC 端（Windows 和 Mac OS、Linux）、移动端（iOS 、Android、WP、BlackBerry）、家用主机系列（索尼 PlayStation、微软 Xbox、任天堂 Switch）、VR 设备等。接下来我们就详细分析一下当前主流的各平台游戏引擎。

1. 网页游戏引擎

网页游戏简称"页游"。区别于传统需要安装包的"端游"，依托于 PC 设备的 Web 浏览器；从而无须下载，要求电脑硬件配置低，点开即玩、玩完即走，非常适合上班族。在 2007 年开始流行，2011 年 ~2014 年发展到巅峰。

网页游戏分为 PC 端网页游戏和移动端网页游戏。开始是从 PC 端发展而来，这要得益于 Adobe 公司的 Flash，其网页端的多媒体交互插件 Flash Player 在浏览器的高占有率促使了网页游戏的快速发展。当然，随着时代的发展，Flash 插件也被越来越多的公司和用户所诟病，随着史蒂夫·乔布斯宣布 iOS 不再支持 Flash，也助推了 Flash 的辉煌时代即将谢幕。2017 年，Adobe 公司宣布 2020 年停止 Flash Player 的支持。这再一次宣告，这个曾经占领绝大部分用户桌面的技术即将退出历史的舞台。

在 Flash 时期，未曾出现业界认可的网页游戏引擎；只是出现了一些比较好用的框架，如 Flash 的 Starling 渲染框架 、DragonBones 骨骼框架、TweenLite 动作框架等，这些都称不上是引擎。

随着 HTML5 网页技术的兴起，加之 4G 移动互联网的增速、手机硬件的提高，网页手机游戏有了抬头之势。为了弥补当年 Flash 没有引擎的遗憾，那一批顶级 Flash 程序员，创业开发了 Egret（白鹭）引擎。引擎早期是基于网页的，目前逐渐向跨平台发展，并支持 2D/3D 动画制作、场景管理、粒子特效编辑等现代引擎必需的工具。值得一提的是，这款引擎为中国人自主开发的一款跨平台综合 HTML5 引擎，可以说很让国人为之振奋。

另一款综合引擎，还是国内自主开发的 LayaBox 引擎。目前旗下最主流的引擎是第二代 LayaAir 引擎。该引擎是基于 HTML5 协议的全能型开源引擎。LayaAir 支持 ActionScript3、TypeScript、JavaScript 等多种开发语言的 HTML5 引擎，同时支持 2D/3D/VR/AR、UI 库、缓动画、序列帧动画、骨骼动画、顶点动画、粒子系统、网络、物理系统等编辑器；可应用于小型游戏、大型游戏、广告、教育、营销、APP 等行业，具有强大的跨平台性能；是一次开发可同时发布 APP、HTML5、Flash 三个版本的全能型游戏引擎。

2. 手机游戏引擎

目前市场上占有率领先的手机/移动游戏引擎主要有 Cocos2d-x、Unity3D、FlashAir、Unreal、Corona 等。总体来讲，行业首选的游戏引擎主要都集中在 Cocos2d-x 与 Unity3D。在智能手机尚不发达时，最先崛起的是 Cocos2d-x 引擎，因其开源、免费、跨平台、高性能、支持很多第三方开发工具得到很多个人、工作室、公司的青睐。

Cocos2d 最早发布于 2008 年 1 月，是一个基于 MIT 协议的开源框架，用于构建游戏、应用程序和其他图形界面交互应用。同年苹果公司公布要发展 iPhone 游戏，所以 Cocos2d 的开发者抓住这次机遇，使用 Objective-C 编写出 Cocos2d for iPhone 0.1 版游戏引擎。

2010 年，当 Android 开始崛起能够与 iOS 分庭抗礼的时候，很多开发者想要把 iOS 的内容移植到 Android 上，Cocos2d 的开发者又迅速做出了调整，开发出一个基于 Android 的引擎 Cocos2d-Android。每一个分支的开发不但增加了维护成本，也增加各个引擎之间协调的不便性。最后对 Coco2d 进行了一次大整合，成为现在的 Cocos2d-x，从而实现了支持 iOS、Android 等移动端系统以及 PC、Linux、Mac 等桌面系统的跨平台引擎。

随着引擎技术的发展以及现在手机 3D 游戏的持续火爆，Cocos2d 也不甘人后，开发出了 Cocos3d-x 引擎，支持 2D/3D 游戏的开发。并且 Cocos 家族还有很多衍生引擎。

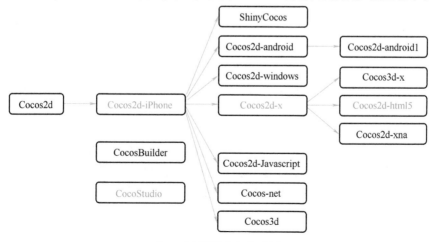

Cocos2d 引擎家族的发展

另一个重点就是现在被广泛运用在手机端的 Unity3D 引擎。Unity 是一款由 Unity Technologies 研发的跨平台 2D/3D 游戏引擎，可用于开发 Windows、MacOS 及 Linux 平台的单机游戏，PlayStation、Xbox、WⅡ、3DS 和 Switch 等游戏主机平台的视频游戏，或是 iOS、Android 等移动设备的游戏。Unity 所支持的游戏平台还延伸到了基于 WebGL 技术的 HTML5 网页平台，以及 tvOS、Oculus Rift、ARKit 等新一代多媒体平台。除可以用于研发电子游戏之外，Unity 还被广泛应用于建筑可视化、实时三维动画等类型互动内容的综合型创作工具。

Unity 最初于 2005 年在苹果公司的全球开发者大会上对外公布并开放使用，当时只是一款面向 OS-X 平台的游戏引擎。时至 2018 年，该引擎所支持的研发平台已经达到 27 个。

在 Unity 发布以来，陆续公布了数个更新版本，包括 Unity 4. x 和 Unity 5. x。2016 年 12 月，鉴于引擎的更新速度逐渐加快，Unity 官方决定不再在其版本号中标注纯数字，而改用年份＋版本号的复合形式，如最新发布的是 Unity 2018. 2，其发布时间为 2018 年 7 月 10 日。Unity 也是一套综合引擎，提供集成的场景编辑器，物理引擎，材质编辑、动画编辑等，再加上本身的类插件功能，能让第三方通过包来帮助生产周边工具。

移动端的明星游戏，也是移动端竞技游戏的代表做《王者荣耀》就是利用 Unity 引擎来开发的。

3. 大型引擎

大型引擎的定义为：一套完整的游戏开发综合商业化解决方案。从引擎诞生至今已经有 20 多年的历史，在这 20 多年里，有的引擎曾经辉煌一时，但也随着时间流逝消失在历史之中；但其中有几款引擎经久不衰，现在还被开发厂商广泛应用，它们包括：

（1）Unreal（虚幻引擎）

代表作：《绝地求生》《战争机器》系列，《质量效应》系列，《荣誉勋章》系列，《GTA 5》侠盗飞车 ，《星际争霸Ⅱ》。

（2）CryENGINE（尖叫引擎）

代表作：《孤岛危机》系列。

（3）Source（起源引擎）

代表作：《CS》系列、《DotA 2》。

（4）BigWorld

代表作：《坦克世界》、国内各种仙侠游戏。

（5）Frostbite（寒霜引擎）

代表作：《上古卷轴》系列、《战地》系列、《极品飞车 16/18》。

（6）IW

代表作：《使命召唤》系列 Havok 物理引擎，很多 3A 游戏以及好莱坞大片都使用该物理引擎。

（7）自研引擎

如暴雪的《守望先锋》，拳头公司的《英雄联盟》用的都是自研引擎。

在大型商业化的游戏开发中，很少有公司自研游戏引擎。因为游戏引擎的开发是一个长周期、高成本投入的开发项目。如果引擎开发得不好，问题会非常多，导致开发中的游戏项目会因为引擎的问题造成延期甚至难产，而项目开发组也会很难等到引擎开发组将问题修复。俗话说"术业有专攻"，专业的事要交给专业的人去做，所以一定要选择大厂、稳定的引擎产品为基础进行游戏的开发与设计。

三、游戏引擎的作用与组成

游戏引擎经过多年的发展与集成，已然成为现在游戏开发不可或缺的重要组成部分。一款优秀的游戏引擎，应该具备以下几个特质：

1）足够多的工具，包括场景编辑器、模型编辑器、动作编辑器、动画编辑器、粒子特效编辑器等大型工具。

2）完善的算法引擎，包括物理引擎、图形渲染引擎等。

3）强大的兼容性，支持市面上第三方插件，例如支持 3ds Max、Maya 等其他专业软件导出的文件格式并可使用。

4）高度的集成，除了一些编辑器之外，其他的算法类或资源调用类方法，应该被高度集成为一整套 SDK。通过 SDK，可以方便程序员对各个功能进行直接调用而不用自己去学习，节约了开发时间。

接下来我们以最新的 Unreal 4（虚幻 4）引擎为例来揭秘游戏引擎的"大智慧"。

1. 关卡编辑器

关卡编辑器是用来构建游戏关卡中最主要的编辑窗口。简单来讲，这里就是用来定义游戏中的场所，可以添加各种不同类型的 Actor 和几何体、蓝图、级联粒子系统或者设计者想添加到场景关卡中的其他东西，虚幻 4 关卡编辑器如下图所示。

虚幻 4 关卡编辑器

2. 材质编辑器

在材质编辑器中，可以用来管理已存在的或新的材质，这些材质能够被应用于一个模型来控制模型的可见外观。例如，能够创建一个"泥土"的材质，并将它应用于场景中的地面或者地表上，来达到泥地的表面可视效果，虚幻 4 材质编辑器如下图所示。

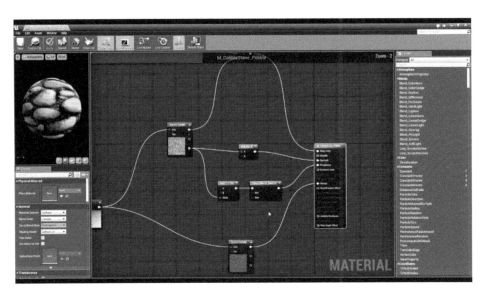

虚幻 4 材质编辑器

3. Persona 编辑器

Persona 编辑器是虚幻 4 引擎中的动画编辑工具集，可以用来编辑骨架资源、骨架网格体（Skeletal Mesh）、动画蓝图以及其他动画资源。即便不是所有的动画，但大部分的虚幻 4 引擎中动画相关的工作内容都在这个编辑器中进行，虚幻 4 Persona 编辑器如下图所示。

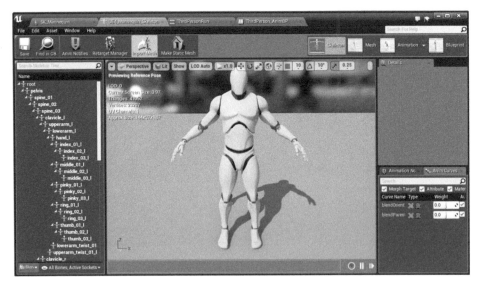

虚幻 4 Persona 编辑器

4. 行为树编辑器

在行为树编辑器中，可以通过一种可视化的基于节点的脚本系统（类似于蓝图）来控制关卡中 Actor 的人工智能（AI）。可以是任意数量的敌对角色的行为、NPC 角色行为、车辆行为等，虚幻 4 行为树编辑器如下图所示。

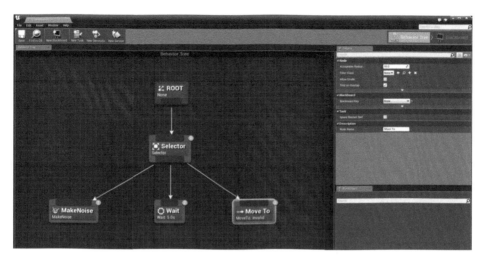

虚幻 4 行为树编辑器

5. 粒子编辑器

在虚幻 4 引擎中的粒子系统由这个编辑器来编辑制作，这是一个完全整合在引擎中的模块化粒子特效编辑器。系统提供了实时的粒子效果查看以及效果的模块化编辑，我们在游戏中看到的火堆、水面、下雨、下雪甚至开枪的火光等都是这个编辑器的功劳，虚幻 4 粒子编辑器如下图所示。

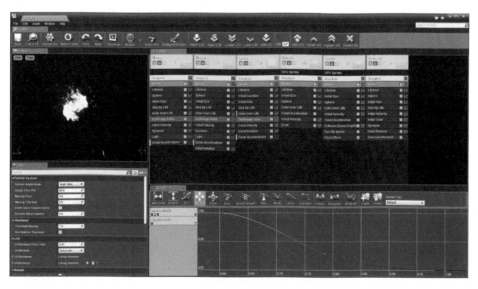

虚幻 4 粒子编辑器

6. UMG 界面编辑器

UMG 界面编辑器是个可视化的 UI 编辑工具，可以用来创建 UI 元素，例如游戏内的各种界面、菜单或者其他想要给用户看到的与图形有关的界面，虚幻 4 UMG 界面编辑器如下图所示。

虚幻 4 UMG 界面编辑器

7. Sound Cue 编辑器

在虚幻 4 引擎中音频的播放行为由 Sound Cue 定义，并且可以在 Sound Cue 编辑器中进行修改。在 Sound Cue 编辑器中，可以组合并混响几个不同的声音资源来得到一个单一的具有混合效果的声音，虚幻 4 Sound Cue 编辑器如下图所示。

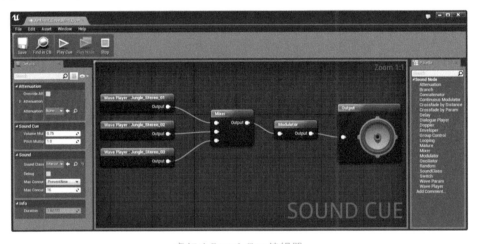

虚幻 4 Sound Cue 编辑器

以上这几款编辑器就是虚幻 4 引擎比较常规的几种编辑器。除了这些编辑器，虚幻 4 还提供了 2D 编辑器。在这里就不再展开描述了。

除了原生的编辑器工具，虚幻 4 还设有商城，在商城里，可以买到其他开发者所制作的包括音频、特效、材质、角色动作等全套的游戏资源或其他行业的专业资源，当然这些都是需要额外付费的，并且制作者可以参与销售分成得到额外的收入。

四、游戏引擎的商业化

游戏引擎的诞生是伴随着游戏开发而衍生出的一个独立产业。除了商业化的付费引擎，还有一种开源引擎，开源引擎是完全开放的，可以直接使用源代码进行游戏开发。

商业化的游戏引擎，主要费用一般由以下一项或几项组成：

1. 基本的费用

使用引擎需要先购买，之后不再收取其他费用。购买的形式是一般情况下一个引擎可以授权给购买方几个不同游戏的开发。超过这个数量还需要另外付费。

2. 基于卖出游戏数量的版税

针对那些中间件公司，例如：Epic 和 ZerodinGames 公司，购买引擎费用有两种支付方式：一种是相对低廉的购买引擎的费用 + 基于引擎出售一定数量产品的版权费（网络游戏则以每月游戏收入来计算，一般是总收入的 5% ~ 10%，根据授权费用不同分成也会有差异），另一种是单纯的且较高的购买引擎的费用，但不用支付附加的版权费。

3. 支持多平台功能的费用

基于购买引擎的游戏产品要想支持的平台越多，所要支付的费用就越多。

4. 依据开发者来收费

有些引擎创作者要求购买引擎的公司依据引擎的开发环境的开发者个数来支付费用。

5. 引擎的更新或者服务产生的费用

因想要获取已购买的引擎的更新版或服务而产生的费用。举例说明，例如，ZerodinGames 公司的 Zerodin 引擎，购买引擎已花费 35 ~ 70 万美元，但如果以后想继续得到引擎更新后的技术，则还需要每年支付 5 万 ~ 10 万美元。

6. 根据角色付费

例如，Unity 引擎，根据角色不同，收取的费用也不同。具体的收费方式可以参照下表：

Unity 收费方式一览表

版 本	使用条件	费 用
Personal 个人版	初学者或启动资金未超过 10 万美元/年	免费
Unity Plus 加强版	兴趣爱好者	25 美元/月，预付 1 年
Pro 专业版	专业开发者或工作室	125 美元/月

7. 其他收费方式

收费方式还有很多，现在比较流行的一种方式是建立引擎内的虚拟商城。通过集合其他开发者开发的资源，通过分成的方式获得额外收益，也是一种互惠互利的形式。如 Unity、虚幻 4 都有这个设定。另一种是通过出售引擎的官方教学课程或售后答疑收取一定的服务费用。

引擎的开发是一项耗时长、投入成本高的一项研发项目。一款引擎可能需要几十个优秀的程序开发人员，进行 2 年及以上的研发才有可能被用于商业化，这中间的费用可能需要上百万甚至上千万。好用的引擎则是需要更多的资金与时间，并且需要经过实践项目的锻炼。所以好的引擎商业化模式可以带来行业的良性循环。

第六章
电子竞技游戏详解

第一节　常见的电子竞技游戏

电子竞技的发展日新月异，游戏产品层出不穷，从 PC 端过渡到移动端，期间涌现出了很多经典游戏。在这些游戏中，我们能够发现一些规律，对之加以分析，总结出什么样的游戏能够成为电子竞技游戏。

我们以 2000 年 10 月 WCG 创办伊始到 2013 年停办的赛事经历为主要线索，总结一下 WCG 赛事涉及的全部比赛项目，如下表所示⊖。

WCG 历届赛事一览表

赛事名称	比赛时间	比赛项目
WCG 挑战赛	2000 年 10 月 7 日—15 日	雷神之锤Ⅲ：竞技场 FIFA 2000 帝国时代Ⅱ 星际争霸：母巢之战
WCG 2001	2001 年 12 月 5 日—9 日	雷神之锤Ⅲ：竞技场 FIFA 2001 帝国时代Ⅱ 星际争霸：母巢之战 虚幻竞技场 CS
WCG 2002	2002 年 10 月 28 日—11 月 3 日	雷神之锤Ⅲ：竞技场 2002 FIFA 世界杯 帝国时代Ⅱ 星际争霸：母巢之战 虚幻竞技场 CS

⊖　数据来源参照《世界电子竞技大赛》维基百科

（续）

赛事名称	比赛时间	比赛项目
WCG 2003	2003 年 10 月 12 日—18 日	魔兽争霸Ⅲ FIFA 2003 神话时代 星际争霸：母巢之战 虚幻竞技场 2003 CS 光环（Xbox 游戏）
WCG 2004	2004 年 10 月 6 日—10 日	CS：零点行动 FIFA 2004 极品飞车：地下狂飙 星际争霸：母巢之战 虚幻竞技场 2004 魔兽争霸Ⅲ：冰封王座 光环（Xbox 游戏） 世界街头赛车 2（Xbox 游戏）
WCG 2005	2005 年 11 月 16 日—20 日	CS：起源 FIFA 2005 极品飞车：地下狂飙 2 星际争霸：母巢之战 魔兽争霸Ⅲ：冰封王座 战锤 40000：战争黎明 生死格斗极限版（Xbox 游戏） 光环 2（Xbox 游戏）
WCG 2006	2006 年 10 月 18 日—22 日	CS 1.6 FIFA 2006 极品飞车：无间追踪 星际争霸：母巢之战 魔兽争霸Ⅲ：冰封王座 战锤 40000：冬季攻势 死或生 4（Xbox 游戏） 世界街头赛车 3（Xbox 游戏） 雷神之锤 4
WCG 2007	2007 年 10 月 3 日—7 日	魔兽争霸Ⅲ：冰封王座 CS 1.6 星际争霸：母巢之战 FIFA 2007 Carom3D 极品飞车：生死卡本谷 命令与征服 3：泰伯利亚之战 帝国时代Ⅲ 托尼霍克滑板八强争霸（Xbox 游戏） 战争机器（Xbox 游戏） 死或生 4（Xbox 游戏） 世界街头赛车 3（Xbox 游戏）

（续）

赛 事 名 称	比 赛 时 间	比 赛 项 目
WCG 2008	2008 年 11 月 5 日—9 日	CS 1.6 星际争霸：母巢之战 魔兽争霸Ⅲ：冰封王座 FIFA 2008 极品飞车：街头狂飙 命令与征服 3：凯恩之怒 帝国时代Ⅲ：亚洲王朝 Red Stone Carom3D 狂野飙车 4（手机游戏） 世界街头赛车 4（Xbox 游戏） 吉他英雄 3（Xbox 游戏） 光环 3（Xbox 游戏） VR 战士 5（Xbox 游戏）
WCG 2009	2009 年 11 月 11 日—15 日	星际争霸：母巢之战 魔兽争霸Ⅲ：冰封王座 CS 1.6 FIFA 09 赛道狂飙：国家永恒 Red Stone Carom3D VR 战士 5（Xbox 游戏） 吉他英雄：世界巡演（Xbox 游戏） Wise Star 2（手机游戏） 狂野飙车 4（手机游戏） 地下城与勇士（推广游戏、非正式项目）
WCG 2010	2010 年 9 月 30 日—10 月 3 日	Carom 3D CS 1.6 FIFA 10 吉他英雄 5（Xbox 游戏） 极限竞速 3（Xbox 游戏） 英雄联盟 星际争霸：母巢之战 铁拳 6（Xbox 游戏） 赛道狂飙：国家永恒 魔兽争霸Ⅲ：冰封王座 都市赛车 5（手机游戏） 时空乱斗（推广游戏、非正式项目）

（续）

赛事名称	比赛时间	比赛项目
WCG 2011	2011 年 12 月 8 日—11 日	CS 1.6 穿越火线 FIFA 11 英雄联盟 特种部队 Online（Xbox 游戏） 星际争霸Ⅱ：自由之翼 铁拳 6（Xbox 游戏） 魔兽争霸Ⅲ：冰封王座 魔兽世界：大地的裂变 地下城与勇士（推广游戏、非正式项目） 地下城与勇士团队赛（推广游戏、非正式项目） 时空乱斗（推广游戏、非正式项目） 3D 桌球（推广游戏、非正式项目） 狂野飙车 6：火线追击（手机游戏）（推广游戏、非正式项目）
WCG 2012	2012 年 11 月 29 日—12 月 2 日	DotA 2 星际争霸Ⅱ：自由之翼 魔兽争霸Ⅲ：冰封王座 FIFA 12 穿越火线 战车世界（推广游戏、非正式项目） CS Online（推广游戏、非正式项目） DotA Allstars（推广游戏、非正式项目） QQ 飞车（推广游戏、非正式项目） QQ 飞车团队赛（推广游戏、非正式项目）
WCG 2013	2013 年 11 月 28 日—12 月 1 日	穿越火线 FIFA 14 英雄联盟 星际争霸Ⅱ：虫群之心 超级街头霸王 IV：街机版 Ver. 2012 魔兽争霸Ⅲ：冰封王座 战车世界 逆战（推广游戏、非正式项目） QQ 飞车（推广游戏、非正式项目）

从表中，我们可以总结出，能够作为电子竞技项目的游戏基本可分为两类（非正式项目不计）：

对战类（FPS 类、即时战略类），例如：《CS：GO》《英雄联盟》《DotA2》《星际争霸》等。

休闲类（竞速类、音乐类），例如：《极品飞车》《FIFA》《吉他英雄》等。

而其中对电子竞技发展影响较大的要数《魔兽争霸Ⅲ：冰封王座》《星际争霸》《星际争霸Ⅱ》《英雄联盟》《DotA2》《CS》等系列。

作为竞技体育的一部分，电子竞技之所以会被这些游戏所影响，主要是因为这些游戏具有以下特点，并且这几项对竞技体育十分重要：

1）对抗性：主要是人与人之间的对抗，包括体力对抗、智力对抗，甚至心理素质的对抗等方面。

2）观赏性：不论是单人项目还是集体项目，竞技体育的魅力之一就是具有观赏性。观赏性主要建立在相对完善的比赛规则、游戏机制之上，通过双方的战略战术、临场发挥、极限操作等来表现。电子竞技参赛队员的随机发挥所带来的不确定性，也增加了其观赏性。

3）游戏公平性：不同于其他类型的游戏，比如 RPG 类游戏，因为游戏本身的设计定位问题，游戏角色本身很容易受到人物装备、人物技能等因素的人为干扰，进而打破某种平衡。所以选择项目时，要尽可能选择游戏机制在制作时就相对平衡，不会出现除了人的操作水平因素而影响结果的情况，以保证游戏机制的公平性。

4）完善的比赛规则：不论是比赛还是任何一个带有竞争意识为主态的活动，都应该具备一套完整且兼顾公平的比赛机制，让每一个参赛选手可以发挥出自己的最佳水平。

电子竞技的诞生与发展实属不易，作为一项新兴的体育项目，在漫长的发展中各项制度、规则逐渐完备，形成了自己特有的比赛形式与竞技风格。下面几节，将对几类具备代表性的电子竞技游戏，从游戏发展历史、游戏设计与制作、技战术几个方面进行分析。

第二节　体育竞技类游戏详解（SPG）

一、体育竞技类游戏的发展历史

体育竞技类游戏（Sports Games，以下简称 SPG）又称"运动游戏"，一般为模拟现实的体育运动，如成为体育运动中的经理、教练、运动员等。SPG 在世界范围内有着很强的号召力，但也不是所有的体育项目都会被做成游戏。多数受欢迎的体育运动会收录成为游戏，包括足球、篮球、网球、高尔夫球、美式橄榄球、拳击、赛车等，大部分 SPG 以运动员的形式参与游戏。

经过多年的发展，目前世界主流的 SPG 主要为足球、篮球两大类。这两大类在现实世界中，也是全世界都很关注的大型球类赛事，涌现了很多世界级的巨星。因其激烈的对抗性、技术观赏性、团队合作性让这两项运动大放光彩。所以 SPG 多选择较为有民众基础的现实案例进行移植。其中最有名的足球游戏要属"FIFA"系列与"实况足球"系列，最著名的篮球游戏要属"NBA 2K"系列。

SPG 中尤其是足球、篮球类游戏的开发难度并非在技术上，而是在各项世界赛事、俱乐部赛事的版权运动员的肖像权等复杂的法律问题上。其中最复杂的，应该属于给每个球员、教练员进行属性设计以及球员的数据采集。因该类型游戏都与现实环境相同，每年运动员的流向、俱乐部情况都变化比较大，所以这类作品基本上 1 年就要更新一款，研发压力较大。

目前在世界级的电竞比赛中，最出名的 SPG 就要数足球游戏了。而其中最常用的两款比赛游戏是 FAFI 系列与实况足球系列。它们的发展也伴随了整个电子游戏的发展，让我们来看看它们的发展轨迹吧。

1. FIFA 系列的发展史

FIFA 系列是艺电（EA）旗下的足球类电子游戏，每年由艺电体育（EA Sports）部门发布。1993 年末 EA 得到了 FIFA 商标的官方许可。《FIFA International Soccer》（FIFA 系列第一代作品）获得了许多联赛的独家许可，如下表所示。

FIFA 系列涉及的国家及足球赛事

国　　家	赛　　事
德国	德国甲级联赛、乙级联赛
英国	英格兰足球超级联赛和足球联赛
意大利	意甲、乙级联赛
西班牙	西甲、乙级联赛
法国	法国甲级联赛、乙级联赛
葡萄牙	葡萄牙足球超级联赛
土耳其	土耳其足球超级联赛
荷兰	荷兰足球甲级联赛
墨西哥	墨西哥足球甲级联赛
美国	美国职业足球大联盟
韩国	K 联赛
沙特阿拉伯	沙特阿拉伯职业比赛
澳大利亚	A 联赛
智利	智利足球甲级联赛
巴西	巴西足球甲级联赛
阿根廷	阿根廷足球甲级联赛
中国	中国超级联赛

因此，FIFA 还可以在游戏里面使用真实的联赛名字、俱乐部名字、球员名字和肖像。此外，FIFA 还获得一些国际知名的俱乐部的许可，例如在希腊足球超级联赛和南非足球超级联赛中的一些俱乐部，但是没有当地整个联赛的许可。每一代 FIFA 主要是补充一些联赛的数据，例如世界杯、欧洲足球锦标赛、欧洲冠军联赛，也补充一系列新的足球管理的职称。

1993 年 12 月 15 日，FIFA 系列第一款产品发布，命名为《FIFA 国际足球》（FIFA International Soccer）。在开发过程中被称为 "EA Soccer"，有时也被称为 "FIFA 94"，如下图所示。这款产品在发布之时，正处于红白机时代，所以尽管有不错的游戏性，但是对于画面来讲，还处于像素级别。

也是在此时，EA 公司拿到了 FIFA

Mega Drive 版《FIFA94》游戏界面

（国际足球联合会）的商标授权，最后改名为 FIFA。从此这款产品一炮打响，成为当今 SPG 响当当的招牌。

从 1993 年~1999 年，每年都会发布一部新的作品。1997 年 11 月 8 日，EA 公司发布了迄今为止都被足球游戏迷奉为经典的《FIFA 98》，如下图所示，因其更新了全新的图像引擎，优化了操控体验，增加了 16 座全新的球场，6 大赛区、172 支球队的庞大世界杯规模。此时 EA 的版权授权之路初见成效，同时还增加了最多 20 人的网络联机和最多 8 人的 Modem 联机模式，让联机对战成为可能，这也给 FIFA 能成为电子竞技项目埋下了伏笔。不光如此，1998 年举办世界杯，所以在发售半年后，因为世界杯的关系，又带来了一波可观的销量。

《FIFA 98》游戏界面

进入 21 世纪，FIFA 继续发力。除了继续完善游戏的操控体验，更是继续发力版权事业，签下了更多的国家联赛、球员肖像权等，为后期的真实人物植入奠定了基础。2002 年，得益于微软发布的 DirectX 8.1，新版本的 FIFA 在图形画面上又有了新的突破，配合 Windows XP 系统，更是相得益彰，获得了 420 万套的销售量，如下图所示。

《FIFA 2002》游戏界面

2010 年至今，FIFA 系列的发展势头依旧，从《FIFA 17》开始使用全新的寒霜 4 引擎开发。得益于寒霜引擎强大的实时物理引擎系统，骨骼动画、光照系统与渲染系统，构成了一个全新的、强力的引擎。EA 表示，该引擎能够赋予游戏中运动员"类人的智慧"，玩家能够体验到如同真实运动员一样的变速和转向的敏捷性。同时，游戏也加入了新的剧情模式"The Journe"，在此模式下，玩家可以自创或使用现实既有球员，去体验一次他们的球员生涯，从球场到球场外的生活应有尽有，如下图所示。

《FIFA 17》

截止到 2018 年 9 月《FIFA 18》已经累计销售 2400 万套，同时这也将 FIFA 系列总销量推至 2 亿 6000 万份。

2. 实况足球[⊖]系列的发展史

无独有偶，有了 FIFA 之后，另一款足球游戏也相继问世，那就是《J 联盟实况足球胜利十一人》。这款游戏于 1995 年 7 月 21 日正式在 SFC 平台发售，是由科乐美开发的第一款足球竞技游戏，但也因为第一次涉及足球竞技游戏，不论是公司技术实力、还是经验都稍显不足，以至于在当时并没有引起玩家们的足够重视。

但是这款游戏，却为科乐美打下来了两个坚实的基础。其一，首作就引入 3D 建模，整个游戏场景与现实更加接近。其二，就是比赛的整体感觉，由于足球游戏讲究的就是节奏，而当时的 FIFA 系列讲究的是一种爽快感，比赛节奏被放在了次要位置上。因此，科乐美当时就从这个细节中找到了差异，并机智地选择了一种展现真实足球的表现手法来制作这款足球游戏，这也奠定了该作后续的产品风格，为与 FIFA 双足鼎立奠定了基础。

1995 年首次发行于 PlayStation 平台，开始了崭新的蜕变。直传球的加入使得游戏逐渐完善，更具竞争力，直传球的创新至今仍是实况系列的标志，如下图所示。

1996 年 3 月发布《世界足球胜利十一人》（World Soccer Winning Eleven），1996 年 11 月 22 日发布《J 联盟实况足球胜利十一人 97》（J. League Jikkyou Winning Eleven 97），1997 年 6 月 5 日发布《世界足球胜利十一人 97》（World Soccer Winning Eleven 97），这些仅仅是对

⊖ 《FIFA 与实况——你争我夺的 15 年》https://www. 3dmgame. com/news/201109/32619_ 4. html

1995 年实况足球 PlayStation 版

当时的球员进行更新，除了画面有了些许增强外，本质上并没有令人惊喜的卖点。

1998 年 5 月，《实况足球 3》发布，也是绝大部分中国玩家真正开始接触实况系列的一作。这一作品除了增强画质外，整体游戏节奏变得更加流畅，球员动作的细腻度、流畅度也得到了大幅度改良，越来越靠近真实的足球体验。这个版本的玩家之间的对战不光要考验 1 对 1 的技巧，更考验玩家整体技战术水平，这也让足球游戏更加的完整，为实况系列的发展又夯实了基础，如下图所示。

《实况足球 3》游戏界面

1999 年 9 月，科乐美在 PS 平台推出了《实况足球 4》。《实况足球 4》彻底颠覆了之前玩家对实况系列的印象。在丰富球员资料的基础上，对系统进行了大幅度地调整与优化，不但更改了控球方式，使之更灵活，还大胆地修改了进攻节奏，相比于前作减慢许多。这一修改，虽然让上代玩家一时难以接受，但是，随着时间流逝，玩家渐渐适应崭新的操作后，实况系列开始风靡起来，这导致曾经一段时间我国的包机房中 90% 的 PS 都在运转着《实况足球 4》。反观同年的《FIFA 99》却没有想象中的那么好，此消彼长之下足球游戏的格局也正式形成，FIFA 系列占领了 PC 平台，实况系列占领了主机平台。

进入 2000 年，《实况 2000》是实况系列在 PlayStation 平台的最后一部作品，改进了《实况足球 4》的诸多漏洞使它看上去更像是一部《实况足球 4》的"资料片"。

在 2001 年推出了正统续作《实况足球 5》，这也是实况正式转移 PS2 平台的首作，依托强大的 PS2 的图像处理功能，《实况足球 5》的画面精细程度，已然超越了 FIFA 系列，并且在操作方面也给玩家带来诸多的惊喜，如下图所示。

《实况足球 5》游戏界面

2003 年 1 月 30 日，科乐美发布了一个 PS2 平台的实况作品，也就是《实况足球 6》，因为前作的优良表现，玩家们对新作也充满了期待。《实况足球 6》可以说是一个集大成的作品，一定程度上也受 2002 年日韩世界杯的影响，根据世界杯的情况做出了相应地调整与优化。

这一代产品，游戏画面已经不是玩家们关心的问题了。更多的球员以真实面容登场，细腻、流畅的动作让整个游戏看起来也更加的华丽和真实。凭借从 PS 到 PS2 硬件性能的提升，科乐美进一步完善了足球游戏中最基本的盘带、传球等人球互动的动作。从这一代产品起，科乐美开始用更多精力来关注足球比赛中高于个人技术动作的重要环节——技术。

2004 年 2 月，本是发布《实况足球 7》的日子，但是却发布了一个打着《实况足球 7》旗号的《实况足球 7 国际版》，相对于《实况足球 7》弱化了个人技术的弊端，大幅度强化了短传、投球的威力，增加了一些全新的过渡动作和球员个性化绘制，如右图所示。

《实况足球 7 国际版》

虽然在这个版本中增加了多种语言版本和解说的支持，但实质上还是不折不扣的日版风格，针对的也是日本市场，这也是与北美版和韩版最大的区别。

《实况足球 8》增强了网络对战功能，并继续细化加入了间接任意球、换人时的击掌、角球时球的放置，甚至球员队服上的污迹、受伤治疗再入场等场景，极大地丰富了游戏过程，让实况系列在拟真环境下又走出了一个新高度。也是在这个版本中，取得了丹麦、西班牙、意大利三国足球联盟共 56 家俱乐部的授权，极大地丰富了游戏内容，也是从《实况足球8》开始被中国玩家所持续追捧，变成了一代经典。

紧随其后的《实况足球9》、可以算是实况系列中较为完美的一部作品，综合前作所有缺陷进行改进，更出色的画面和操作手感，也使得《实况足球9》达到了一个崭新的高度。在 2006 年发布的《实况足球10》，则看上去就没有了鲜明的特色与改进，也是从这一代开始，逐渐进入了属于它自己的瓶颈期。

从《实况足球10》开始，实况就停用了版本序号的命名，改为使用年份来作为版本的命名序号。因此，在 2007 年发布的新作被命名为《实况足球2008》。在这一代中，科乐美给游戏加入了人工智能系统"TeamVision"。它是实况足球系列作品中一次革命性的创新。这个系统的自由度很高，随时都能够根据玩家的各种变化来进行配合，譬如自动记忆不同选手的独特风格，从而很快进行学习和适应，实际应变能力非常强，可以迅速改变它们的战术策略。

2009 年更换了新的游戏引擎的《实况足球2010》强势推出，画面更出色的新版实况，却似乎改变不了"新瓶装旧酒"的本质，缓慢的游戏节奏和逊色的手感让实况系列饱受诟病。2011 年推出的《实况足球2011》虽然从视角到游戏操作作了大幅度的改革，却依然出力不讨好，较差的 AI 跑位也引来了玩家的不满，如下图所示。

《实况足球2011》

接下来几部实况足球也没再带来更多的变化，因为 FIFA 的授权之路显现成效，导致实况在授权方面就少得可怜，因此也导致其销量不佳。

到了 2012 年，开发《实况足球2013》时，科乐美再次更换了实况的游戏引擎，采用小岛工作室研发的 FOX 引擎，此款引擎也一直被沿用至今。依靠新引擎的支持，谨慎控制以及盘带效果大大增强，可以更加真实地展现球员的真实动作及技术水平。此后虽然一直保持着一年更新一部的节奏，但是除了提升画质、完善细节并没有更出彩的地方。从《实况足球2017》开始到《实况足球2019》其最大的变化就是增加了"MyClub"线上对战系统，将单机和联网对战变为了互联网对战，可以与全世界的玩家进行比拼。但整体效果上依旧不如强势的 FIFA。

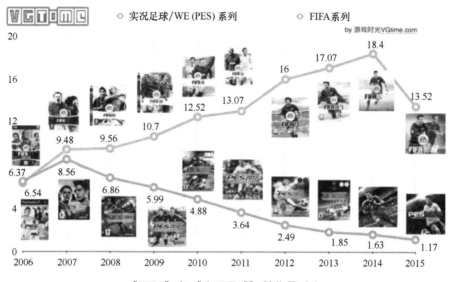

《FIFA》与《实况足球》销售量对比

二、游戏特征及机制

SPG 主要是将现实中特定的体育竞技项目完整的产业模式虚拟成为电子游戏，可以让普通玩家切身参与到一个体育项目中，获得一个体育项目的完整体验。SPG 一般包含以下三个方面的内容，各自的侧重点不尽相同。

1. 角色扮演（RPG）

虽然是 SPG，但是对于一款制作上乘的游戏来说，角色扮演的部分还是很有必要的。游戏设定角色扮演环节，有以下三点好处：第一，给予用户一定剧情指引，交代出游戏的背景，引出玩家在游戏中扮演的角色将会做什么，并对用户进行新手指导。第二，给予用户一条主线任务，通过用户完成角色的任务，达成一定荣誉和角色成长，学到一些有用的技能。第三，通过角色的不断成长，完成更多的游戏内容，并将养成的角色引入下一个游戏系统中，让玩家更深入地进行游戏。角色的不同养成，还可以开启不同的隐藏奖励或剧情走向，带给玩家不同的体验。

2. 模拟经营

模拟经营是 SPG 中不可或缺的一部分。这一部分中有很多游戏都是单独制作成一个全新的故事模式来让玩家体验的。模拟经营的范围很广，不论是篮球队、足球队、橄榄球队，都需要经营、管理，将这些内容拿到游戏中来让玩家亲身体验一把当俱乐部经理的瘾，从籍籍无名到叱咤风云。

3. 竞技性

竞技性是整个 SPG 的游戏核心，也是因此特征才能成为世界级电子竞技比赛的项目。

在前面的章节中也已经提到，竞技游戏必须符合对抗性、观赏性、公平性与完善的比赛规则，体育类游戏恰恰天生就满足这几点需求。以足球游戏为例，足球游戏全部脱胎于真实的足球赛事，并且足球赛事作为全世界最吸引人的竞技体育项目，已经具备完善的规则、极佳的观赏性、激烈的对抗性以及公平性，再加上庞大的球迷群体，使之拥有很好的群众基础。

从现实到虚拟，足球游戏在模拟现实的道路上越走越好，但毕竟不能与真实比赛体验相媲美，游戏的难度也不能过高，否则会增加用户的上手难度，反而不利于游戏的发展。因此，在游戏中，都对某些动作或细节进行了弱化。虽然进行了一定弱化，但也较为完整地保留了足球游戏鲜明的特色，让玩家玩起来也像身临其境、亲身参与在一场场激烈的足球对抗中。

上述三点，可以说是体育竞技类游戏最核心、最基本的特征。这些内容的设计，形成了一个游戏的闭环，让玩家可以在体育的世界里自由翱翔。

三、SPG 解析

SPG 产品大部分都要还原真实的赛事、人物、场景。可将游戏拆解成三大部分：主角故事线、模拟经营线、竞技对抗线。以《FIFA》为例通过这三条核心内容，分析、还原一个SPG 开发设计过程。

1. 主角故事线（生涯模式）

主角故事线也可称呼为"生涯模式"。玩家在此模式下，通过控制一个人物，从弱小到变强。系统的设计目的更多是为了进行新手引导以及系统玩法的深入指引。通过故事叙事的形式，让玩家有代入感地完成一系列任务，通过这些任务熟悉游戏玩法、规则等内容。此类模式的设计过程分为三个部分：

1）世界观设定：为了让生涯模式人物在感情上更丰满，需要对整个游戏做背景设定，这就是游戏世界观。在游戏世界观中，需要设计游戏的时间轴，即故事从何开始、发生在什么地方、所处地点的环境怎样等。如果需要可以补充故事的历史背景，铺垫好之前的历史事件与发生的时间，为后边的剧情发展打好基础。

2）人物设定：人物设定主要是对主角的整体塑造。人物的设计可以很粗放也可以很细腻。一般对于人物设定，有八种维度可以帮助制作者进行延伸设计，如下表所示。

人物设定维度

设 定 维 度	维 度 描 述
性别	男、女
年龄	可以设置角色开始到完成最终的成就或任务的年龄范围，比如 13~25 岁
血型	O 型、A 型、AB 型、B 型等
人种	白种人、黄种人、黑种人和棕种人
外貌	身高、体重、发型、脸型等
性格	内向、外向、活泼、热情、开朗等
穿着	可以与性格进行搭配，如时尚靓丽、传统、运动休闲等
饰品/装饰	比如喜欢带吊坠、耳环等

3）主线设计：主线设计是生涯模式的核心。主线设计一般包含三个方面：

剧情设计：剧情设计包含开场剧情模式，主要交代游戏开始前的历史背景和时间，可以柔滑地过渡到用户可操作部分，并通过剧情设计，来完成新手引导的工作。

任务设计：根据剧情走向，设定目标，让玩家通过游戏的形式完成任务达到"角色成长"的目的。任务可以设置为主线任务、直线任务、隐藏任务等多种玩法,以丰富剧情和鼓励用户对游戏进行不同形式的探索,达到增加用户游戏时间的目的。同时,任务也可以奖励玩家一些金钱与经验,让"主角"快速成长起来。

战役设计:战役设计在 SPG 中的表现就是"打比赛"。通过各种业余赛、专业赛、职业联赛、世界级比赛等一步步提高难度,让玩家培养的角色慢慢变得强大,完成生涯模式的挑战。

战役设计还可以和成就系统搭配起来进行设计,通过比赛达成不同的成就,可以获得不同的奖励,丰富玩法。

2. 模拟经营线

模拟经营是对游戏模式的一种补充,通过模拟经营,可以让玩家从管理者和经营者的角度去理解体育竞技在商业化上是如何操作的。所以模拟经营的环节更多的是"做生意"。一般 SPG 设计会从以下几个方面进行:

(1)教练模式

领队模式:只需要负责管理球队的训练、技战术使用。带领自己的球队完成战略和俱乐部要求的商业目标即可。

职业生涯模式:跟主线模式相关联。当主线完成所有职业生涯成为"传奇"为止。

(2)球队管理模式

在球队管理中,玩家要化身成为一个公司经营者,模拟现实中俱乐部经理的工作。在游戏中,一般从四大方面进行管理。

1)球员管理:球员管理包含了球队中球员能发生的大部分情况。从球员招募、转会、租借到人才挖掘。只要跟球员经济有关的内容都可以通过球员管理的方式进行设置和选择。

《FIFA 17》球员出售界面

2)财政管理:董事会会给俱乐部经理制定年度目标。这包括了整体的财政预算,这些预算用来给球员发工资、签约球员、转会球员等。另外还包括营收目标、球队成绩目标等目标任务，需要俱乐部经理去完成。

3）球队管理：球队管理主要涉及的内容就是球员的各种状态管理，伤病、属性成长的查询，球队训练的安排，因为每个球员特长不同，需要有针对性地对球员进行训练，以增强球员属性值。在完成训练任务的同时，也是帮助玩家尽可能地熟悉各种操作技巧并提高熟练程度。

4）比赛管理：在比赛开始前，经理可以根据球队情况，进行首发人员的设置，替补人员的设置，阵型编辑、战术编辑等操作，为赢得比赛做好准备，如下图所示。

《FIFA 17》球队设置页面

3. 竞技对抗线

竞技系统就是比赛系统，也是整个游戏最核心的系统。在竞技系统的设计上，足球游戏是相对复杂的，因为足够真实，所以现实中球员可以做出的动作在《FIFA》中都有进行还原，包括各种大牌球星的成名绝技。根据当前游戏技术的提升，现在的足球类游戏都会采用现场的动态捕捉技术对各个球员的带球、过人、射门等技术动作直接录制，并将采集的动作信息直接转化成3D数字模型形成一套连贯的动作。通过动态捕捉录制的动作，要比一个3D动画人员制作出的角色动作更加细腻、自然，带有这个球员自己的"味道"，也显得动作更加流畅、真实，如下图所示。

身穿动态捕捉服的录制人员

这些动作录入游戏后，就需要进行操作的设置。根据不同平台，操作方式也不同。一般游戏有两种操控方式：键盘、手柄。

键盘的键位设计如下表所示。

键盘键位设计表

按　　键	效果（进攻）	效果（防守）
S 键	直塞球	呼唤门将出迎
A 键	长传球/传中球/头槌长传球（传中球）	铲球拦截
D 键	射门/侧身射门/头槌攻门	抢截/拉拽（追击持球者时）
空格键	短传球/头槌短传球	自动追击持球者
Q 键	球员最低速奔跑（控球能力最强）	切换球员
Z 键	香蕉球射门模式/穿裆（自己）	团队自动追击持球者
C 键	中低速奔跑（控球能力较佳）	展开双臂球员身体横向移动拦截 持球者前进路线
E 键	奔跑	奔跑
十字键	移动	移动
Home 键、Delete 键、End 键、Page Down 键	战术	战术

手柄的键位设置如下图所示。

手柄按键设置

两者对比不难发现，键盘的操作难度比手柄要高得多，再加上键盘的区域跨度过大，操作起来并不是很紧凑，而且方向键的设计键盘中是上、下、左、右4个正方向，做出其他4个方向（左上、左下、右上、右下）需要通过组合键进行，动作的细腻度绝对达不到手柄方向摇杆的360°无极操作水准；且手柄按键设计紧凑，长时间操作不会有太重的疲劳感。所以从操作手感上，还是推荐使用手柄进行足球游戏。

除了操作上需要进行着重的设计外，各个球员的位置也要进行高度还原，才能称之为接近现实的好作品。一般足球游戏设置的位置如下表所示。

球员位置一览表

中文名称	英文名/缩写
门将	Goalkeeper：GK
中后卫	Center Back：CB
自由人	Liberal：LIB
清道夫	Sweeper：SW
左边后卫	Left Side Back：LSB
右边后卫	Right Side Back：RSB
防守型前卫	Defence Middle Field：DMF
左边前卫	Left Middle Field：LMF
右边前卫	Right Middle Field：RMF
进攻型前卫	Offence Middle Field：OMF
中前卫	Center Middle Field：CMF

（续）

中 文 名 称	英 文 名/缩 写
中锋	Center Forward：CF
左边锋	Left Wing Forward：LWF
右边锋	Right Wing Forward：RWF

这些位置构成了整个足球阵型的基本体系，根据不同阵型可以调配不同人员到不同位置上，设计出不同的战略战术，这可能也是足球游戏的魅力所在吧。

四、SPG 的技战术浅析

阵型是大型团体 SPG 项目中很重要的一个要素，尤其是足球游戏，双方总共 22 人的比赛，技战术的如何使用是影响比赛结果的重要因素之一，并且，在游戏中能很好地还原各个俱乐部甚至国家队常用的技战术。

在足球比赛游戏中，阵型的选择基本围绕两个核心来展开：一是围绕打法选择阵型，二是围绕核心球员选择阵型。下面就分析一下六种常见的阵型。

1. 4-4-2 阵型

这种阵型采用的是四个后卫、四个中场和两个前锋的打法。这种阵型的主要攻击战术是下底传中，而其变种阵型采用双后腰或单后腰配以两个或三个中场，再加两个前锋的打法。这种阵型的特点是前卫线和后卫线之间衔接很紧密，有利于收缩防守，但前锋线于前卫线之间距离比较大，不利于地面传接配合的进攻，如下图所示。

2. 4-5-1 阵型

这种阵型更适合防守，在整队协力防守下，找到对手失误的机会，成功断球后快速将球传到这套阵型的突前前锋脚下，实现快速反击。当然这套阵型如果没有有效的防守，那么也无法形成有效的进攻，如下图所示。

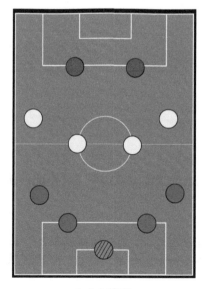

4-4-2 阵型

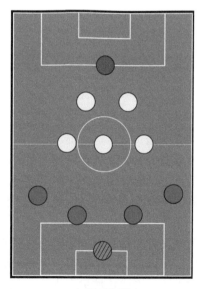

4-5-1 阵型

3. 4-3-3 阵型

这个阵型更加注重进攻。三名前锋中，原则上一名中前锋负责中路防守，在对方守门员和中后卫配合时，可进行封堵或伺机抢断；另外两名边前锋以防守前场边路为主，如抢断守门员抛入边路的球等。同时三名前锋在前场边、角区域需与前卫队员经常形成围抢局面，从而在抢到球后，立即就地反击。现代足球两名边锋概念逐渐淡化，边锋边前卫意义逐步靠拢，如下图所示。

4. 5-4-1 阵型

俗称"死守之阵"，就是死守中后场，将比分牢牢地维持住。当然如果有"偷袭"能力极强的前锋，反击攻势也能打得有声有色；但是进攻成功率往往不是很高，如下图所示。

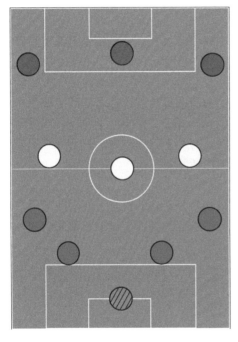

4-3-3 阵型

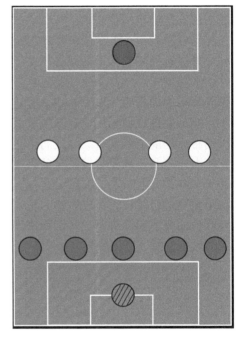

5-4-1 阵型

5. 5-3-2 阵型

这种阵型安排5名球员在后场，是一种比较典型的防守反击打法，常用于实力弱于对手时。该阵型反击时的攻击点在于两名前锋和及时插上的边前卫或边后卫，由此，前场中路和边路是该阵型快速反击的重点区域，如下图所示。

6. 3-4-3 阵型

这个阵型又称为钻石形、菱形阵，这阵是 3-4-1-2、3-4-2-1 的初始形态，因为球队必须要拼进球，所以打少一个后卫，主要将力量都放在攻击线当中，前场三叉戟能够获得中场的进一步的支持，形成攻城拔寨之势，如下图所示。

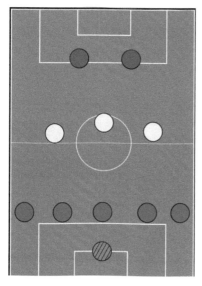
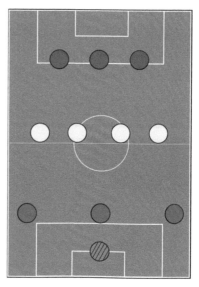

5-3-2 阵型   3-4-3 阵型

第三节 即时战略类游戏详解（RTS）

一、即时战略类游戏的发展历史

即时战略游戏（Real-time Strategy）以下简称 RTS 游戏，是战略类游戏的一种。顾名思义，游戏的过程是即时进行而不是采用回合制。通常，RTS 游戏现代的标准会有资源采集、基地建造、科技发展等元素。在玩家指挥方面，RTS 游戏通常可以独立控制各个单位，而不限于群组式的控制。

一个常见的误解是"只要是即时的战争游戏就算是 RTS 游戏"，其实 RTS 游戏在真正意义上（或者说狭义上）的认定是比较严格的。RTS 游戏在战略（Strategy）的谋定过程上必须是即时的。所以当一款战争游戏只有战斗时是采即时制，而在采集、建造、发展等战略元素是采回合制，那就不能算是 RTS 游戏。另外，如果该游戏完全没有上述的战略元素，那也只能算是即时战术游戏（RTT）。

由于 RTS 游戏的形态经过长久的演变与塑造，所以很难去确实辨认哪些游戏算是 RTS 的前身。

有据可考的最早的 RTS 游戏的鼻祖可以追溯到 1983 年由 John Gibson 开发的《Stonkers》（见下图）以及 1987 年发行的《Nether Earth》。

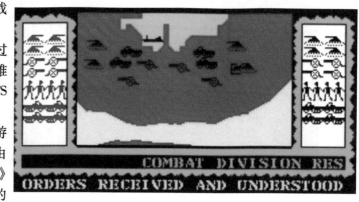

游戏《Stonkers》海报

但它们其实并非真正的实时战略游戏，因为在当时这些游戏仅有着实时性的战斗系统，并未含有资源收集的要素存在，仅能称作为实时"战争"游戏。

1989 年发行在 Sega Genesis 游戏机上的《雷霆战机》（HerzogZwei），以及 1990 年发行在 Amiga 和 Atari ST 的《Battle Master》（见下图），这两款可能是最早拥有所有即时战略必要元素的游戏。

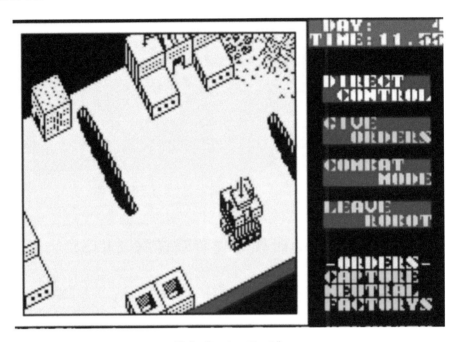

游戏《Nether Earth》

而即时战略类型的确立是奠定于 1992 年，由 Westwood Studios（该工作室先前也制作过一款名叫《Battletech：The Crescent Hawk's Revenge》的即时战术游戏）制作的《沙丘Ⅱ》（Dune Ⅱ：The Building of a Dynasty），如下图所示。

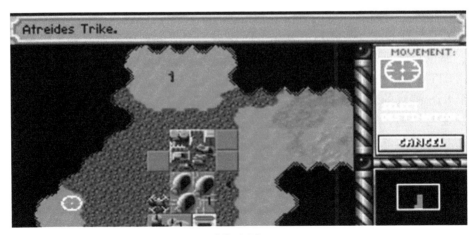

《沙丘Ⅱ》

初见这款游戏的玩家们被它的新玩法所惊艳。在游戏中,玩家可以随心所欲地调兵遣将,进行多种建筑的建设、实时采集作战资源。该作品实时的战斗和发展系统为后来的 RTS 类型游戏奠定了重要的基础。

《沙丘Ⅱ》的成功影响了暴雪娱乐,与 Westwood Studios 形成了数年的竞争关系,暴雪的第一款 RTS 游戏《魔兽争霸》(1994 年),如下图所示,该作品大体上是《沙丘Ⅱ》的中古世纪仿作。

《魔兽争霸》

续作《魔兽争霸Ⅱ》(Warcraft Ⅱ: Tides of Darkness, 1995 年)获得成功,如下图所示;Westwood Studios 也于同年推出了《命令与征服》(Command & Conquer),如下图所示。这两款游戏皆加强了画面与操作性,并且后者在当时引爆了网络对战的热潮。《命令与征服》允许两位玩家进行网络对战,因为游戏的两片光盘都是可以独立执行的,它的资料片"红色警戒"占据了最受欢迎对战游戏的位置。

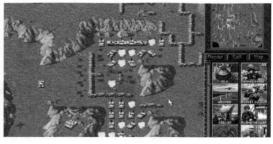

《魔兽争霸Ⅱ》   《命令与征服》

1997 年,微软的《帝国时代》横空出世,以慢节奏结合文明的时代进阶特点,风靡中国刚刚崛起的计算机市场。《帝国时代Ⅱ》(1999 年)如下图所示。

《帝国时代Ⅱ》

1998 年，暴雪推出了《星际争霸》（StarCraft）（见下图）及其资料片《母巢之战》，在市场上获得成功并荣获许多奖项。《星际争霸》的成功，产生了电子竞技这个领域及职业，直到 2010 年《星际争霸Ⅱ》（见下图）推出以后，《星际争霸》仍然是 RTS 游戏以及全球竞赛中最引人注目的焦点。

《星际争霸》 《星际争霸Ⅱ》

2002 年 7 月，暴雪发行了《魔兽争霸Ⅲ：混乱之治》，《魔兽争霸Ⅲ：混乱之治》使玩家集中注意力于"控制战斗单位"而非"生产战斗单位"，故与《星际争霸》相异，此游戏要求玩家关注小规模的战斗而非宏观的调兵遣将。

2006 年，遗迹娱乐的 RTS 游戏《英雄连》问世，如下图所示，《英雄连》通过创新游戏中资源的采集方式来改变 RTS 游戏的操作方式，创造一个战略和针对小队行动、战争场面更加宏伟的 RTS 游戏体验。著名游戏统计网站 Metacritic 根据各大游戏网站的评价给出了 93% 的综合评分，为有史以来最高评价的 RTS 游戏。

《英雄连》

2007 年 9 月，育碧公司发行冷战题材的 RTS 游戏《冲突世界》（见下图），该游戏不提供基地建设和资源收集，玩家在游戏中将有一个预先确定数量的增援点来购买单位。《冲突世界》获得极高的评价和多个奖项。

《冲突世界》

二、游戏特征及机制

RTS 这一游戏类型经过几十年的发展，游戏模式已经基本成熟。因其相对复杂、上手难度较高的特点，导致这类游戏只有老玩家和酷爱此类游戏的特定群体才会玩得尽兴。而随着 MOBA 类型游戏的发展，进一步降低了游戏门槛，导致 RTS 游戏的市场已经出现了衰败的景象。不过，随着直播行业的兴起，一些直播平台重新举办 RTS 游戏的竞赛，依旧选择《星际争霸》或《魔兽争霸Ⅲ》进行直播比赛。

RTS 游戏的核心就是"即时"+"战略"。总的来说，游戏开始时都会有基础的资源供游戏者或计算机进行更多资源的开发，用于组建不同的战斗单位，胜利条件一般均为摧毁敌方的"主基地"或对方主动投降为主。在游戏结束以后，游戏系统会将双方的一些核心数据，如资源采集量、剩余资源量、兵力数量、兵力构成按照统计报表的方式展示给玩家，以便玩家可以通过比赛更好地总结经验，争取下一次的胜利。

RTS 游戏有几个比较显著的特点，这些特点，构成了当代 RTS 游戏的特征，也是成为电子竞技游戏的主要原因：

1. 公平性

公平性是 RTS 类游戏最重要的一点。可以分成两个方面：

第一，游戏数值的平衡。游戏数值是游戏中很重要的组成部分，不论游戏做得多么绚丽，都是"技巧"与数值的对碰，尤其是 RTS 游戏，对数值尤为敏感。从资源采集速度、建筑建造时间到每个进攻单位的攻击力、防御力、生产所消耗的资源均涉及游戏数值的设计。游戏的数值是否平衡，影响游戏是否公平。如果某一个战斗单位很强大，其他战斗单位打不过或者需要消耗很大的代价才能消灭，那就会影响游戏的公平性，从而丧失游戏性。所以数值的平衡在此类游戏中很重要。

第二，地形的公平。如果是经常玩此类游戏的玩家，会有一个明显的感觉，所有的地图都是对称的。光地图地形对称还不行，其中包括资源点、野外怪物等都是对称的。只有这样，双方在对战时才能以公平的姿态进行对决，如下图所示。如果某张地图出现从 A 到 B 的距离不同、B 的资源比 A 的多这类情况，肯定会造成游戏的严重不公平，所以如何设计地图也是此类游戏的关键所在。

《星际争霸Ⅱ》地图

2. 即时性

即时性是 RTS 游戏的重要组成部分。即时，代表着在进行游戏时，所有的一切是所见即所得的。即时性也分为两部分：

第一，思维的即时。思维的即时就是玩家或竞技选手在进行游戏时，是根据人脑思维进行操控游戏的，操控中会对游戏中的单位下达多项指令，有的在建造、有的在采集资源、有的在探索地图。思维逻辑清晰的选手，在游戏初期就已经想好了战术，有条不紊地按照自己的策略进行。而思维逻辑混乱或者没有清晰思路的人，可能在初期知道自己要干什么，但是运营一段时间后，就没有了发展目标，造成思路混乱。所以保持清晰的思路，这是需要专门的训练与观察才能够提高的一项能力。

第二，反馈的即时。思维反馈的即时是头脑灵活、思路清晰，知道自己要做什么；而反馈的即时就是把思路转化为行动。RTS 游戏是一个高操作、高反馈、游戏进程很快的游戏。每一次操作都有即时的反馈，并且每次的操作就可能会产生"蝴蝶效应"让结果很难料。游戏中不光要清楚自己的行动，也要通过自己所得来的信息分析对手的行动，通过分析对方行动而采取应对措施。

3. 战略与战术

游戏既然是即时战略，那么就是在即时的基础上，进行战略上的操作从而达到最终的目的。每一个战略的成功实施，都离不开多个战术的运用。多个战术综合起来才能赢得最终的胜利。

在《星际争霸》中，想要拆掉敌人的一个分矿，就需要一方面将敌人的主力牵制在一个地方无法抽身，另一方面派另一部分部队去偷袭敌人的分矿，从而达到战略上的胜利，与敌人主力部队接战的兵力极有可能全部牺牲掉，但是能换回战略上的胜利，也是值得的。

RTS 游戏就是这样以战略为核心的一款游戏。

三、RTS 游戏解析

RTS 游戏在开发制作时，基本参照以下五个方面进行设计：

1. 对立的世界观

每个游戏在制作过程中都会设置游戏世界观，不论什么类型的游戏都是如此。例如，在《星际争霸》里，设计了人族、神族、虫族，每个种族都有独立的文化、民族主张、科技发展的脉络，以此确立了各族之间的关系，也确立了各族的科技文明偏向于什么，也为每个种族的战斗单位属性、类型提供了参考依据。再如，在《魔兽争霸》中确立了 4 个种族，分别是兽族、人族、不死亡灵族、精灵族，因其宏大的世界观还出版了一本小说，这更为之后的《魔兽世界》确立了基础。

2. 科技树

每个 RTS 游戏中的种族，都有一套属于自己的科技树。这个科技树覆盖了兵种、建筑、科技等所有方面。这些内容的设定，都是根据世界观确立的，而科技树就是把时间观给转化成可操作的战斗单位，用以体现世界观。

我们以《魔兽争霸》为例，人类联盟由人类、矮人、（高等）精灵组成。在资料片《冰封王座》中，由高等精灵的遗民组成的血精灵，也加入了人类联盟，如下图所示。

通过科技树的设计，我们可以看到一个种族整体的发展脉络，因为世界观的设定，所以在人族的兵种里看到矮人族的火枪手、血精灵的法师以及人族的步兵等。各个建筑升级的顺序，影响着出兵的顺序，而出兵顺序影响着整个战略的设计。所以在设定战略时就应该想好，什么时候建造什么建筑，通过这个建筑可以出什么兵种，这些兵种可以做什么。吃透所有兵种的作用，才可以选择有针对性的战术去克制敌人，达到自己的战略目的。

3. 相生相克

我国自古讲究五行相生相克，在 RTS 游戏中也存在着相生相克的设计。通过这些设计，可以增加游戏的难度，使游戏上手容易但精通难，也可以增加游戏的可玩性和不可预料性，给比赛带来更好的观赏性，这一点《魔兽争霸》做得较好一些。

从《星际争霸》到《魔兽争霸》，游戏的人口设定有了转变，从《星际争霸》的 200 人口操控大量部队，到《魔兽争霸》100 人口操控少量的部队，精简下来的人口

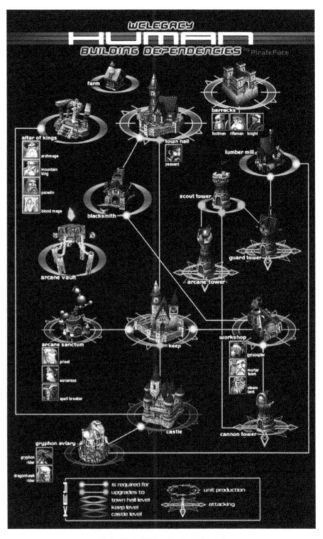

《魔兽争霸》人族科技树

则放到了兵种质量地提升。这是由量变到质变的过程，因此就有了"相互克制"的设定，如下表所示。

攻击防御克制表

攻击类型 \ 兵种	轻 型	中 型	重 型	城 防	英 雄（玩家操作）	无 装 甲
普通	100%	150%	100%	70%	100%	100%
穿刺	200%	75%	100%	35%	50%	150%
攻城	100%	50%	100%	150%	50%	150%
魔法	125%	75%	200%	35%	50%	100%
混乱	100%	100%	100%	100%	100%	100%
技能	100%	100%	100%	100%	70%	100%
英雄	100%	100%	100%	50%	100%	100%

不同的作战单位会拥有不同的防御类型，总结起来，如下表所示。

防御类型表

防 御 类 型	作 用 单 位
重甲	一般作用在近战单位，不过暗夜的大树站起以后也是重甲
中甲	远程作战单位，比如兽人的狼骑
轻甲	只有空军有轻甲，但不是所有空军都是轻甲
无甲	大部分魔法单位
英雄	英雄特有的护甲

通过表格所列结果，可以看出，不同类型的攻击对不同的防御装甲有着不同的攻击加成、衰减作用。在对战中，如果操作的战斗单位正好对敌方有克制作用，那就是事倍功半的效果。当然群体的战斗，有时候不是靠某些单位的优势可以赢的，还是需要靠自己的意识、操作、战术来保证最后游戏的胜利。

4. 地形与资源

在游戏设计中，地形的设计一般情况都是由关卡设计人员来设计的。其他类型的游戏，对地形、地势的要求可能不那么严格，只需要把场景地图的主要风格突出即可。但是在 RTS 游戏中地势与地形的设计，关乎战略与战术设定的问题，甚至会影响到一场比赛最终的胜负。

地形设计时，根本原则就是之前提到的对称原则。不论地图有多大，最基本的原则就是对称。在对称的基础上，对地形进行规划。

一般地形分为平原、草地、树林、河流、浅滩、高地、高坡、雪地、断崖、峡谷等。这些地形地貌通过搭配，就可以组合出类似高地悬崖、狭窄下坡路等特殊的地理环境。这些地形的变化可能会给一些兵种带来不利影响，也可能带来有利的加成。例如，在沙地环境下，各个种族的移动速度会受到一定影响。在草地环境中，可能对亲近大自然的种族（暗夜）有一定的移动速度加成或者魔法回复加成等。

《魔兽争霸》地图一角

　　还可以通过增加地图的昼夜变化，让不喜欢阳光的不死族在白天的时候降低攻击力或降低防御力，但是在夜晚时，攻击力会变高，防御力也会变高，这些都是可以增加游戏变数或游戏技巧的设定。

　　通过地形设计，可以增加游戏策略性。当基地在一处高地，而下坡路段是一条很窄的通道时，就可以依托于这条狭窄的通道进行防守。因为道路狭窄，进攻方部队无法铺展有利阵型，每次可用的攻击火力就会被受到限制，从而形成易守难攻的局面，进攻方要攻下基地，可能就要投入比正常地形下多1倍甚至数倍的兵力。兵力投入过大，资源消耗殆尽，最终导致力有不逮，这很容易被敌方抓住机会反败为胜。

依托地形与建筑进行布阵

　　俗话说，打仗打的就是后勤，后勤打的就是钱。没错，在现实世界打仗是这样，RTS游戏脱胎于现实世界，所以在游戏中，也需要"钱"。但是游戏里的"钱"我们称之为"资源"。

　　当前几乎所有的RTS游戏资源设计都遵循一条规则（采集-建造-发展），起点是资源，然后获取更多资源，使用资源生产兵，通过战斗消灭敌人的有生力量，形成资源、兵力优势并获取胜利。

　　不同游戏，根据不同的设定，资源的种类与叫法各有不同，但这些资源都是通用的，不会因为种族的不同而变化，这也进一步强调游戏的公平性。

　　在《星际争霸》中，资源分3种，和目标不直接关联，分别为水晶矿、气矿、人口上限。在《魔兽争霸》中，资源也分3种，木材、金币、人口上限。

　　在这些资源中，都提到了一个比较特殊的资源——人口上限。人口上限是一个较为特殊

《星际争霸Ⅱ》中农民采集资源

《魔兽争霸》中正在采集资源的农民

的资源，游戏中人口本身是不会通过外来资源增长的，需要消耗另外两种资源进行房屋的建造。房屋的数量决定着人口的上限。而人口的上限决定着部队数量的上限。在战斗中，摧毁敌人的房屋建筑，会缩减人口上限，使敌方无法继续建造更多的部队，造成后续队伍的补充不及时。这也可以运用于战术中，压制敌人的人口发展，从而获得一段时间的人口优势。

5. 探索

所谓知己知方能彼百战百胜，在策略类游戏中这句话尤为重要。在 RTS 类游戏中，获取信息的主要手段就是探索，也就是俗称的"探路"。

之所以要"探路"是因为 RTS 类游戏中的一项伟大的设计——战争迷雾。战争迷雾（Fog of War），在传统意义上是指战争中由于对敌人情报不清楚而无法确认除友军所在以外的大部分地区里敌人的分布及活动情况。

从最初的 RTS 游戏《沙丘Ⅱ》开始，战争迷雾的概念开始被引入和正式提出。在沙丘中每一次新开始游戏时，玩家只能观察到自己基地及单位周围极小的范围，而绝大多数地图区域均被黑色遮盖。当他命令单位向黑暗区移动后，经过的区域会被自动打开，地图变得可见，包括该区域的地形、敌人活动情况等。如此做的目的是为了增强地图的不可预测性，让探索充满新鲜感，给玩家营造一种"惊喜"的感觉。

RTS 游戏中的战争迷雾，一般分为两层：

第一层，地型黑雾：即连地理、地形、地貌都不可见，只是一片黑色。地形迷雾实际上包含两个含义：①地形不可见；②该区域尚未被探索过。

第二层：视野迷雾：即在友方单位不在的情况下，该区域视野丢失。这层迷雾是由暴雪设计的，单位视野也包含其中，这对于 RTS 游戏来说单位视野是一个基础属性。

目前，RTS 游戏中所看到的战争迷雾基本都设计成双层，但 2002 年推出的《魔兽争霸Ⅲ》就去掉了第一层，将所有地形都变成可见，方便玩家观看地图，但保留了"尚没有探索过的区域"的概念。被探索过的地方，尤其是资源点、建筑一类的固定设施，会在地图中标记出位置，而可移动单位，在失去单位视野时，依旧为不可见的状态。

所以严格来说 RTS 游戏中的战争迷雾都是 1.5 层的战争迷雾。也是因为如此的设计，将 RTS 游戏中战略部分的设定又做了进一步加深，创造了此类游戏经久不衰的神话。

四、RTS 游戏的技战术浅析

要想玩好 RTS 游戏，首先对游戏的基本设定一定要了然于胸，比如不同种族的主要兵种的基本情况，对战地图中各个资源点，各个等级怪物的位置，不同兵种、不同建筑的造价，兵种的攻击方式，制造时间等都需要做到熟练记忆；其次就是理清逻辑思维，通过对游戏内容的理解整理出一套可行的战略战术，当自己设定的战略战术在真正交战中受到阻挠时，能够快速调整战略，适应敌人的节奏，找出敌人的漏洞；最后通过自己的操作、手速来达成战略目标。

以《魔兽争霸》为例，比如金矿，每个金矿的储量都是 12500 元，但在游戏中，普遍可以利用的资金为 10000 元左右，其余的一般都会被维修、被敌方拆除等浪费掉。以每分钟 600 元左右的速度进行采集，一般 12500 元的金矿可以支撑 14～15 分钟。主基地建筑建造和升级大多要耗费 4000 元左右的金币，所以单矿一般只有 6000 元左右的资源，并且，开分基地和建防守一般要保留 1000 元左右。所以，对方如果出初级兵，大概共有 4 队，如果出高级兵，一般只有 2～3 队。这个概念使玩家在游戏中能够清楚地判断对方的资源和兵力情况，就会很容易决定什么时候进攻、什么时候撤退。如果判断对方没有多少资源，而己方资源方面大占优势，必要的时候是要不惜拼兵的。最好的防守就是进攻，所以，当己方被敌人骚扰时，请不要忘了骚扰敌人，一般情况下，找 2～3 个机动性强的兵单独编成一组，专门从事骚扰工作是非常好的，最少他可以使对方分心（人族的坦克、兽族的狼骑、精灵的女猎手、不死的食尸鬼都是不错的骚扰单位）。向对付人族、兽族这样裸露的采矿农民，小型骚扰部队将使敌人不得不修建更多的箭塔或耗费更多的费用在补充农民身上，此消彼长之下，真正的作战单位就会变少,这就给自己带来一些战术上的优势。

在《魔兽争霸Ⅲ》中,有四大种族,每个种族在这么多年的比赛中涌现出了无数经典战例。接下来我们就分析一下《魔兽争霸》中各个种族曾经红极一时的经典战术。

1. 人族

(1) SKY 流

很多人第一次见识到 SKY 流可能是在 WCG2004 中国区复赛中。当时对阵双方是还未到顶峰的 SKY 和夺冠呼声很高的 xiaoT,最后 SKY 获胜。SKY 一战成名,不久,出现众多针对 SKY 流的战术分析,大量人族玩家纷纷效仿,如今 SKY 流已经成为人族 VS 兽族的必修课,在经过不断改进后,变种战术也相当普遍,主要包括以下几项:

1)基本部队组成:英雄——大法师——兽王(BM),兵种——步兵(FM)——牧师女巫。

2)适合对战种族:兽族(ORC)。

3)适合地图:带酒馆地图。

4)战术体系思想:其实 SKY 流是万金油的一个完美变种,舍去火枪手这个昂贵的兵种,而使用攻击力中等的召唤物(水元素、箭猪),同时针对 ORC 驱魔的脆弱性,大量使用女巫进行减速,并且女巫的魔法攻击对重甲的 ORC 步兵有 200% 伤害,也可作为点杀利器。

SKY 流需要注意的地方如下:

需要很早就出伐木场,既可以快速出箭塔协助防守,又可以减少农民采木的来回时间,间接增加了采木效率,因为 SKY 流对木材的消耗远远大于其他玩法模式,因此有人就在有实验室的地图(例如 TM)上租用伐木机保证木头供应,同时省出农民采矿。

前期进行大量的打野练级、迅速提升英雄等级很重要。骚扰、反骚扰可以将压力转给对方,能快速转入法师部队,充当法师的廉价肉盾。

SKY 流基本站位为单位配置

中期的侦察很重要，雇佣兽王以后，一定要派兽王对 ORC 进行基地侦察，看看对手的科技走向是兽栏、还是法师营，当然，兽王可以利用 3 只箭猪的强大威力，强行拆掉点建筑，不过，要适可而止，目的只是试探。

战斗中法师的位置很重要。SKY 流对操作要求很高，不然闪电冲击波过后，很可能法师部队全部死光，所以群补是必备，因此出现兽王后，应该紧接着打野练级（2 英雄出现的时间跟群补的 Cooldown 时间差不多）。拥有群补外，回城是也必备的，因为在打野练级时被抓，法师位置不好的话，打击是致命的。

（2）万金油战术

此战术经久不衰，在经历了版本更新削弱后，改进战术层出不穷，主要包括以下几项：

1）基本部队组成：大法师（AM）——山丘（MK）——火枪（RM）——牧师女巫。

2）适合争对种族：兽人、暗夜、不死（所以称万金油）。

3）适合地图：基本上所有的 Solo 地图。

优势：拥有移动肉盾——水元素，秒杀工具——MK，高攻击输出——RM，战术辅助补给——男女。

水元素的存在使人族从一开始就拥有优秀的练级能力，当 2 级水元素出现后，人族可以打任何普通的野怪点；战斗中，水元素可充当强力肉盾，较高的血量使敌手无法快速的解决掉，而同时水元素的强大穿刺伤害也让无甲部队望而生畏，女猎手（HT）更是最大的伤害者，后期驱散的出现使水元素威力减小，但 AM 用不完的魔法仍使水元素发挥到极致。

已完成：兽族地洞

万金油战术

MK 的出现使前期脆弱的人族一下子翻身，超高伤害的飞锤成为所有英雄的噩梦，而雷霆一击却让血量稀少的初级兵种完全成为 MK 的经验值。在 AM 辉煌光环的照耀下，MK 逐渐成为人族的灵魂。

火枪一直是人族玩家的最爱，较高的血量、超强的攻击力、较快的攻击速度，配合 MK 的飞锤，简直是英雄的末日。火枪的高攻输出也是这个战术的核心之一，成规模的他们可以几乎点杀所有单位。

当战斗达到中期之后，辅助魔法的威力渐渐浮出水面。所有种族中，人族法师的 1 级技能最具战斗性，无论是医疗还是减速，都大大减少了人族部队的死亡率，保护好男女法师，这就是这套战术的根本。

2. 兽族

（1）Tower Rush（TR）

这个流派其实人族也有，也很常用，但是在兽族并不是常用的战术，对兽族来说是一种比较激进的战术。一般建议在小一些的地图且双方距离不是很远的情况下使用，目的就是在初期打一波流，速战速决。

TR 是传统开局的变种，开局阶段，没什么不同，还是先出剑圣，带着步兵去进行练级。在升级 2 本时造好战争磨房，2 本后选择暗影猎手为 2 英雄，然后带上 4～5 个步兵，3～4 个农民以及 2～3 个投石车，英雄身上带好医疗药剂，小蓝、大蓝、速度卷轴。农民在对手基地外围开始造塔，投石车远远拆对手建筑，英雄召唤狼和蛇杖（保持在 3～4 个），一直挨到箭塔完工，然后慢慢向前推进，继续造箭塔，最后把对手困死在基地之中。

注意要点：尽量不死兵，没血往后拉，然后补，英雄没魔了暂时后退，让箭塔挡一阵，如果对手出攻城武器，优先用投石车砸，再用狼咬。确定箭塔优势后，在箭塔后方做上商店，方便补给。同时查看对手有无分矿，以防对手反压。

这套战术的难点在于进攻的同时，不光要选择好起塔的位置，也要摆好进攻的阵型，保护农民造塔，对微操的要求很高。如果某一个环节没到位，很有可能被对方抓住机会，将农民杀死，被迫退掉建造中的塔，损失很多资源，造成自己的经济紧张，甚至有可能被对方反推。

（2）万金油

万金油，顾名思义，就是适用于任何场景下的战术。兽族的万金油战术主要包含步兵、狼骑、科多、飞龙等组合。

1）基本部队组成：剑圣（BM）——暗影猎手（SH）——步兵、狼骑、飞龙、科多巨兽。

2）适合争对种族：兽人、暗夜、不死（所以称万金油）。

3）适合地图：基本上所有的 Solo 地图。

兽族的优势就是在于初期步兵的凶残、皮厚、攻击高，在前期很占优势。首发剑圣，可以带着 1 个步兵开始进行打野练级。利用剑圣自身的技能优势，可以快速走到敌人家中进行侦查、骚扰。

当快速升级到 2 本时，可以开始出狼骑并升级网子，同时开始准备快速出飞龙。

狼骑的好处是拆建筑很快，同时网子可以困住敌方单位，使农民无法修理、建造、采集，且网子是不能被驱散的，是捡漏、骚扰的利器。利用狼骑的这个技能，可以将网住落后的单位进行单杀，也可以网住敌人英雄，进行围杀。利用狼骑拆建筑快的特点，可以派去到敌人家里拆建筑进行骚扰，如果有农民来修理，可以网住农民，防止修理并可顺势杀死前来维修的农民，尽可能的消耗对方的精力，给自己的英雄和部队赢得时间。

2本以后，选择暗影猎手。利用暗影猎手的治疗链能力，可以有效地增强己方的生存能力。科多的战鼓光环可以增强己方的攻击力，配合升级了浸毒长矛的飞龙，对敌人的伤害会有进一步的提升。

兽族阵型

狼骑还可以网住飞行单位，进一步优化这个组合的适应能力。

这个战术的难点，在于对阵型的把握。狼骑、步兵要靠前排站住，并使用网子，限制对方的输出单位、飞行单位。利用飞龙的高伤害，点杀对方的薄血单位，快速消耗对手。

科多利用光环帮助己方增强能力。暗影猎手的治疗链给予己方更强的生存能力。想要玩好这一套，还需要多多练习。

3. 不死族

（1）天地双鬼

大多数魔兽玩家几乎都听说过天地双鬼这个战术，这是由 Cherry Lucifer 首创，与蜘蛛流齐名的不死族战。

一般认为，所谓天地双鬼战术是指在兵力搭配上，地面以食尸鬼、空中以石像鬼为主要战斗力量的一种不死族战术。

1）基本部队组成：死骑、恐惧魔王、巫妖步兵、狼骑、飞龙、科多。

2）适合争对种族：暗夜（NE）。

3）适合地图：基本上所有的 Solo 地图。

天地双鬼的特点，可以简单阐述为以下三点：

1）高机动性：食尸鬼升级狂热以后，配合邪恶光环（死骑）的加速能力，在地面上没有哪个种族的地面部队能够与之媲美，它可以快速冲进敌人阵型，撕碎敌人的阵型。并且石像鬼也属于高机动的空中兵种，再同时配合邪恶光环的加速，更是让机动能力得到空前提高。

2）造价低廉：食尸鬼是四大种族中除农民外造价最为低廉的兵种，作为空中力量，石像鬼的造价也远低于人族龙鹰与兽族飞龙，双兵营的情况下极易生产出成群的石像鬼。

3）占用人口数量低：食尸鬼与石像鬼均耗费 2 个人口单位，低人口的占用意味着在人口相同的情况下，可以拥有比其他种族数量都庞大的部队编队，在数量上压倒对手，给对手心理上的压力。

天地双鬼的战术，初期就围绕着围杀、骚扰的战术。初期的不死族，只有食尸鬼这一个单位可以用来帮助英雄练级、侦查。食尸鬼的一个优势就是移动速度，在有了一定数量的食尸鬼以后，就可以考虑围杀敌方落单的单位，或者去骚扰对方的农民，保证己方的练级速度。

中期，升级 2 本后，可以召唤第 2 英雄恐惧魔王，它也拥有吸血光环，在攻击敌人单位时，可以通过攻击回血，这就又给了本身血少的食尸鬼更强的生存能力。当双兵营建好以后，就可以开始爆石像鬼。

天地双鬼初步成型

利用速度优势，可以快速去 RUSH 敌方基地，但因为天地双鬼本身比较脆弱，所以需要准备好群补。如果没买群补导致部队尽数被灭，即使你有足够的钱再造，时间上也是不允许的，敌人不会给你喘息的机会一定大举进攻你的基地了。造兵是需要时间的，而时间也是资源，从某种意义上来说，时间甚至是比黄金与木材更重要的资源。如果兵力还不足够，可以考虑购买骷髅棒，召唤骷髅一起作战，保证作战单位的充足。

另外，脆弱的天地双鬼十分惧怕面杀魔法，碰到大范围的魔法攻击时，无论数量多少，一不小心都会瞬间变为炮灰，此时恐惧魔王的睡眠技能可以有效地抑制对方英雄面杀魔法的施放，虽然可以被点醒，但是即使仅用一次，也可以挽回不少损失。

如果第一波 RUSH 没有攻下来，要么就早点意识到失败，进行转性，要么就是一波流。

（2）蜘蛛流

蜘蛛流，顾名思义就是不死族的部队主要由蜘蛛（地穴恶魔）组成。这个战术是由 Gostop 首先发明的，也被人称为"常规蜘蛛流"，其变种还有 TED 发明的冰甲蜘蛛流等不同的流派。这里只介绍一下常规蜘蛛流。

1）基本部队组成：死骑、蜘蛛。

2）适合争对种族：暗夜（NE）、人族、不死族。

3）适合地图：基本上所有的 Solo 地图。

因为这个阵容主力主要是蜘蛛并配合死骑，兵种较为单一，所以这个阵容的优缺点也很明显，主要体现在蜘蛛本身上。

优点主要有以下几点：

1）远程穿刺攻击：这意味着当你可以打得到对方的肉搏部队时，他却打不到你。在游戏的初期阶段，即 2 本升级完成以前，蜘蛛拥有所有初级兵种当中最远的射程，所以利用射程优势，可以边打边跑，这样不至于身陷重围，可以避免不必要的伤亡。

2）空军自动诱捕：这是非常实用的技能，无魔法消耗并自动施放，一直以来此技能是多种族空军的噩梦，空军被拖拽到地面以后就可以被地面部队进行攻击，真正的秒天秒地。

3）高强攻击力：蜘蛛的攻击力是所有种族初期兵种中攻击力最高的。

4）隐形技能：单体蜘蛛具有钻地隐形技能，钻地的同时迅速回血，此技能也可作为侦察使用。

缺点主要有以下几点：

1）开局成型非常缓慢，如果开局时敌人就直接冲进家来进行骚扰，蜘蛛流就会打得很被动。

2）因为拥有初级兵种最高的攻击力，所以造价也是极其昂贵，对木材资源的依赖很严重。

初期，首发英雄还是死骑，因为蜘蛛昂贵的价格，所以初期是死不起的，需要死骑的缠绕补血。并且初期的练级，最好带上骷髅棒，用召唤的骷髅吸引野怪的火力，帮助蜘蛛生存。

中期 2 本后，需要给蜘蛛升级网子、加血车（雕像）。这时就要保持时刻的蜘蛛火力齐射，保证能够以少打多。利用射程优势，进行点射，尽可能杀伤敌人的有效兵力，可以减少对自身的伤害。蜘蛛流对阵型的要求很严格，尽量保持点射前排单位，不要追着后排的或者正在逃跑的低血量单位，防止阵型被破坏，造成兵力损失。

蜘蛛流最忌讳的就是跟敌人死磕。要学会战略性撤退，在逃跑的过程中，杀个回马枪。因为逃跑的过程中，会将战线拉长，敌人的阵型也不一定是完美的，所以杀个回马枪，利用蜘蛛的射程优势，可以消耗敌人的血量，甚至还可以趁乱杀死敌人的有生力量。蜘蛛流就应该将游击战术发挥到极致。

总体来讲，蜘蛛流不太适合打后期。因为后期很多种族的终极兵种和魔法单位一旦成型会对蜘蛛造成极大的克制。所以根据后期情况，可以选择一些肉盾，比如用憎恶（胖子）来充当肉盾，顶在前方吸引火力，利用蜘蛛的射程优势躲在后排，进行齐射，快速消耗敌人的有生力量。

4. 暗夜精灵

（1）吹风流

吹风流最早出现在 2004 年，中国选手 MagicYang 在 WEM2005 上首次使用了这个战术。之后被有"月魔"之称的韩国选手 MOON 将此战术完善成型。

1）基本部队组成：恶魔猎手、兽王、地精修补匠。

2）适合争对种族：暗夜（NE）。

3）适合地图：基本上所有带酒馆的小地图均可。

吹风流主要针对兽族部队单体驱散能力弱的特点，依靠德鲁伊的大师级技能"飓风"限制兽族部队的攻击输出。这个战术的好处在于将兽族的主要攻击输出都吹到天上，利用猛禽德鲁伊集火攻击，歼灭地上的剩余部队。

暗夜精灵吹风流与兽族交战

暗夜在初期，首发恶魔猎手，并直接去骚扰对方练级，尽可能的抽空敌方的魔法。家里尽可能攒齐4~5个弓箭手，在兵力真空的时间里，防止对方来家骚扰，尤其是对兵营的看守，并且小精灵最好藏在树林里采木，防止敌人砍杀小精灵。

当有了4~5个弓箭手时，就可以打野练级了，此时严禁打大怪。迅速升级2本，买兽王，可以利用兽王的召唤兽箭猪，弥补初期兵力的不足。这个战术对科技要求比较高，需要快速升3本，召唤第三个英雄火焰领主。利用火焰领主的分身及召唤物，补充风德攻击力低、输出不足的缺点。吹风流的特点就是成型快，但是风德攻击力很低，所以要适当加入1~2个精灵龙，精灵龙对兽族白牛有一定限制作用并且，小精灵的自爆可以驱散兽族的灵魂锁链。在吹风时，不要盲目乱吹，按照"剑圣（吹风的终极目的）→牛头→对方插入阵型中的狼骑→大G"的顺序进行，尽量不要吹白牛。风德很脆弱，所以很惧怕兽族牛头的冲击波。所以在决战前，要带好足够的群补（2个左右，一个英雄带一张）、群防，做好万全准备。

利用这个战术时，要尽可能避免与敌人打后期，在交战过程中，可以选择开分矿增强经济，如果出现失误被捡漏，可以快速转型与敌人进行后期决战。

（2）熊鹿流

熊鹿流可以说是暗夜一族最经典、最主流的一个战术，甚至成为暗夜一族的万金油打法。

1）基本部队组成：恶魔猎手、利爪德鲁伊、树妖。

2）适合争对种族：兽族、人族、不死族。

3）适合地图：基本上所有的 Solo 地图。

利爪德鲁伊是熊鹿流最为重要的兵种，也是部队中强有力的肉盾，它在 2 本升级完毕拥有知识古树后就可以生产，它的"返老还童"是暗夜精灵最为实用的魔法补给技能，不管是自己练级，还是与对手作战，都有很好的辅助效果。利爪德鲁伊大师级前是比较脆弱的，不适合与对手正面冲突。小鹿是精灵骚扰和游击战中不可缺少的兵种，它的毒性攻击效果可以减缓对方单位的移动速度，从而达到追杀对手单位的目的，同时它的驱散技能也在战斗中起到关键作用。正确利用利爪德鲁伊和小鹿是掌握熊鹿流最基本的技能。

初期首发英雄仍然选择恶魔猎手，配合女猎手对敌人进行骚扰、牵制。在 2 本升级完毕后，根据对战的种族，雇佣不同的第二英雄，如果是兽族，则推荐第二英雄使用兽王，利用箭猪补充初期兵力的短暂不足，并对敌人进行一次试探性的压制。一方面通过对手第二英雄的选择以及关键性的建筑判断出对手的意图，另一方面通过压制来给自己的科技争取更多时间。

暗夜精灵熊鹿流与人族对战

用熊鹿流打兽族在中期可以采用两种路线，一种是快速升 3 本出大师级的熊；另一种是暴鹿压制或扩张然后再转熊，也叫慢熊战术。究竟采用哪种路线，还是要根据地图以及对手的意图进行选择。兽人在碰到精灵熊鹿流战术时，第二英雄的选择一般都是暗影猎手，有的兽族喜欢在 2 本后直接采用 Tower Rush，有的则喜欢打后期。速熊战术在中期有个明显的真空期，如果碰到对手的强行 Rush 是很难抵挡的，所以这就是 2 本升级完毕后，去敌人家里侦查的用意，如果发现对手的 Rush 意图，最好还是采用先鹿后熊的战术与之对抗。

在战斗后期，与兽人大规模作战时首先还是要保持熊一字排开的整体阵型。恶魔猎手优先攻击的目标主要有两个，一个是对手的第二英雄暗影猎手；另一个就是兽族的科多兽。用恶魔猎手带一个毒液之球去牵制对手的暗影猎手，只要法力燃烧的间隔时间一好就对对方的第二英雄使用，目的就是尽可能减少兽族的魔法补给次数，同时让带球的恶魔猎手去攻击科多，效果也会很不错。兽王的召唤生物最好也是控制去点射科多。另外，英雄的身上最好要携带无敌药水，关键之战时如果死掉英雄后果是很严重的，况且兽族兵种组合也非常善于秒杀英雄的，他们往往在贫血的英雄身上释放变形术，然后再用狼骑网住，紧接着就是一轮齐射，再加上剑圣的高攻击力，精灵的英雄会凶多吉少，所以无敌药水最好提早使用。

以上这些魔兽争霸中的战术，已经是成型非常早的战术，也是在世界级大赛中被专业选手反复使用和改进过的战术。在玩家自己进行游戏时，也可以参考此类战术，虽然初期上手可能会有难度，但只要勤加练习，总能找到一个自己喜欢的种族、擅长的打法。

第四节　多人在线战术竞技类游戏详解（MOBA）

一、多人在线战术竞技类游戏的发展历史

多人在线战术竞技类游戏（Multiplayer Online Battle Arena），以下简称 MOBA 游戏，是当下最火的一个游戏种类，也是当前电子竞技界最火的一个比赛游戏类型。比如最火热的《英雄联盟》《DotA2》等都是 MOBA 类型游戏。

MOBA 游戏特点很多，比如大多数都有 2 个以上的队伍选择不同英雄进行对战，竞技地图通常是 3 条主路连接双方基地，玩家必须击败对手，摧毁敌方基地才算获胜。这是经过多年发展形成的一套非常成熟的体系了。万事万物都有其原点，那么最早 MOBA 游戏是如何被创造出来的呢？

时间要追溯到 1998 年，这一年《星际争霸》正式发行，暴雪第一次在游戏中绑定了游戏地图编辑器。这款编辑器极其强大，用户可以通过这个编辑器进行角色模型、地形、甚至是一些 AI 的编辑与制作，从此玩家自行 DIY 游戏地图就跟着火了起来。

一位叫 Aeon64 的玩家制作了一张名为 Aeon Of Strife 的自定义地图，如下图所示。在

Aeon64 制作的地图 Aeon Of Strife

地图中玩家可以控制一个英雄单位与电脑控制的部队进行对战，地图有 3 条兵线，并且连接双方主基地，获胜目标就是摧毁对方基地。这个模式也奠定了 MOBA 类游戏的基础规则。

2002 年，暴雪发布《魔兽争霸Ⅲ》，在新版本中，依旧绑定了一个地图编辑器。也是在这时有人制作了一款与 AOS 相似风格的地图，这款游戏在 AOS 地图的基础上，基于魔兽的设定，重新编辑了各个英雄的技能，并将道具系统进行强化，初步具备了 MOBA 的基础要素。这张地图，就是在《DotA》诞生前人气火爆的《澄海3C》，如下图所示。跟当前 MOBA 游戏的主要区别在于，MOBA 游戏中每个玩家只能控制一个游戏角色进行对战，但是在《澄海3C》中却可以同时控制最多 3 个英雄，这对当时玩家操作要求的考验也是不小的。

《澄海3C》地图

2003 年，一位名叫 Eul 的少年，因为热爱星际争霸 AOS 地图，利用《魔兽争霸》的地图编辑器，成功将该模式移植到《魔兽争霸》的自定义地图中，这张地图就是鼎鼎大名的"Defense of the Ancients（DotA）"。

最初的《DotA》地图中英雄技能与常规游戏中的英雄技能并无差别，但 5V5 的创新游戏模式仍得到玩家的喜爱，此时的《DotA》只有 32 个英雄和 39 个物品。在《魔兽争霸Ⅲ》的资料片《魔兽争霸Ⅲ：冰封王座》发布后，地图编辑器能够更细致地定制物品、技能、模型和贴图。

之后 Eul 制作了冰封王座版的"Defense of the Ancients：Thirst for Gamma"，此后就再未更新地图。为纪念 Eul 的贡献，《DotA》中有一件物品被命名为"Eul 的神圣法杖"，如下图所示。

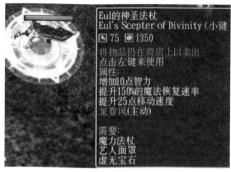

Eul（左图）与 **Eul** 的神圣权杖（右图）

Eul 停止更新后，史蒂夫·费克（昵称 Guinsoo）接过 Eul 的衣钵继续开发《DotA》。这个版本最终成为最流行的版本。史蒂夫·费克从 1.0 版本更新到 6.0 版本，《DotA》的制作团队也开始规模化，5.84 版本甚至成为 International Gamaing Syndicate（IGS）比赛的正式地图。从 5.84 版本开始，玩家开始形成规模社区化，团队成立了"DotA 游戏联盟"。地图版本大约在 6.0 的时候，副组长（Pendragon）因为和组长（Guinsoo）的冲突退出了这个社团，从而导致老社团在一段时间里管理混乱，工作组也开始瓦解。史蒂夫·费克等人在制作了 6.0 和 6.01 版本后停止了对 DotA Allstars 的开发。为了纪念鬼索，后续版本中也加入了以鬼索名字命名的装备"Guinsoo 的邪恶镰刀"，俗称"羊刀"，如下图所示。

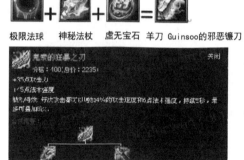

极限法球　神秘法杖　虚无宝石　羊刀 Guinsoo的邪恶镰刀

Guinsoo 的邪恶镰刀（左图）与史蒂夫·费克（右图）

在史蒂夫·费克研发时期，加入了许多很有意义的设定，移植了 Epic 公司的游戏《虚幻竞技场》中的"First Blood"和"Double Kill"击杀配音，以及神符、BOSS 肉山等设定。

在史蒂夫·费克停止开发后，IceFrog（冰蛙）从版本 6.02 开始接手，IceFrog 对《DotA》进行了英雄和技能的增强与优化，并独立 Ban&Pick（禁用掉对方英雄）系统。之后，因为 Pendragon 和一些人想将《DotA》做成商业化的产品，而 IceFrog 仍想保持 DotA Allstars 的免费，最后他选择了离开团队并开始在自己的网站上继续开发游戏。

2005 年，就在《DotA》如火如荼的时候，Heintje 汉化了 DotA6.12。《DotA》逐渐在中国大陆蔓延开来。在《DotA》刚刚进入中国的时候，并没有迅速火起来，反而是另一款游戏《真三国无双》悄然而至。这张地图是一位台湾同胞 Lovemoon03 在 2004 年仿照《DotA》制作的 RPG 地图，因为游戏的制作背景是我国著名的三国故事，所以自然对我国玩家有一种莫名的吸引力，如下图所示。

《真三国无双》地图

后来，根据这张 RPG 地图又融合了《DotA》的一些特性，我国的一些公司又推出了自己的类《DotA》游戏《梦三国》（见下图）、《天翼决》《英雄三国》等游戏。

《梦三国》

从 6.48 版到 6.5 版，《DotA》开始在全世界范围内火热起来，呈爆发式增长。但在爆发之后，却带来了发展的隐忧，本质上，《DotA》只是基于魔兽争霸地图编辑器编辑开发而成的一张自定义地图，所有的开发都被限制在这套编辑器的体系中，加上暴雪经常对编辑器进行更新或调整，导致《DotA》的维护变得异常艰难，甚至有时还需要重新编写部分代码，而《魔兽争霸Ⅲ：冰封王座》对自定义地图的大小不能超过4MB的限制也使得制作团队必须优化代码而且必须尽量少地加入定制的游戏元素。虽然从《魔兽争霸Ⅲ：冰封王座》之后版本把地图大小的限制提升到了8MB，但依旧会对后期的更新带来不少的限制。这也使得《DotA》的发展出现了瓶颈。之后就是各大厂商为了可以在此类游戏模式中分一杯羹，决定尝试新的载体和模式创造一个新的游戏。

2009年，由美国S2 Games开发的第一款MOBA客户端游戏《Heroes of Newerth》（纽沃斯英雄）正式发布，《DotA》初代作者Eul也参与了这款游戏的开发。游戏几乎照搬了《DotA》的英雄，之后由腾讯代理在国内运营并更名为《超神英雄》，如下图所示。

超神英雄

第二代《DotA》创作者史蒂夫·费克与一些《DotA》爱好者一起建立了游戏公司Roit Games，也就是现在常被提起的拳头公司。拳头公司的主要产品就是现在火热全球的《英雄联盟》（LOL），并且突破《DotA》的限制，重新制作了英雄、皮肤、符文等免费游戏的内购模式，如下图所示。后来被腾讯收购，成为腾讯较赚钱的游戏之一。

《英雄联盟》

第三代《DotA》创作者 IceFrog 在 2011 科隆展上，宣布与 Valve 合作制作《DotA2》，并宣布《DotA2》成为独立的端游，从游戏到英雄全部免费。但《DotA2》并没有停止赚钱的脚步，游戏中的皮肤、部件、UI 甚至配音都需要通过掉落或购买得到，借助 Valve 的 Steam 平台，玩家之间可以交易，这使得《DotA2》的吸金能力不弱于《英雄联盟》。

不光如此，Valve 还为《DotA2》创立了一项大赛 DOTA2 国际邀请赛（The International DOTA2 Championships），也就是 TI 大赛，在 2011 年 8 月第一次在科隆国际游戏展上举办，也是到目前为止奖金额度最高的电子竞技比赛。

MOBA 类游戏发展至此，依旧没有脱离 RTS 的大框架。有些厂商开始尝试将 MOBA 这个类型与其他模式进行结合，首次尝试体现在 FPS 游戏中。Valve 用自家的 Source 引擎开发了一款 FPS 类游戏《军团要塞 2》（Team Fortress 2），如下图所示，它脱胎于 1999 年开发的《军团要塞》（Team Fortress Classic），与传统 FPS 游戏不同的是，《军团要塞》中将不同的人物分配了不同的职业，每个职业使用的枪械、道具均不相同。从 MOBA 类游戏的派

《军团要塞》（Team Fortress 2）

兵攻打箭塔到摧毁敌方基地变成争夺押运车辆到达目的地获得胜利为目标，大家通过不同的职业搭配进行对战并获得胜利。这是初次利用 MOBA 的概念与 FPS 结合的游戏。

2016 年，暴雪发布了一款 FPS 游戏《守望先锋》，游戏中的英雄按照不同的技能和定位进行划分，有了一点类《DotA》的影子。并将拆塔、拆基地的操作变成了保护、捍卫地图上的控制点，或在有限时间内护送载具到达指定地点的攻防战或争夺战。目前运营的也比较成功，这种错位竞争，将绝对的 FPS 类游戏与绝对的 MOBA 类游戏进行融合，也将是未来游戏开发的发展方向。

随着智能手机、移动互联网、移动端游戏技术的综合发展，2015 年腾讯发布了自研的手机游戏《王者荣耀》，这种"LOL"移植手游，马上就获得了强烈的反响和可观的收益。并且连续多年成为最赚钱的手机游戏。

MOBA 类游戏发展至今，期间出现的同类型游戏数量众多，但是能持续活下来的游戏中，较好的就只有《英雄联盟》《DotA》《王者荣耀》，并且共同点都坚持了最初的 AOS 元素，都组建了各式各样的电竞联赛。

二、游戏特征及机制

MOBA 类游戏从 RTS 游戏脱胎换骨，发展成为一个独立的、趋于成熟的游戏类型。

目前的 MOBA 类游戏，是以 2 个阵营对抗为主、防御为辅的游戏。游戏中的小兵、防御塔、进攻路线的设计成为最基本的战场格局。玩家通过操作英雄并结合团队中其他玩家施以不同的战术、策略完成与敌方的博弈，获得最后的胜利。可以说这就是一场浓缩的 RTS 游戏，与从前需要一个人控制庞大规模部队的 RTS 游戏不同的是，现在每个玩家只需要选

择一个英雄单位进行控制并将这个单位控制得更细腻、更灵动，发挥出英雄应有的水平，从宏观到微观，再从微观到宏观的变化是 RTS 与 MOBA 游戏最大的不同。

根据现有的成熟机制，可以将游戏的本质抽象出来进行分析，归纳起来可分为以下四大部分。

1. 游戏规则（简单清晰）

按照现有的 MOBA 成熟体系，以最经典的 3 线 22 塔的模式来总结一下其中的游戏规则。根据 3 线 22 塔的经典模式来看，对战为 5V5 模式，即各方需要 5 个玩家进行对战，通过地图中 3 条战线的推进配合、玩家各自英雄的成长与发展以及合理控制手中的人物资源达到摧毁敌方基地获得胜利的目的。

那么，为什么像《DotA》《英雄联盟》《王者荣耀》这种游戏最经典的模式都是 5V5 而不是 4V4 或者 6V6？

其实人数的多少并不是关键，很多游戏人数可以做到 16V16 甚至更多。之所以变成了现在 5V5 的模式，只因为最初第一款成规模的 MOBA 类游戏是《DotA》。而《DotA》是一款基于《魔兽争霸》地图模拟器制作的自定义地图，那时《魔兽争霸》最多只可以承载 6V6 的比赛对抗，并且双方必须有一家电脑负责出兵，所以玩家就只能是 5V5 了。因此 5V5 的这个模式就被传承了下来，一直延续到现在。

虽然游戏规则很简单，就是 10 个人对打，但是如何打赢，游戏规则并没有说明。所以在设计游戏时，如何打赢成为驱动所有系统玩法的关键。在 MOBA 类游戏里面，通过丰富的系统设计与玩法设计，增加获胜的方法，而获胜方法的增加，可以衍生出不同的战术，又因为这些不同的战术最后演变出不同的战况。MOBA 类游戏之所以火爆就在于操作比 RTS 游戏简单，玩家上手容易，但是精通难，每一局都有不同的体验，这种不在掌握的感觉，也给了玩家一种异样的刺激感。

2. 角色扮演

在 RTS 游戏中，玩家就像一个军师，在游戏中指点江山，指挥军队四处征战，通过战略＋战术的不同组合，与对手的思想进行博弈，有点下围棋的感觉。而自从《魔兽争霸》中带入了"英雄"这一角色，就将 RTS 那种指挥千军万马的感觉弱化了，演变成为一种 RTS＋RPG（角色扮演游戏）的感觉。《魔兽争霸》中的英雄可以通过打野、杀敌升级，每个英雄都有独立的技能、装备和道具。部队的规模也在变少，但增强了每个兵种的个体能力，从而大幅度减少了对战时的操作，也因此从数量的战斗进阶到了有质量的战斗。

MOBA 类游戏又将兵种概念弱化，变为了电脑自动出兵，玩家只需要选择一个英雄，并认真使用英雄进行练级，通过各种行为获得金钱、装备和更高等级的技能来帮助玩家的英雄进行综合能力的提升。

虽然游戏中有了角色扮演的成分，但本身角色扮演并不是游戏的全部。每个英雄都有自己的能力极限，在这种类型中，每个角色的个人能力都有一定程度的弱化，这就需要团队中 5 个人全方位地发展起来，进行配合才能将每个英雄的能力放大，变成最强状态。所以在玩这类游戏时，强调团队之间的合作。

3. 合作

团队合作是从 MOBA 类游戏开始的。传统的 RTS 都是 1V1 的，没有旁人帮助和干扰，只要专注地去对抗对面一个人就行。但是在 MOBA 中，你有 4 个同伴，地图中有 3 条主进攻路线，还有一个自由发挥的"打野"，这时有 3～4 个在线上进攻，其中一个游走于己方地图之中，同时你的 5 个敌人也是如此；这时候你不光要注意自己的发展，还要实时关注你队友处于什么状态，而且还要思考跟你对线的敌人是什么状态。只做到这些还不够，如果想要更深层次的提高游戏技巧，那就需要将大局观发挥得淋漓尽致，根据敌人不同角色的情况，可以知道对方在什么时间点可能会干什么，或者应该帮助队友是去 Gank，还是帮助队友打野，又或者是带领团队发起一波团战冲锋，这都需要团队的协作与团队的默契。因此团结合作成为 MOBA 的核心要素之一。这也是现在此类游戏中非常流行的一句话"我们组队开黑啊"得以流传开的原因。

4. 对抗

不论 RTS 还是 MOBA 游戏，都是以强对抗为主要玩点。对抗在游戏中体现为以下两方面。

（1）个人对抗（1V1）

个人对抗也就是我们常说的 1V1。在游戏开局，每个玩家都需要选择自己的位置，游戏中有 3 条进攻线路，就需要最少 3 个人，在主进攻路线上与敌人进行 1 对 1 的对抗。在这期间，玩家应该时刻关注对手的走位，尽可能地躲避敌人的攻击，同时关注地图上敌人的走位，防止队友被捕杀。1V1 如果能在初期打出优势，比如击杀对方英雄，那么获得的经济优势在初期就会体现出来，通过金钱升级装备获得个人更大的提升，也是变相地提升整个团队的优势。

所以个人对抗更多体现在玩家自身的综合能力上，对英雄的熟悉度、对节奏的把控、对对手所使用英雄的了解程度等。

（2）多对多（团战）

多对多的情况一般属于特殊情况，在对战初期，有可能因为一次 1V1 的对决，导致最后的团战。团战带有更多的目的性与随机性。目的性是指通过团队作战想要达成一定目的，比如想通过团队作战抓一个落单的敌人，形成经济和局部优势，又或者团战之后，将对方其中一路的防御塔拆掉了，获得战略上的突破。随机性会发生在任何时间与地点，有可能是一次集体的打野行为，被敌方侦查到，进而变为了一场遭遇性团战，又可能是因为一位队友落单，被敌人围杀，全部前去参与救援而引发的一次团战。

团战的主动目的就是用绝对优势力量去进攻敌人薄弱的环节，进而扩大自己的优势。而被动目的，就是抵御敌人的进攻，尽可能地保存自己的力量，消耗对方力量，被动地扩大自身优势。

三、MOBA 类游戏解析

RTS 游戏也好、MOBA 游戏也罢，这类游戏的核心都是通过"强推"来赢得胜利。从 1V1 变为多对多对抗，本质上没什么区别。RTS 游戏更注重一个人掌控全局，针对敌人的种族选择相对有效的战术，需要重点考察的就是对己方资源的利用、时机的把握、情报收集的及时与准确，并通过一波猛如虎的操作，赢得最后的胜利。这其中的变数可能就是对手的状态和想法，像是在下围棋，需要走一步看十步，最终看谁的布局更诡异、更出其不意。

而 MOBA 游戏，由于多人协作游戏的自由度、复杂度极高，又是并发过程，造成极多的不确定性和多变性，导致玩家们（特别是队友之间）在各自的游戏区域内不断发生认知差异，最后产生各自不同的局势观；将游戏难度降低，并加入新的内容，用以填补玩家的情感需要，比如角色的养成体系、与他人形成"伙伴"关系，体会到团结就是力量的真谛，这都是对于游戏形态改变的补偿。从《DotA》到《英雄联盟》，虽然二者差不多，但是在细节的设计上并不完全相同，主要体现在玩家游戏时的变化、操作难度等方面。下面我们通过分析《DotA》和《英雄联盟》来对比一下同是 MOBA 类游戏，在设计方法与细节处理有何不同。

1. 由繁到简

从《星际争霸》《魔兽争霸》再到《DotA》《英雄联盟》可以总结出一个规律，那就是游戏由繁到简，是一个从难到易的演变过程。如果游戏入门门槛很高，能够接受的玩家会较小，导致受众较低，很多玩家很难成为"高手"，容易造成玩家有挫败感，导致玩家流失；而设计得太简单，会让玩家觉得没有挑战性，缺乏成就感，也容易让玩家流失。因此为了降低门槛，让更多玩家能够上手，在游戏设计时既要把上手难度降低，又要让玩家"上手容易，精通难"；因此会在游戏设计中把"技术"（游戏技巧）变为玩家分层的一种手段，这种分层可以通过自身努力地练习、更多地配合把自己锻炼成"高手"，给玩家一种荣誉感。这种质变，我们要从"APM"说起。

APM（Actions Per Minute），中文译作"每分钟操作次数"，是 RTS 游戏中很重要的一个技术指标，它指的是每分钟操作指令数，一般包括鼠标点击和键盘敲击。APM 很好地反映了玩家的手速，即操作速度。这一指标的高低，在一定程度上反映了玩家的能力，APM 越高，说明这个人在游戏中可以快人一步完成自己的目标。

从 RTS 游戏到 MOBA 游戏一步步简化这种操作难度，如下表所示。

RTS 到 MOBA 简化历程表

游戏名称	繁简程度	职业选手 APM	由难到简的变化
星际争霸	繁	400～550	需要操控庞大的部队，对 APM 要求相对较高。因为操作的单位太多
魔兽争霸		250～350	弱化部队数量，通过质量弥补，增加英雄单位。将 APM 要求降低，更注重在个体单位的操作上，更注重"微操"
DotA		120～180	去掉了部队的概念，将出兵自动化。但增加了可以反杀己方部队、防御塔的操作。另一方面，玩家只需专注控制一个英雄单位，更注重一个单位的细节操作
英雄联盟	简	100～150	进一步降低难度，取消了反杀己方部队和防御塔的操作。玩家只需要更加专注的控制英雄单位和各队友的配合即可

化繁为简是 RTS 游戏到 MOBA 游戏里程碑式的演化过程。这一部分的变化只能算是基本规则的颠覆性变化，在这其中还有很多细节上的设计变化，这里不再作一一分析。

2. 游戏地图

游戏地图可以算是 MOBA 游戏的核心设计之一。毕竟所有的内容都是通过地图承托的。在地图设计中，有以下几个需要注意的地方。

（1）地图尺寸　地图的尺寸大小决定了玩家在游戏中的活动范围以及范围内各类资源的多少。在《DotA2》中，英雄炸弹人的移动速度是所有英雄中拥有较慢的移速，从"基地"走到左上角需要的时间是 55 秒，而在《英雄联盟》中，具有较慢移速（移动速度）的机器人走到同样位置需要 40 秒，光从英雄的初始移动速度到达的地图时间来看，《英雄联盟》的地图相对于《DotA2》来说更为紧凑，地图的大小会影响游戏的各个方面，比如野怪布局（等级分布、数量分布）、支援方式、团战等。不过，纯粹的比较地图大小是没有意义的，英雄的技能范围、移速增长幅度、瞬间大范围转移的方式等，都会对游戏过程和结果造成较大影响，但光从地图来看，《DotA2》游戏细节设计比《英雄联盟》更多，《英雄联盟》的游戏内容更加紧凑。

（2）地形与地势　除了地图尺寸以外，地图地形的设计与地势的设计也是重中之重。《英雄联盟》与《DotA2》的地图设计也不尽相同，如下图所示。

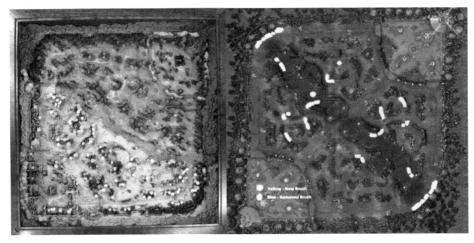

《DotA2》地图（左）与《英雄联盟》（右）

从图中可以看出，英雄联盟在地图设计中更为简约，没有过多的地势（高低）、树林设计，道路设计相对简单（没有那么多崎岖）；反观《DotA2》，不同的地势（高低）、茂密的树林，遍布树林中的各种小道，无形中增加了《DotA2》的难度。

地图设计的复杂程度，决定了玩家的学习成本。越复杂的地图，学习成本越高。玩家需要通过大量的游戏过程与记忆来对地图进行熟悉，每个玩家对地图不同的熟悉程度也造成了玩家不同的游戏水平。《英雄联盟》取消了繁复的地图设计，让玩家将注意力集中在全局，更好地观察全局动态，从战略层面赢得胜利。

（3）游戏视野　此类游戏中，最重要的一个设定就是保留了 RTS 游戏的视野与战争迷雾的设定。沿袭这两种设定，也就沿袭了因为视野而产生的博弈过程。MOBA 中的视野设定与 RTS 有一些相似，都是在特定可以获得视野的建筑、道具、英雄等部分为明亮部分，视野外围部分为暗色，而暗色部分是看不到任何敌方行为的，这与战争迷雾的设定是相同的，如下图所示。

《DotA2》中视野的可见范围与不可见范围

游戏视野的设计包含很多方面，《DotA2》和《英雄联盟》的设定也不完全相同，如下表所示。

《英雄联盟》与《DotA2》视野设定区别对比表

视 野 元 素	英 雄 联 盟	DotA
英雄视野（包括队友）	√	√
建筑	√	√
草丛	√	√
道具	√	√
白天黑夜（天气系统）	×	√
地形（高度）	×	√
树林	×	√

从上表可以看出，《英雄联盟》中降低了天气（黑天白天）、地势、地形对视野的影响，从地图地形、地势的设置到视野细节规则的设计比《DotA2》要简化不少，这就使得在游戏过程中减少对细节的思考，将注意力放在更多的对战与配合中。

（4）地图野怪　野怪的设定可以说是此类游戏比较特殊的设计。这个设定应该是延续了《魔兽争霸Ⅲ》的野怪设计，这个设定给整个游戏新增加了一种战场定位——"打野"。打野的职业一般都有较强的机动能力和一定的爆发能力。通过野区的怪物练级，可以在己方地图中游荡，寻找机会支援任何一路队友，突出某条线路的优势。野区的设计，《DotA2》与《英雄联盟》各有不同。

英雄联盟中将怪物分成以下几个种类（见右图）：

1）BUFF 怪：《英雄联盟》野怪分布图中 4、5 号怪物为 BUFF 怪，击杀以后可以获得经验、金钱以及一个 2 分钟的增益 BUFF。怪物在游戏开始时的 1 分 30 秒第一次刷新，之后每 5 分钟刷新一次。

2）普通怪：《英雄联盟》野怪分布图中 1、2、3、8 号怪物击杀后可获得经验、金钱，首次刷新 1 分 30 秒，之后每 1 分 30 秒刷新一次。

《英雄联盟》野怪分布

3）男爵/峡谷先锋：《英雄联盟》野怪分布图中 6 号，10 分钟刷新峡谷先锋，20 分钟刷新男爵。击杀可以获得经验、金钱、BUFF。

4）巨龙/远古巨龙：《英雄联盟》野怪分布图中 7 号巨龙第一次 2 分 30 秒刷新，之后每 6 分钟刷新一次，35 分钟后不再刷新巨龙，远古巨龙为 10 分钟刷新间隔。巨龙击杀给予永久 BUFF、经验，不奖励金钱，远古巨龙击杀奖励 BUFF、经验，不奖励金钱。

下图为《DotA2》中奖怪物分布，分为以下几个种类：

1）×：小野点。

2）○：大野点 1。

3）□：大野点 2。

4）△：远古野点。

5）!：ROSHAN（肉山）野点。

以上的野怪，除了 ROSHAN 以外，均在 30 秒时刷新，之后每到整分钟都会刷新。ROSHAN 死亡后 8～11 分钟随机刷新。

从以上的数据对比与怪物分布来看，两者的区别主要在于：

1）《英雄联盟》中的怪物比《DotA2》多，且分布较为密集。

2）《DotA2》的怪物刷新频率比《英雄联盟》快。

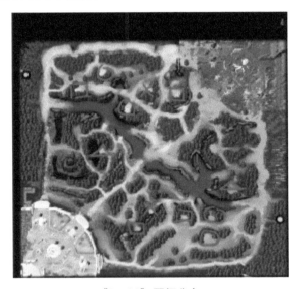

《DotA2》野怪分布

这两种不同的野怪设计方式会带来不同的结果：

1）《英雄联盟》的前期节奏更快，一个优秀的打野，可以通过自身的游走帮助线上队友更快建立前期优势，对游戏节奏影响很大。中期，由于巨龙所带来的永久性 BUFF 会成为竞争的重点，双方均想抢夺巨龙，极易爆发团战，胜利一方，不光可以获得英雄的人头收益，还可以获得巨龙 BUFF，使得游戏节奏进一步加快。反观《DotA2》，前期因为刷野效率不高，造成打野位几乎不会主动 Gunk，节奏比《英雄联盟》慢很多。

2）《DotA2》因为野区刷新速度很快，在经济上占的比重很大，中后期为补充核心英雄的经济，能够掌握野区的一方往往可以赢得比赛，所以双方的布置和 Gank 很多时候会针对野区，相比起《英雄联盟》，野区的实际作用和战略意义要更加重要。

3. 角色设计

MOBA 中最重要的一点就是角色的设计，玩家在游戏中就是通过操作一个英雄角色并对角色进行升级、养成来获得更强的能力，这一套系统的设计结合了 RPG 游戏的特点。

在 MOBA 游戏中，角色的设计可以从下面几个方面思考设计一个完整的角色系统。

（1）角色定位

角色定位就是将角色按照一定特性进行分类，分类方法可归纳为 3 种。

1）按角色作用分类：战士、法师、刺客、坦克、辅助、射手。

2）按攻击距离分类：近战、突进（中程）、远程。

3）按角色重点属性分类：力量（物理）、敏捷、智力（魔法）。

将角色通过不同维度分类，可以帮助设计者搭建角色体系，通过不同的搭配方式就可以设计出各种形式的英雄，从而丰富游戏内容，给玩家增加可玩性。

（2）角色故事

跟其他游戏一样，MOBA 游戏也需要构建自己的世界观，并给每一个角色设定背景故事，通过背景故事的设定可以辅助游戏设计者将角色与角色的定位相结合，有利于角色的形象设计和后期的技能设计，如下图所示。

英雄联盟——九尾妖狐的背景故事

（3）角色属性

角色属性是角色设计的核心之一，也是一个角色重要的设计维度。角色属性的设计分为"一级属性向二级属性转换"和"职业偏向性换算"。

1）一级属性向二级属性转换：此种设计的方法是先设计一级属性，一级属性归纳完成，拆解为对应的一个或多个二级属性，如下表所示。

一级属性转换二级属性对应关系表

一 级 属 性	二 级 属 性
力量	物理攻击
敏捷	回避率、攻击速度
体质	物理防御力、生命值
智力	魔法攻击力、魔法值
其他属性	移动速度、攻击范围、暴击加成

　　一级属性向二级属性转换的好处是玩家需要理解的点变少，只需要关注这些一级属性的不同意义，就可以知道游戏中角色的发展偏向。

　　其次，在数值设计中，可以通过多层的属性转换设计，加强对角色数值的控制力度，通过某一个层级的属性公式就可以很快地增强或削弱某一个角色的某种能力。

　　2）职业偏向性换算：就是根据角色不同的定位，将不同的属性安放在角色上，并根据不同的角色定位，设计不同属性的成长方案，达到不同角色定位的目的，如下表所示。

职业偏向性属性换算表

职 业	属 性 换 算
生存	生命、物理防御、魔法防御、抗暴、格挡、额外伤害减免、忽视
输出	物理攻击、魔法攻击、额外伤害、破防
控制	突进、限制、抵抗控制
爆发	移动速度、暴击、攻击速度

　　这种设计的可以通过属性的力度，告知玩家角色的偏向，更容易让玩家理解，比如《英雄联盟》中英雄的介绍，如下图所示。

牛头酋长职业与属性对应关系

　　不论选择哪种设计形式，都是一种方法，最终都体现在玩家的用户体验与心理感受上。

　　4. 技能设计

　　技能设计是对角色设计的层次提升，除了通过游戏的职业区分角色，还要用技能将不同的职业突出出来，形成个性鲜明的人物。通过技能的设计也可以增强不同职业的可玩性，给团队合作提供了更多的可能性。

设计技能前，可以进行头脑风暴，尽可能地收集、设计技能的玩法，此时不要受限并形成技能库。技能库中的技能最后可以根据角色类型、技能类型、技能释放方式进行多维度的划分，最后将合适的技能与角色相关联，形成一套完整的角色技能，如下表所示。

技能库样例表

技 能 类 型		效 果 分 类
伤害类	物理攻击	1. 单体伤害； 2. 群体伤害；
	魔法攻击	3. 单体伤害＋附加伤害； 4. 群体伤害＋附加伤害； 5. 单体伤害＋附加效果； 6. 群体伤害＋附加效果
位移类	/	1. 长距离位移； 2. 短距离位移； 3. 长距离单体位移/群体位移； 4. 短距离单体位移/群体位移
辅助类	/	1. 回血； 2. 增加属性（攻击力、防御力、生命自恢复速度、魔法恢复速度）
限制类	/	1. 定身； 2. 沉默； 3. 眩晕； 4. 变形
召唤类	/	召唤辅助角色

拥有技能库以后，就需要将技能安放在合适的英雄身上。需要注意的是尽量不要将同类型的技能重复放在一个英雄上。

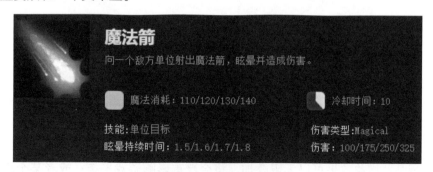

《DotA2》复仇之魂的技能介绍

将技能选择之后，需要安排技能的顺序，技能的顺序可以按照技能的关联关系进行，比如技能一释放之后，才能释放技能二。另一种是，技能一、技能二为核心技能，但独立存在，技能三、技能四用于辅助技能一、二发挥到最大威力。

至此，一个英雄的技能体系设计完成，但这也只是纵向地将英雄技能设计流程走完。之后还要横向地与其他英雄和技能进行测试，达到各个职业的相对平衡，不会出现某个英雄技能过于强横，不平衡的情况发生。

5. 装备道具

任何游戏中都有装备与道具的设计，而不同的道具搭配，也会增加玩家的决策选择，为角色养成、战斗力提升、降低游戏难度提供帮助。

（1）游戏道具

游戏道具的范围很广，包括物品、装备等。此处我们说的道具，是在游戏中脱离于装备之外的物品。道具的设计有两个目的：第一，降低玩家游戏的难度；第二，限制敌人的行为。在设计道具的过程中，可以将道具进行分类，这里我们按照道具的使用方式来分类。

1）主动类：玩家通过某种操作而触发的道具，每次使用道具会被消耗并获得能力的提升。

2）被动类：玩家不需要进行某种操作，只需要佩戴在身上即可触发效果。

在拆分出道具的使用方式后，可以根据使用方式，细分道具类型，如下表所示

道具分类表

触发方式	道具分类	实例
主动类	增益类	使用后增加一定攻击力
	恢复类	使用后恢复一定生命值
	辅助类	使用后可以回城
被动类	增益类	佩戴后，增加一定防御力
	抵抗类	佩戴后，可抵消一定伤害

道具的设计除了类型、效果的设计，还要考虑道具在游戏使用时与其他内容的互斥、叠加，道具的生效时间甚至售卖价格以及携带数量。

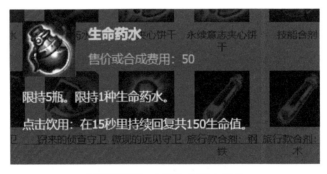

《英雄联盟》中的生命药水道具

如果出现某些增益效果可以无限叠加，将会严重影响游戏平衡；或者某个道具效果很强，但是获得时付出的代价很小（很便宜），在游戏初期就被玩家得到，也会影响游戏平衡。所以道具的设计，要针对游戏整体的平衡去考虑。

在实际的游戏进程中，玩家无法按照一个理想的状况去购买和使用道具，这时候他们就

会进行博弈和取舍，尽可能去寻找对团队和自己利益最大的一个或几个道具，在这个时候，MOBA 类游戏交互的优势就体现出来了。

（2）角色装备

角色装备，严格来说也可以归纳为道具，它是道具的一种，但是因为其特殊性，所以分开来讲。装备系统的设计需要与职业、英雄技能配合设计。根据不同维度搭建装备体系，主要分为以下三种：

1）按装备位置分类：头部、身体、腿部、鞋、饰品、武器等。

2）按属性分类：攻击类、防御类、法术类、移动速度类。

3）按照使用方法分类：主动类、被动类、混合类。

根据上述三种不同的分析维度我们可以设计一套完全覆盖英雄属性、穿戴位置、使用方法的装备体系。

在 MOBA 游戏中，装备还有一个特殊的设定，那就是"合成"。装备的合成，主要是因为装备系统设定中还有一个出装顺序的设定。

通过前期、中期、后期三个不同的时期进行不同的出装。初期装备满足英雄等级较低时的需求，而随着英雄的等级提升与技能提升，装备就逐渐无法满足当前人物的需要，这时就要对装备升级。装备升级有两种方式：第一，直接消耗金钱购买高级装备；第二，通过多个不同的初级装备合成来获得更高一级的装备。

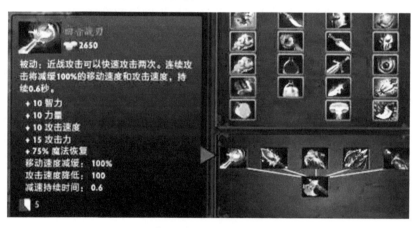

《DotA2》装备合成树

两种方式中较主流的方式就是通过装备升级来获得更高一级的装备，有以下好处：第一，可以在人物初期，获得一定属性的提高增强竞争力，第二，多个装备合成可以将资金压力分散且合成的装备也不会比散件装备获得的属性低，甚至还能获得额外的属性加成和额外的技能。

《英雄联盟》与《DotA2》的装备体系、合成方法是类似的。但是不同之处在于《英雄联盟》优化了装备升级的体验，在购买装备道具时，会给出一套推荐装备表。降低玩家对装备合成的玩法难度，反之《DotA2》并没有类似的推荐机制，只能通过自身的熟悉与额外的攻略进行参考相应的出装顺序。

6. 游戏经济

游戏经济是整个游戏体系的支柱，货币的获取方式对人物提升、属性成长乃至于整个游戏的节奏都有深远的影响。

我们对比分析一下《DotA2》与《英雄联盟》的经济获取方式，具体的获取方式如下表。

《DotA2》与《英雄联盟》的经济获取方式表

经济获取方式	英雄联盟	DotA2
击杀敌兵	√	√
野外怪物	√	√
击杀敌方英雄	√	√
摧毁敌方建筑	√	√
金钱自然成长	√	√

从表中可以看出，《DotA2》与《英雄联盟》获取经济的方式几乎一样，不过在具体获得的数量方面有区别。具体的数值对比在这里就不展开来讲了，我们只需要对大体的经济趋势有所了解即可。首先，在《DotA2》中对线的单一小兵经济是英雄联盟的两倍，并随时间推移小兵数量会增多；野区怪物的刷新点设置英雄联盟更多，但是《DotA2》野怪的经济和刷新时间比英雄联盟要多、要长，换算下来《DotA2》的各部分经济都比《英雄联盟》要多，不过在这中间要注意几个问题：

1)《DotA2》中有反补的设计，最终获得的有效经济会比预想的低。

2)《DotA2》中的顶级装备价格是《英雄联盟》近两倍的价格。

3)《DotA2》死亡后会掉落大量金钱，随游戏时间延长而增长并且在游戏中还可以直接花费资金将死亡英雄买活。

根据以上的分析，我们可以看出《DotA2》中的经济供应总量远高于《英雄联盟》，但真实收入取决于玩家在游戏中的顺风程度。高收入伴随着大风险。经济收入上下限差距极大。而《英雄联盟》则完全相反，收入期望不高，但由于没有反补、死亡不会掉落金钱、顶级装备价格不高等规则，使得金钱获取风险降低，经济收入的上下限也变得比《DotA2》更为狭窄，玩家与玩家的装备差距更低，顶级装备成型速度变快等，这都加快了游戏节奏，时时对抗变得更为激烈。

四、MOBA 类游戏的技战术浅析

通过上文介绍，我们对 MOBA 的游戏规则有了一定了解，相比于 RTS 类游戏，可以根据不同种族、兵种搭配打出不同的战术组合，MOBA 游戏并没有严格意义上的战术；只要充分利用游戏中提供的内容并与队友进行密切合作，团结一心，就会赢得最后的胜利。那么我们就来总结一下，这种以激烈对抗为主的游戏如果想玩好应该注意哪些内容。

1. 游戏节奏

不论是 RTS 还是 MOBA 类游戏，游戏节奏都是非常重要，它关系到游戏中的方方面面，甚至影响最后的胜负。

游戏节奏这个词，是从《DotA》游戏中传播开来的，那什么是游戏节奏呢？其实很好理解，是经验丰富的玩家或者有优势的英雄，能够起到一定的领导带头作用，组织自己的队友做一些有意义的进攻或防守，打出井井有条、攻守得当的气势来，被称之为"带起一波节奏"。

带节奏说起来容易，可做起来还是很难的。这需要玩家对游戏的整体有极深的理解，对当前战斗中所操作的英雄、队友所操作的英雄以及对方使用的英雄都极为熟悉，这才有可能完成操作。游戏节奏分为两种：一种为顺风、一种为逆风。顺风，顾名思义是敌方完全打不过己方，一路压制毫无反抗之力，这种情况又称之为顺风局；反之，我们成为逆风局。

在英雄联盟中，最容易带起节奏的就是打野角色，如果他在游戏初期就可以带领线上英雄对对方的英雄进行偷袭、包抄、围杀，建立初步的经济优势，就可以给全队人员创造出巨大的优势。打野还可以利用极好的移动优势，起到侦察的作用，可以提前发现敌人的一些动作，让队友可以有针对性地对敌人进行骚扰，防止对方获得资源优势，比如大龙、小龙的击杀，都是容易带起节奏的环节。

2. 资源

游戏中一切的激烈对抗，都是为了获得胜利，而获得胜利的前提是获得足够多的资源，因此游戏中的决策也好、动机也罢，都是为了获得足够的资源，创造更多的优势。

普遍的游戏设定，都有一种通用货币，利用货币可以大量购买用于强化自身、限制对手的战略物资，这种物资的产出点往往就是争夺的焦点。除了通用货币，战场中的其他资源也是另一个争夺的焦点。因此，为了压榨战场中一切可用资源，控制和保护资源产出点，限制和抑制对方资源的获得，建立己方的经济优势，是游戏中决策的一部分。游戏中可利用的资源，如下表所示。

游戏资源一览表

资 源 类 型	获 得 方 式
经济（货币）	1. 击杀英雄； 2. 击杀野怪； 3. 击杀小兵； 4. 破坏敌方建筑（兵营、防御塔）
装备	各类装备，每个英雄最终选择的装备不同，需要使用货币购买
基础属性/等级	每个英雄都需要提升等级，等级需要通过经验提升。提升等级后，基础属性会增加，两者是相辅相成的关系。 获得经验的方式： 1. 击杀敌方英雄； 2. 击杀野怪； 3. 击杀小兵
技能	每个英雄都有相对应的技能，可以通过提升英雄等级获得提升。英雄等级优势会带来技能等级优势
兵力/兵线	兵线是节奏点，因为兵线是经济和经验的主要产出点
BUFF	是一种有时限的增益状态，属于稀有资源，需要通过击杀特定怪物获得。增益效果强大的 BUFF，会成为游戏中争夺的重点

当然，除了上述总结的这些主要资源，还有一些次要资源，比如视野、草丛、信息资源、技术资源。在何时何地采取何种策略，是利用这些资源的重点。如果利用好这些资源，就可以在战斗中取得先机，甚至在局部战斗中获得最终的胜利。这些资源所占的比重和对战局的影响也有所不同，如何抉择，是玩家需要具备的能力。

3. 战场因素

除了资源外，在游戏中，如何熟识和利用好战场中的已有因素或者未知因素，也非常重要，比如，战场中野怪的位置、等级分布、刷新时间等，这些信息的获得可以帮助自己优化打野的行动路线，用最少的时间获得最大的收益。再比如，地图中，有一些草丛有躲藏功能。熟悉地图是每个玩家都应该具备的基本技能，地图中有小道、有宽阔的大路、也有死胡同一样的洼地，能够在地图的不同位置实现快速地移动、伏击、支援和逃跑再配合游戏独有的召唤师技能，就可以从容地躲过一些致命打击或者给予敌人迎头痛击。

除了战场当中的因素，还有一个因素不得不提，这属于"外部因素"。外部因素是指游戏以外可以影响结果的内容，具体内容如下：

1）版本更新：这也是所谓的"一个补丁一个神"的道理。游戏开发商会根据游戏中的数据进行分析，在每个版本更新时也会适当调整游戏内容，其中最明显也是影响最大的就是英雄的数据调整，这可能是相对于一部分英雄的整体调整。而调整之后，玩家就需要重新适应，所以谁能先适应，谁就能在游戏中取得先机。

2）人：作为操作英雄的玩家，就是游戏的最大变数，这个变数跟玩家的思想意识、操作、反应、判断、执行能力都有关系，这也就关系到绝大多数团队的胜负。

4. 分析与决策

分析与决策是相辅相成成对出现的。每个玩家在战斗过程中，无时无刻不在进行着分析与决策。那么，通过什么分析？通过什么决策？这是每个玩家都需要学习的。

（1）分析

进行分析之前，需要对战场信息有一个收集的过程。进入游戏前，看到对方与己方选择的英雄，来了解各方的队伍配置。通过队伍地配置可以知道每个角色打什么位置，角色的技能是什么、弱点是什么、优势是什么，会出什么装备等。综合这些信息，思考己方英雄应该用谁与其对线可以产生优势或不会出现劣势。

进入游戏后，根据游戏的发展，注意查看小地图的己方、敌方位置，多放"眼"尽可能多地获得视野，了解敌方动向，防止被偷袭。

游戏过程中，注意观察敌人出装，分析对方的打法；注意野怪重点 BUFF 的刷新时间、敌人兵线、防御塔的状态。

（2）决策

决策是基于收集到的情报进行分析后得出一个或多个结果。唯一结果的情况暂不讨论。如果出现多个结果，那么就需要根据当时的情况进行选择，在进行决策时，不要慌乱，不要因为战场多变的情况变得手忙脚乱、思维混乱不堪，保持一个清晰的头脑才有助于进行有意义的决策，做决策的原则只有一个，那就是"把收益最大化、损失最小化"。有的抉择可能会牺牲眼前利益，但会对团队的整体发展有深远影响，那么暂时的得失可放弃，追求最后的胜利。

第五节　第一人称射击类游戏详解（FPS）

一、第一人称射击类游戏的发展历史

第一人称射击类游戏（First-person Shooting），以下简称 FPS 游戏。严格来说 FPS 游戏属于 ACT（动作游戏，Action Game）类游戏的一个分支，但和 RTS 类游戏一样，由于在世界上的迅速风靡，使之发展成为了一个单独的类型。

FPS 游戏顾名思义就是以玩家的主观视角来进行射击的游戏。玩家们不再像其他游戏一样操纵屏幕中的虚拟人物来进行游戏，而是身临其境地体验游戏带来的视觉冲击，这就大大增强了游戏的主动性和真实感。早期 FPS 游戏带给玩家的一般都是屏幕光线的刺激以及简单快捷的游戏节奏。随着游戏硬件的逐步完善以及各种游戏的不断结合。FPS 游戏提供了更加丰富的剧情、精美的画面和生动的音效。然而大多数人并不知道，"第一人称视角"游戏是诞生于几个学生。

普遍认为，史上首款 FPS 游戏是由 id Software 于 1992 年推出的《德军总部》（Wolfenstein 3D），其实不然。1973 年，三位高中学生 Greg Thompson、Steve Colley 和 Howard Palmer 在美国宇航局研究学习期间，用当时较为先进的小型机 Imlac PDS-1 开发了第一部第一人称视频游戏《迷宫战争》（Maze War），如下图所示。这第一款鼻祖级游戏，因当时技术所限，画面全部由单一的线条组成，游戏内容就是在一个复杂的迷宫中冒险。虽然现在看来很是古老，但在当时不失为一个令人惊叹的尝试。游戏中包含了一个非常古老的射击系统以及一个通过数据线缆搭建的多人模式，在 20 世纪 70 年代初期，能有这样一款图形化的游戏，可以说是开天辟地的一次创新。

《迷宫战争》

Greg Thompson 结束了他在美国宇航局的研究课题后，带着他们制作的游戏来到了麻省理工学院。在那里他得到了更好的设备支持以及 David Lebling 的帮助，随后，David Lebling 开发了第一款文字冒险游戏《魔域》（Zork）。也是在他的协助下 Greg Thompson 在原版游戏的基础上添加了更多时髦的功能，包括 8 人对战的支持、更好的图形系统、计分系统、旁观者系统甚至动态难度的 AI 敌人，这些内容直至今日依然是一款传统的射击游戏应该具备的要素。

如果将《迷宫战争》定义为 FPS 游戏，那么在 FPS 的定义上就产生了偏差。事实上"第一人称射击游戏"这个概念是近年才被确立的，它由一名叫 Carl Therrien 的学者于 2014 年研究并提出。因此我们通常所说的 FPS 游戏，仅仅是玩家们约定俗成的称呼。诸如 id Software 这样的老牌厂商通常喜欢称自己的游戏为"3D 冒险游戏""虚拟现实游戏"或是"身临其境游戏"。与此同时，这一概念并不仅仅应用在步行枪战游戏中，与《迷宫战争》同时期的游戏《Spasim》（见下图）也曾被誉为 FPS 游戏的鼻祖，然而它其实是一部多人对战飞行游戏，用现在的话讲它是一款"驾驶模拟"游戏。由此观之，2017 年 TGA 把"最佳动作游戏"奖项颁给了《德军总部 2：新巨像》（Wolfenstein II：The New Colossus）也确实是实至名归。

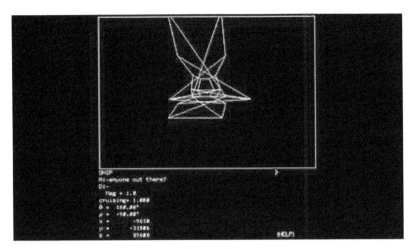

《Spasim》

随着技术的推进，游戏的开发思路也在不断变化。在 20 世纪 80 年代，FPS 游戏的范畴开始混淆，除了视角为第一人称，其他的载体都不再局限于"人"的范畴，只要能够用来作为射击的载体，都被当作为 FPS 游戏，这其中最多的就是驾驶类游戏。《战争地带》（Battlezone）是一款以坦克为主题的游戏，最初是一款街机游戏，如下图所示，它是一款以矢量线条为基础的坦克驾驶游戏，在游戏中加入了富有创意的"潜望镜"系统。玩家控制装置由左右操纵杆组成，左右操纵杆只能在 Y（垂直）轴上移动，每个操纵杆都控制着玩家油箱的踏板。一个操纵杆包含一个按钮，用于向敌方目标发射射弹。这种模拟设计，使用户体验更加真实，也使得游戏可玩性变得更强，在此期间美国陆军还曾经尝试过把它改编成一款坦克模拟训练软件。

1987 年，Incentive Software 也顺应潮流推出了一款名为《Driller：Space Station Oblivion》（见下图）的"驾驶模拟"游戏。初看游戏画面，并没有什么本质上的提升，但是它的意义在于这款游戏首次使用了 Incentive Software 自家开发的"Freescape"引擎，基于该引擎的机能，玩家可以自由地在 3D 游戏环境中探索了。自此之后，引擎渐渐成为 FPS 游戏制作过程中不可缺少的部分。

首款 FPS 游戏是由 id Software 于 1992 年推出的《德军总部》（Wolfenstein 3D），游戏中玩家需要在一个完全由纹理映射拼成的城堡里进行探索。这款游戏也采用了自家研发的新引擎，整个游戏节奏非常快，玩家的游戏体验非常惊险刺激。《德军总部》

《战争地带》被放置在街机柜内

的火爆为 id Software 赚足了名气与利润，让它一跃成为整个行业的领导者，如下图所示。

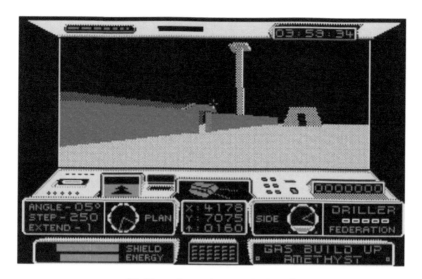

《Driller：Space Station Oblivion》

《德军总部》（Wolfenstein 3D）

　　紧接着，1993 年该公司的另一款作品《毁灭战士》（Doom）发布。这款游戏的全球销量在当时曾突破百万份，这对于 FPS 游戏的启蒙年代而言无疑是一道丰碑。除此之外，id Software 随后制作的《雷神之锤》（Quake）也被誉为是第一款真正的"3D 射击游戏"。

　　id Software 称得上是为 FPS 游戏奠定了坚实的基础。他开发的《德军总部》《毁灭战士》等作品为 FPS 游戏带来了独特的元素。

　　《毁灭战士》（见下图）开发完毕后，id Software 决定将其上传至威斯康星大学的服务器上。当最后的文件传送完毕后，几万名玩家同时涌入服务器，造成大学网络瞬间瘫痪，这样的事情还从未在当时的网络环境中出现过。尽管《毁灭战士》的 3D 表现让无数玩家为之惊艳，但从本质而言，《毁灭战士》并不是真正的 3D 游戏，它只是利用透视原理与射线追踪算法构建的伪 3D。在游戏大火之后，id Software 决定在游戏中构建真实的 3D 世界，并且准备通过因特网，支持 16 个玩家在同一个场景内战斗。

《毁灭战士》

1997 年，又一经典巨作《雷神之锤》正式发布。游戏中的世界也是作为真正的三维空间被创造，而不是将拥有高度信息的二维地图渲染成 3D 图像的。同时，它也组合了 light-map 和动态光源（Dynamic Light Sources），不使用过去游戏中的顶点静态光照（Sector-based Static Lighting）。《雷神之锤》首次采用了流动控制方案（Fluid Control Scheme），它使用鼠标来观看、瞄准、定向以及用键盘来前进、后退、侧移。人们普遍认为这个游戏带来了独立 3D 显卡的革命。这款由 id Software 自研的游戏引擎 id Tech2 也成就了诸多经典 FPS 著作。《雷神之锤》首创的 3D 世界与 16 人死亡竞赛模式，把同类游戏远远甩在了身后。游戏发布后不久，玩家们开始组建自己的队伍，在《雷神之锤》的死亡竞赛模式中疯狂厮杀，如下图所示。嗅觉敏锐的商人也自然不会错过这场狂欢，他们创建了虚拟的战场比斗，提供比赛奖金，让部分玩家们成为职业选手，一些比赛的冠军队伍还获得了不菲的收入，电子竞技的雏形也由此诞生。

《雷神之锤》的死亡竞技模式

真正奠定 FPS 电子竞技里程碑的，则是 Valve 公司于 1998 年推出的《半条命》，这原本是一个单机游戏，讲述的是实验失败后，一位博士在危机四伏的实验室中挣扎求生的故事。这个游戏的引擎非常出色，但玩家的反响并不是非常热烈。后来，开发公司 Valve 向玩家们公开了开发工具包，使开发者可以自由修改游戏内容，甚至改变原本的游戏规则。像这种被玩家修改过的非原版游戏，通常被称之为游戏模组（Modification），简称 Mod。而在玩家创造的无数 Mod 之中，有一个 Mod 让 Valve 眼前一亮，这个 Mod 长年占据着 Mod 热门榜榜首的位置，好评不断。因为玩家的不断好评，2000 年由 Valve 购得版权，发行为独立游戏，并且聘用原开发者黎明（加拿大游戏开发者）与 Jess Cliffe 继续参与游戏的后续开发。它不仅在欧美掀起了电子竞技的风潮，被选为世界顶级电子竞技赛事的项目之一，甚至还影响了互联网刚刚兴起的中国。我国很多玩家接触最早的游戏除了《星际争霸》可能就是这款游戏了。它的名字经久不衰，随着 Valve 的继续开发，它的续作也持续火热，它的名字就叫《CS》，如下图所示。

《CS》的游戏画面

《CS》不仅在画面上远超过了它的前辈《雷神之锤》，枪支种类也更多。攻击不同的部位时，造成的伤害也不同，这使得它对枪法的要求更高，竞技性更强。此外，它还加入了买枪、拆炸弹、救人质等不同的系统玩法，使得两支队伍的对抗方式也变得多样化。队伍之间不仅仅是单纯地互相开枪，很多时候还要运用声东击西、围魏救赵之类的战术。有时，为了最后的胜利，队伍甚至会在形势不利时主动放弃一小局，以保护好珍贵的枪支，争取在下一局翻盘。这种复杂的对抗机制，使得它在很长一段时间内都是对抗类 FPS 的霸主，尤其是在我国，它几乎霸占了当时的 FPS 界，只要提到射击游戏，几乎所有玩家的第一反应都是《CS》。直至今日，与它特别相似的作品《穿越火线》依然在全国各地兴盛不衰。随着《CS》的成功，FPS 确立了它在游戏界中不可撼动的霸主地位。

《CS》的热潮之后，游戏厂家为了抢夺新兴的 FPS 市场，都在不停地推出新产品，FPS 市场逐渐呈现百花齐放的状态。直到 2004 年，德国的 Crytek 公司利用 CryENGINE 引擎，开发了一款画面令人惊艳的射击游戏《孤岛惊魂》，从 2004 年 3 月发布后 4 个月内，就销售出

73 万份。从此之后《孤岛惊魂》系列也成为 FPS 游戏的经典之作，如下图所示。

《孤岛惊魂》

随着硬件能力、网络环境的提升，玩家对游戏的画质、游戏的细节越来越挑剔，各大游戏公司也拿出浑身解数开始设计越来越能够与真实世界相媲美的游戏世界。每隔几年，都会有新的游戏引擎面世，为游戏画面、游戏的真实质感与细节带来质的提升。为了游戏更有内涵从而获得更好的市场竞争力，各大公司都开始朝内容方向迈进，设计出了完整的世界观、故事架构，形成了经典的战役故事剧情，且游戏画风与主题也迥然不同。比如，有以星际科幻为题材、充满对未来的想象的《光晕》；有力求真实、以现代战争为背景的《使命召唤》系列（见下图）；还有以大规模的载具和步兵在大地图上协同作战为主的《战地》系列，每个 FPS 游戏都开始演化出不一样的风格与侧重点，给 FPS 游戏带来了勃勃生机。

《使命召唤 4：现代战争》

在 2012 年，由 Valve 与 Hidden Path Entertainment 合作开发的《Counter-Strike：Global

Offensive》（译为《反恐精英：全球攻势》，简称《CS：GO》）上架 Steam 平台，游戏采用 Source 引擎增强版，使画面真实度得到提升，并加入了枪支的皮肤系统，通过游戏掉落或玩家间的交易，可以让自己的枪支外观与其他人与众不同，此设定也因此被沿用到现在各大新兴射击游戏中。与《CS》系列相比，《CS：GO》中各类枪支的手感以及人物的移动速度都有较大的改变，需要适应一段时间，如下图所示。完美世界于 2017 年，正式宣布代理《CS：GO》。

《CS：GO》

FPS 游戏的进步也并不仅仅体现在画面上。较早期的 FPS 游戏，无论是《雷神之锤》还是《CS》，已经从最初简单的打打杀杀，开始向丰富的内容过渡，完整连贯的剧情故事，让每一位射击游戏玩家痴迷不已，而不同游戏独有的网络对战功能，满足了玩家在剧情中经历过的战场，这也造就了现在的 FPS 类游戏都以单机剧情 + 网络对战成为主要卖点。

这些经典游戏都是 FPS 游戏，但是射击游戏的分类，不光只有第一人称，还有一类射击游戏被称之为第三人称射击游戏（Third-person Shooter），简称 TPS。TPS 也算是 ACT 游戏的一个分支。FPS 游戏与 TPS 游戏不同之处在于，FPS 游戏玩家只能看到主角视角，TPS 游戏中主角的整个身姿在游戏屏幕上是可见的，显示主角附近的视角。这样的设计更有利于观察角色的受伤情况和周围事物，且可以观察到掩体内部以及周遭的弹道。

TPS 游戏，可能更贴近于 ACT 游戏，因为跑动、攀爬、翻滚等动作较多。地图中可利用的道具、机关也很多，所以通过第三人称的视角来观察周围事物，更能让玩家掌控游戏。著名的第三人称带有射击元素的游戏有《生化危机》系列、《质量效应》《战争机器》《全境封锁》（见下图）以及近两年风靡全球的《绝地求生》（见下图）。

射击游戏发展到现在已经 40 多年，FPS 游戏以其独特的反馈机制、刺激的击杀体验不断感染着一代又一代爱好者。并且 TPS 游戏的引入，也扩展了射击游戏的设计边界，给射击游戏带来了新的游戏体验和新的玩法。

《全境封锁》

《绝地求生》

二、游戏特征及机制

　　射击游戏本质上属于动作游戏（ACT），因为其中夹杂了很多动作游戏的特征，比如跑、跳、爬等各种动作。而之所以从动作游戏中分离出来成为一个独立的游戏类型，可能就是因整个游戏的重点都放在了射击上，从而弱化了动作游戏中"动作"的重要性。

　　因此，作为一个拥有40多年历史的游戏类型，发展至今，也已经有了相当完备的游戏机制，并且成为世界电子竞技比赛中不可缺席的"角儿"。这都要归功于其特殊的游戏规则与机制，在这里，TPS游戏暂时忽略不提，只以最经典的FPS为例来分析，射击游戏的机制主要分以下几部分：

1. 建立规则与寻找对手

射击游戏在最早期，只是简简单单的杀戮，目的就是让玩家在游戏中体验射击的爽快感。在游戏发展历程中，简单的杀戮已经无法满足用户的需求，所以加入了一些新的规则进入到游戏内，形成游戏最早的核心机制。

（1）创立身份

在游戏中，增加竞技对抗的环节是射击游戏首先想到的一种新玩法。在游戏中设定对立阵营，让玩家在开始战斗前就确定了"身份"。可以更好地给玩家一种代入感，通过第一人称的视角，给予用户足够的沉浸感。这种身份对立的设置，最经典的就是《CS》了。《CS》中很明确地创立了天生对立的"身份"——恐怖分子（Terrorists）与反恐精英（Counter Terrorists）。

这种真实身份的设定，给游戏带来了真实感，在游戏开始之前，就需要选择"身份"，这进一步增强了用户的代入感，在游戏中玩家会携带着这个"身份"完成游戏，使玩家更有目标感。

（2）建立规则

每个游戏在设计之初都应该确立核心机制，比如，动作游戏的核心就应该是动作；赛车游戏的核心就是驾驶。那么作为一款射击游戏，它的核心自然就是射击。射击游戏发展到今天，基础的规则已经很完备，想要拥有更好的游戏体验，其核心机制就在于建立一套标准规则，并且经过这么多年的演化，射击游戏也已经有了一套属于自己的标准规则，这些规则总结起来有以下两点：

1）基础的操作模式：无论什么形式的射击游戏，都包含这些基础的操作模式，比如，移动（走、跑）、跳跃、近战攻击、控制身位的站立、下蹲、匍匐等。

2）枪械操作模式：虽然是枪械操作模式，但不仅仅包含"枪"。这些操作包含切换武器、射击、瞄准（二级瞄准、开镜瞄准）、投掷、设置等。

细心留意目前市面上的经典射击游戏，所有游戏都有上述的 2 个操作模式。这两种操作模式已经成为射击游戏的经典模式。两种操作结合起来再加上枪械的设计，就可以呈现出全部射击游戏最基本的操控元素并将竞技性、娱乐性融为一体达到平衡。

2. 关卡地图

关卡地图是承托射击游戏的重要组成部分，游戏中所有的竞技、战术部分都与地图设计有关。根据地图的分类不同，可以将 FPS 游戏分为两类：

（1）封闭型

此类 FPS 游戏的地图较为简单，地图四周经常会有高墙封闭起来，地图往往有几条固定的通路构成，地图中的各类物件排列得很有规律，其主要特征是地图规模较小，玩家一般在一定范围的区域内战斗。比如《CS》的地图，就是典型的封闭式地图，如下图所示。

FPS 的地图设计，往往是根据目的设计的，比如在《CS》中最经典的 Dust Ⅱ 地图，恐怖分子需要放置 C4 炸弹并等待炸弹爆炸或者全歼反恐精英即可获得胜利，因此，地图都属于相对对称的设计，在整体地图设计上没有过多的亭台楼阁，就是一个沙漠环境下的露天场景，通过简单的通道、下沉的隧道以及不同高度的墙体、错落有致的箱子（辅

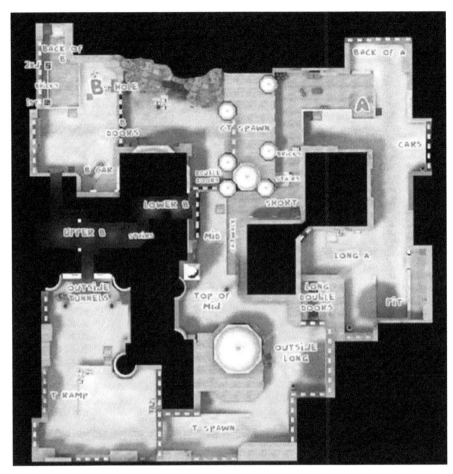

《CS》Dust Ⅱ 地图

助工具），形成了整个紧凑、简单的地图。如下图所示，在地图中提供 A、B 两处放置 C4

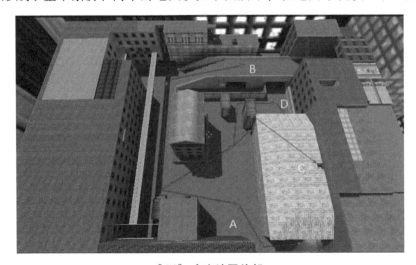

《CS》仓库地图外部

的埋点，2~3条不同的路径，都是为了给玩家在对战时可有不同的选择（见下图），这使得在对战中，玩家不光要想着杀敌，还要考虑合理的战术赢得最后的胜利，这让游戏对抗更富有策略性。

在《CS》的人质地图——仓库地图中，可以清晰地看到多种警察的进攻路线，通过选择不同的进攻路线可以达到不一样的效果。

比如，人质全部都被放在一个易守难攻的仓库办公室中，只有选择通往C路，进入管道可以直接进入人质房间。而此时，恐怖分子就可以选择一个人蹲守在这里，放置反恐精英来营救人质，并且在仓库内，可以守住A、D两条进攻路线（见上图）。恐怖分子，想要守住仓库内部也不容易，有3个可以进入仓库的途径，都需要派人守住，可能是因为拯救人质的正面性，这张地图从设计

《CS》仓库地图外部内部

角度来讲，对恐怖分子不是十分友好。所以封闭型地图，还是要根据游戏的目的去设计，并提供给玩家可以与地图博弈的方法或道具，让玩家可以揣摩出跨过障碍的方法。

（2）沙盒型

此类FPS游戏中，玩家可以较为自由地在地图中游戏，地图中没有固定的路线，地图也较大，更富观赏性。

沙盒类的射击游戏，最出名的要数《战地》系列。不同于封闭型地图，沙盒型地图的优势就是可以同时承载很多的用户而不显得拥挤，也必须拥有更多的用户才能支撑起整个大地图的效能。沙盒型地图可以同时承载几倍于封闭型地图的玩家数量，更像是真实的战场一样。

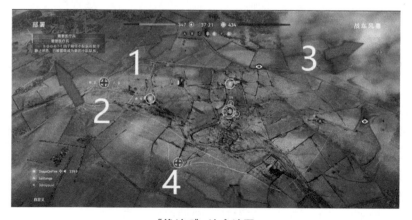

《战地5》沙盒地图

《战地》系列最有创意的设计就在于可以随意驾驶地图上的任何载具，如下图所示，不论是天上飞的，还是地上跑的，只要能动、能飞、能在水里划动，都可以自由驾驶。这使得用户可以体会到海陆空三位一体的爽快感，也减小了玩家在大地图中跑路的时间，使得战斗方式更加多元化，也更逼真。

3. 游戏模式

射击游戏的本质其实就是"杀杀杀"，简单直接。但是单纯的杀戮总是机械的，也会无聊。所以在射击的核心机制中，加入一些不同的任务目标，可以给玩家提供一个明确的方向，让用户知道除了杀杀杀，还可以做点别的。目前按照不同的射击游戏的偏向，不同分类方式以及类型如下：

（1）按连接模式分类

1）单机剧情类

顾名思义，单机剧情类就是玩家自己沿着游戏设计的剧情进行沉浸式的体验。这种剧情式的体验，一方面主要是丰富游戏的内容，另一方面主要是为了让用户通过剧情去了解游戏的基本操作与玩法，甚至开发者在游戏中新增了一个新的系统玩法，放置在某一关剧情中让玩家体验，并为其他模式打好基础。这种模式也有涵盖新手教学的成分在里。

单机剧情类较成功的射击游戏，比如《孤岛惊魂》（Far Cry）系列，它每一部新作，都有独立的故事剧情，并且每个新版本中又会加入新的系统或改动，通过剧情的设计也让玩家体会了不同场景设定下的内容，代入感与沉浸感极强，被很多射击游戏迷奉为经典作品之一。

2）联网类

联网类就是通过互联网或局域网进行多人对战。此类游戏没有单机剧情部分，所有的游戏内容都是需要通过网络对战来实现的。在对战中玩家可以选择不同规则的地图来进行对战，这称之为"游戏模式"。

此类比较出名的游戏是《CS：Online》它首创的僵尸模式风靡一时，成为后来各类射击游戏争相模仿的对象，到现在也是一种必有的游戏模式。

3）混合类

混合类就是在单机剧情模式的基础之上增加网络对战功能。这种模式基本上被大部分射击游戏给保留了下来。其中比较经典的射击游戏有《使命召唤》《战地》《彩虹六号》等系列。

现在单纯的单机类射击游戏已经很少了，因为互联网的发展，使得联网对战成为当前游戏设计的主流，所以现在都把前两类结合起来打造一种新的游戏形式。

在混合模式中，传统的经典射击游戏《使命召唤》《战地》系列都是这方面的佼佼者，既有真实的战场体验，又有别出心裁的系统设计，让玩家在联网对战的时候也不是单纯的杀来杀去，而是通过不同的手段去辅助战斗，让玩家游戏体验更好。

（2）按游戏规则分类

游戏有基本规则，这是整个游戏设计的前提。在这基本规则上，则是依托于核心规则与核心玩家演化出的不同玩法。玩法有很多种，我们以当前最火的《CS：GO》为例看看现在主流的游戏模式都有哪些，如下表所示。

《CS：GO》游戏模式表

模　　式	规　　则
人质解救	反恐小组队伍为进攻方，恐怖分子队伍为防守方。任务目标为拯救人质至地图中指定区域（通常近于反恐小组之出生点或购买区）
炸弹拆除	恐怖分子队伍为进攻方，反恐小组队伍为防守方。恐怖分子的任务是到达地图上的指定炸弹区安装 C4，并阻止反恐小组将其拆除。反恐小组的重生地点通常都在炸弹区或附近的地方，而恐怖分子的重生地点与爆炸区则有一段距离。故此，在每局开始的时候，反恐小组理应能够比恐怖分子更早到达炸弹区，并做出防守准备。若时限之内恐怖分子未能成功安装 C4，则恐怖分子输
竞技模式	在竞技模式中，你的攻击将会对队友造成误伤，需要购买防弹衣，赢的一方与以前一样可以获得更多的钱来购买武器
爆破模式	该模式是快节奏的炸弹安放和枪械升级模式。该模式没有购买功能，玩家可以从步枪开始，如果当局杀人，则下一局会得到更强的武器。10 局后双方交换阵营，继续开始，共计 20 局
军备竞赛模式	节奏很快，随机重生，通过击杀敌人升级武器，最终化武器为匕首，最先用匕首杀敌的小组获胜。总共 26 种武器
死亡竞赛模式	时间限定为 10 分钟。通过击杀敌人获得杀敌点数。系统不定时触发奖励武器。使用奖励武器击杀敌人（满血重生）将额外获得 6 点点数。当时间耗尽后，点数最高的玩家获胜
跳狙飞人	跳狙飞人模式人数与军备竞赛相同。所有玩家持 SSG-08 狙击枪出生，无法购买其他武器，在 15 局内先获得 8 局胜利者获胜。本模式中对玩家所受重力设定进行修改，使玩家可以跳跃至更高的高度，并且狙击枪的移动精确度也大幅得到提高
头号特训	新增的模式，类似于大逃杀

在这 8 种模式中，其中人质解救、炸弹拆除是《CS》系列的经典模式，此模式也在新作中被保留了下来，也是现在竞技比赛中的主流模式。其他的模式，面向的更多是普通玩家，为了丰富可玩性，在游戏基础规则的基础上，对使用的枪械、杀敌的数量等做出不同的变化与搭配，也就变成了不同的游戏模式，这些也让玩家们爱不释手。

4. 关卡地图设计

关卡的设计要结合游戏模式，不论什么模式，其核心不变，即强对抗。在这种强对抗的地图设计时，尤其是封闭型关卡，想要设计出合理、有趣、平衡的地图在关卡设计时，需要考虑以下几个问题：

（1）地图标记

一般来说地图标记也可以称之为标记物，作用是让玩家在游戏地图中明确自身的方位，如果在设计关卡的时候不加入地图的标记，一旦关卡涉及多维战斗，就会很容易让玩家在游戏过程中迷路。

例如，在《CS：GO》的地图标志中，就给玩家标记出了所处位置让玩家明白自己在哪儿，如下图所示。

《CS：GO》的地图标志

（2）一点多用

一点多用指的是在地图设计中，会根据地形情况，在一些物件的摆放（比如箱子、台阶、石头等）设计上考虑到玩家的适用性，一般来说这种物件出现的位置在进攻、防守的共有路径上，可以通过这些小的机关设计，给进攻、防守提供帮助。

（3）相对平衡

在 FPS 的地图设计上相对平衡的设计是不多见的，这种相对平衡是游戏设计者给玩家的自主选择，我们可以将目标点设计得很暴露、位置很明显，这样相对容易被玩家接受，因为 FPS 游戏的核心是强对抗，其他的规则都是对核心玩法的辅助。所以不需要将辅助玩法做得很复杂，否则就改变了场景的用途，本末倒置了。

（4）方向（位置）设计

在地图方向（位置）的设计上，包含了绝对方向（位置）和相对方向（位置）。绝对方向是玩家所见的关卡地图和能让玩家分清方向的地图标记，相对方向是玩家主视角状态下小地图的展示范围，如下图所示。

绝对方向与相对方向

如上图所示，主视角的方向（位置）是玩家的绝对方向（位置），左上角小地图就是主角所在地图范围内的相对方向（位置），并且需要将小地图中角色的视觉方向进行标记，与主视角的方向一致。

（5）多层次（维度）

多层次就是在游戏地图中引入高度概念，把地图变成一个三维的场景，不再是一个平面地图，高度的设计分为正高度与负高度两类。

1）正高度是指海平面以上的高度，这个高度可以通过不同的建筑、不同的地势甚至不同的交通工具（飞机、汽车等）来实现，包括地图中的一些堆积得很高的箱子，都可以增加正高度。

2）负高度是指海平面以下的高度，比如山谷谷底、下水道、排水沟、水底等。

通过不同层次的高度设计，就可以围绕一个简单的规则，创造出各种不同的玩法并让玩家根据这种地形设计，自行选择不同的策略，提高游戏的可玩性。

（6）大角度

在地图设计中，尤其是强对抗的 FPS 游戏，很少设计弧度较大的转弯地形，就像赛车游戏中的弯道一样，此部位竞争都尤为激烈，如下图所示。

《CS》大直角通道

这种大角度多在狭窄的通道内或者建筑的走廊中出现，因为这种通道狭小，很大程度上限制了玩家的行动，就让战斗变得极其激烈。同时这种设计，衍生出一种蹲守的策略（打埋伏），如果有一方人先占住这个位置等对方人过来，就很容易形成防守方优势，所以现在很多游戏都增加了此种设计，同时探头射击的攻击行为，也在一定程度上提高了游戏的真实性。

三、FPS 游戏解析

作为一款以射击为主的强对抗游戏，在核心的功能设计中，最重要的就是射击（战斗）系统的设计，只有核心系统设计完善，才能通过地图、游戏模式（规则）的组合完成一款上乘的射击游戏。我们分析了《CS：GO》《绝地求生》《Apex Legends》等数款市面上流行的射击游戏，总结出以下三个方面：

1. 武器设计

作为射击游戏的核心道具——枪械。根据题材不同，枪械的设计都带有符合背景的特色设计。比如，二战题材所设计的枪械都是二战中曾经出现过的名枪；科幻题材所设计的可能会脱离现实的设定，如激光枪、电磁枪等；现实题材，就是当代著名的各类枪械。

（1）枪的分类

根据枪械的不同，可分成不同的类型，目前主流的分类见下表。

枪械分类

枪械类型	定　　义
手枪	单手持的小型枪械，其他枪械一律可称为长枪。主要用于近距离战斗。手枪又可细分为：左轮手枪、半自动手枪、自动手枪等
步枪	使用肩托和有膛线的长枪。适合中距离的战斗。步枪又可细分为：半自动步枪、自动步枪、突击步枪等
狙击步枪	数据高精度步枪，具有精度高、射程远的特点。比较适合远距离战斗。狙击步枪又可细分为：半自动狙击步枪、手动（单发）狙击步枪
冲锋枪	兼具"轻便"及"全自动射击"等两大特点的枪械，适合近、中程的战斗
机枪	能快速、稳定、连续射击的中大型枪械。主要负责火力压制，适合中、远距离战斗。机枪又可细分为：轻机枪、通用机枪、重机枪
霰弹枪	无膛线的长枪，枪管口径大，用以发射霰弹或非致命性弹药，可以拥有单个或双个枪管。因为发射的弹药伤害面积大，火力强，适合近距离战斗

（2）投掷武器与冷兵器

在射击游戏中，不光有最核心的枪械，还有很多战术性或者娱乐性的辅助兵器，大体可以分为两类：投掷武器、冷兵器。

1）投掷武器

投掷武器就是需要人扔出去的武器，包括手雷、闪光弹、燃烧弹等，如下图所示，还包

刺激战场扔手雷

括一种特殊兵器——榴弹，通过挂在步枪中发射器里，可发射榴弹，这属于不需要用手扔的一种特殊的投掷武器。

投掷武器是一种战略性武器，在一些狭小地形或没有视野的地方，用于突击或试探性进攻或防守。

2）冷兵器

冷兵器主要是传统的刀、枪、棍、棒，有的游戏为了增强趣味性，还会有平底锅、棒球棍等，主要用于近距离肉搏。

（3）配件与防具

配件是提供给枪械的强化物品，比如瞄准镜、枪管、弹夹、枪托、枪把、消音器等。这些配件的提供，是为了给枪械提供更强的能力，如瞄准能力、稳定性等。通过枪械的改装，可以降低玩家对操控枪械的门槛，让枪更容易操控。

防具的设计是为了提高玩家的生存能力，防止死亡过快给玩家带来挫折感。一般防具分为头盔与防弹背心两种，也是依据现实中常见的防弹配置。

（4）药品与其他

药品的出现是生存类射击游戏的必备设计，比如《绝地求生》《Apex Legends》为了增强玩家的生存能力设计的药品，可以恢复玩家的生命值。

其他设计比如《战地》系列中的坦克、装甲车、飞机等，一方面是因为地图过大，用于节省玩家的跑路时间，另一方面是为了丰富游戏乐趣，提供不一样的杀人方式。

2. 人物动作

人物动作对于一款射击游戏来说是很重要的，毕竟这类型游戏是脱胎于动作类游戏的。所以人物动作是否流畅、完整是另一个核心要素。根据游戏的复杂程度，游戏动作可以划分为多种，通常来说，大部分射击游戏都应满足下面几种动作：

1）跟枪有关的动作：端枪、举枪、瞄准、射击动作。

2）跟投掷有关的动作：扔雷、扔东西。

3）行走：空手行走、拿武器（东西）行走。

4）奔跑：空手奔跑、拿武器奔跑。

5）爬行：空手爬行、拿武器爬行。

6）跳跃：大跳、小跳。

7）侧身：左右侧身。

8）蹲：半蹲、全蹲。

9）其他：游泳、骑车、驾驶等。

游戏中，对动作刻画的细腻程度，代表了游戏的仿真程度与细腻程度，光有动作也不行，动作与动作衔接还要顺畅、切换自如，才能在战斗过程中顺利进行进攻或防守。

3. 射击的特性

射击游戏中，射击的感觉是最难表现的，这也体现一个射击游戏好玩与不好玩。这也就是玩家们通常所说的"手感"。射击游戏中牵扯到大量的物理特性，所以很多射击游戏都会选择物理引擎。在游戏中被移植过来的物理特性有：

（1）后坐力

枪械发射时子弹壳同样受到火药气体的压力，从而推动枪机后坐，后坐的枪机撞击和枪托相连的机框，从而产生后坐力，因此理论上口径越大、撞击越猛、后坐越强，但是枪在设计时有缓冲机构，可以延长撞击时间从而减低后坐力，同时，高效的枪口制退器同样可以减小后坐力（原理类似火箭向后喷气）。所以，后坐力的大小虽然和口径有关，但枪械本身的结构设计影响更大。

在连续发射子弹的情况下，因为枪的威力，产生了一定的反作用力，这种作用力会导致玩家持枪不稳，造成射击精度不够。在游戏中，要保留这种特性，但是又不能太过于真实让玩家难以操作，所以会进行一定的弱化。

（2）瞄准

不论是 FPS 还是 TPS，主要的战斗流程如下图所示。

射击类游戏属于无锁定攻击模式，均需要玩家自行通过操作搜寻、锁定目标进而对目标进行攻击。在这个过程中，需要规范一个瞄准视角与射界。其中，瞄准视角是枪械或者武器的朝向（玩家能看到的一面）。射界分为水平射界（X°至 Y°）和高低射界（M°至 N°）。以射击游戏举例，以人为圆点，向瞄准视角引出两条带角度的延长线（水平射界），在这个延长线内移动瞄准视角，人物的身体是不会转动的，这就是射界。在射界范围内，是玩家瞄准和处理危机的最好活动范围，如果是背后被攻击，则需要转身以后，再寻找目标进行攻击，这给玩家增加了一定难度，如下图所示。

战斗流程

（3）弹道

子弹弹道分为内弹道与外弹道。我们这里只简单说明外弹道。外弹道主要是讨论弹头飞出枪口后，影响其飞行的各种因素。任何在地球上的物体都会受到地心引力的影响。弹头一出枪口，加速就停止了，引力会将弹头往地面拉。所以任何弹头的飞行路线都是弧形的。如果枪管与地面平行，弹头永远不会和枪管延长线的任何一点交会。所以，枪管都是微微朝上的。下图是一张 G3 步枪的弹道图，从图中可以直观地理解弹道的相关含义。

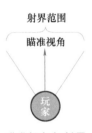

瞄准视角与射界

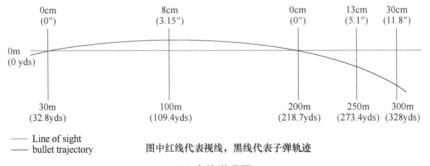

图中红线代表视线，黑线代表子弹轨迹

G3 步枪弹道图

如上图可以看出，在子弹射出后，距离越远，其子弹下坠的幅度越大，所以要打中远距离的目标就需要抬高枪口，增加射击角度，以命中目标，这也叫"归零点"。

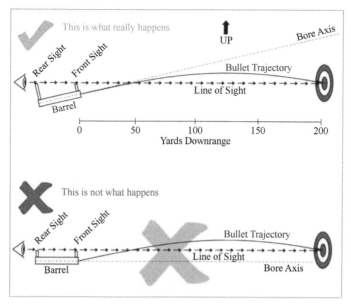

如何瞄准

四、FPS 游戏技战术浅析

当前的 FPS 游戏，主流的就是沙盒生存类 FPS（TPS）和封闭型回合战术类 FPS。目前在世界电子竞技比赛中最常见的是《CS：GO》，本书以此游戏为例简单讲述 FPS 游戏的战略战术。

1. 《CS：GO》的基础战术

《CS》比赛的基本规则就是采用 5V5 的形式进行对抗，选择的地图一般为埋放 C4 炸弹的地图。这种地图的获胜方式：一是恐怖分子放置 C4 并成功爆炸赢得胜利；二是反恐精英成功解除被放置的 C4 炸弹或全歼恐怖分子。

（1）ECO

在《CS》中，第一局都是手枪局，因为初始资金只能买基础的手枪和部分手雷以及烟雾弹类的投掷武器。如果手枪局没有赢，输的一方会出现经济上的弱势，这就是涉及要讲的 ECO 战术。

ECO 是英文 Economy 的缩写，中文译成"经济、节约"。我们平常在进行游戏时，很少注意到个人经济的状况，基本上有多少花多少。每个队伍中队员的经济情况必然不同，这也就导致彼此间武器装备不同。

这种情况下，在比赛过程中，肯定会有人员拖累队友，造成最终战局的失败。这种情况如果恶性循环下去，就可能连折数阵，因此，同步全队经济是解决这个问题的唯一方法，这样就有了 ECO 的战术。

ECO 战术，不是什么都不买。ECO 的根本目的是拉近团队整体的经济水平，另一个目的是把队伍整体的经济状况调整到一个均衡装备的水平。所以 ECO 分为个人和团队两个情况。在比赛中，个人需要时刻注意自己的经济与团队整体经济，如果你的经济优于团队经济，就可以考虑帮助经济弱的队友补充一些装备，这也是有时在比赛中发现队友间扔装备的情况；或是在队友购买了便宜的装备后，可以根据情况再将武器装备提升一个档次，增强自身的火力或辅助能力来帮助队友在下一局获得足够的经济，补充足够的装备。具体的情况，还需要在赛场上时刻关注，灵机应变。

（2）RUSH

RUSH 是比赛中比较常见的一种战术。不同于常规的进攻，RUSH 有一些极端，那就是所有人开局后以最快的速度到达离己方最近的一个点，进行埋伏。这一套战术使用匪徒的比较多，开局后，集体冲离自己出生点最近的埋包点，快速放置好炸弹，并埋伏袭击前来解除炸弹的警察。这种极端冲锋的好处就是可以快速到达位置，如果发现地图有防守人员，可以以绝对的优势和兵力，快速拿下对方，建立人员优势，同时放下炸弹，可以保证一种胜利方式。其他人则可以与敌人进行周旋，消耗对方时间，拖延到炸弹爆炸从而获得胜利。

这种战术相对极端，一般用在对方采用 ECO 战术的情况下，双方装备有一些悬殊，可以通过这种战术降低己方的损失，也是最容易得手的战术。

以上所讲的这两种战术，属于最基础也是最常碰到和使用的。这种类型的 FPS 游戏，主要讲究的是团队配合，这种配合要根据不同的比赛地图，分别采取不同的侧重点，因为每个地图都有不同的战术技巧。这些技巧包括枪械的选择、投掷类武器的选择以及队伍如何站位，手雷该怎么扔、烟雾弹该怎么扔等细节。

2. Dust Ⅱ 战术简析

《CS》的 Dust Ⅱ 地图可以称得上是 FPS 界最经典的一张地图，经历了 10 多年还是被顺利的保留到了现在。至今还是《CS：GO》比赛中的重要地图之一。这张地图可以算是非常平衡的地图了，不论作为匪徒（下文称 T）还是警察（下文称 CT）到达交火点的时间相差不多，而除了中路以外，在到达交火点前几乎没有互相偷袭的机会。因此这张地图是最能考验双方战术水平与个人技术水平（枪法）的一张地图，下面就来看一下 Dust Ⅱ 地图中交火位置、防守站位。

如下图所示，从 Dust Ⅱ 平面地图上可以看出 T 从出生点通往 A 点、B 点以及 CT 家的三个方向几乎一马平川，防守主要通过远距离攻击（如狙击），主路的几个连接点则主要由步枪或冲锋枪进行中、近距离作战。这张地图的主要交火点，基本分为 4 大部分，如下图所示。

1）A 路：CT 在站位上更有优势，两边都可以同时到达，但 T 需要走出门洞且出口略窄，在 CT 的人数优势及火力下，是比较难以攻破的，需要集合 T 的大部分主力，进行投掷封锁（烟雾弹、闪光弹），才有可能突破。

2）A 小道出口：这个位置离 CT 很近，可以快速到位进行卡点，具有点位优势。虽

《CS：GO》Dust Ⅱ 平面地图

然出口面积较大，但 CT 拥有较多的掩体，这些掩体可以很好地保护致命部位（头部），在枪战中略占上风，如下图所示。

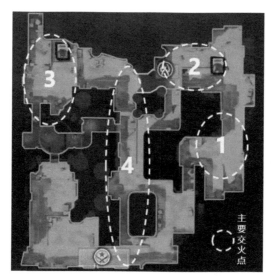

Dust Ⅱ主要交火点

A 门出口与 A 炸药包埋点

A 小道出口

3）B 洞出口：相对 A 洞出口，B 洞出口对 CT 的优势更大。在双方装备齐全的情况下，T 如果选择从 B 洞进行 RUSH，只要 CT 站位好，RUSH 战术将会成为 T 的殉葬之地。出口处的地形开阔，掩体众多，还有一个可以居高临下的狙击位，绝对是 RUSH 战术的噩梦，如下图所示。

B 洞出口

4）中路坡道：这里是狙击手的天堂，一次成功的狙击可以迅速建立起人数的优势。同时，一旦 T 成功攻出中门，就会将 A、B 两点的防守截断，如下图所示。

中路坡道

说完交战点，再来看看这张地图如何防守，主流的防守方式分为两种：

（1）防 A、B 两点的 3A-2B 阵型（见下图）

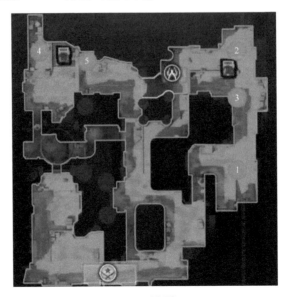

3A-2B 阵型

相对于 A、B 两点的出口，中路其实不太好防守，因此选择放弃中路防守，快速部署人员防守 A、B2 个炸点。但是，此举放弃了获得中路信息的能力，所以 A 点 3 名防守队员呈一字站位，1 号队员主防 A 门，2 号队员主防 A 小道，3 号队员作为策应，既要观察远端中路的情况，也要在 2 个防守点被进攻时快速进行火力支援或道具辅助。

B 区的两名队员，则采取守株待兔的策略，4 号队员卡 B 洞出口位置，5 号队员观察 B 门外。如果对方出现在中路，5 号立刻后撤，在 B 门口扔烟雾弹延缓 T 的进攻，并等待 A 处队员的支援，实现前后夹击。

（2）防御中路 2A-1 中-2B 阵型（见下图）

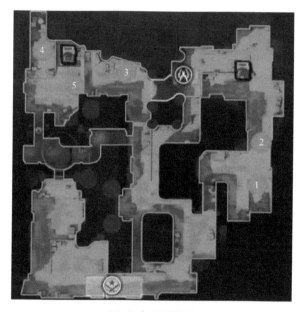

2A-1 中-2B 阵型

因为防守中路的难度颇高，因此该阵型对防守队员的补位能力有较高的要求。由于中路的 3 号位可以提供有效的信息，2 名 A 点队员可以放弃 A 小道，直接压至 A 门出口位置，得知 A 小道来人后再回防。

作为阵型的核心，中路 3 号队员就显得尤为重要，要保证自己不死，来了解 T 的动向，即便被对方压制，也不能盲目上去拼枪，而是退到 B 门外或 CT 家，以便 A 或 B 点被攻击时，可以快速补位。

B 区的 2 人较为灵活，除了 4 号队员保持对 B 洞的警戒，5 号队员可以灵活选择自己的位置。如果 B 区告急，则协助防守 B 点，如果中路压力较大，则在中路与队友形成 2 人配合。

以上就是对 Dust Ⅱ 经典地图的对枪位置以及防守站位的战术简析。

第六节　卡牌类游戏详解（Card Game）

一、卡牌类游戏的发展历史

卡牌游戏是人类历史上古老的游戏之一。不论现代社会如何发展，从被发明至今，卡牌类游戏一直未曾退出人类的游戏舞台，它可以实体物品出现在人们面前，也以数字化形式出现在电子产品的载体中。卡牌游戏发展至今，有不同流派，比如扑克牌、集换式卡牌、非集换式卡牌等。说起卡牌游戏的起源，虽然众说纷纭，但普遍接受的一种说法是卡牌游戏最早起源于我国唐代一种叫"叶子戏"的纸牌游戏。

在我国唐代中期，开始有了关于叶子戏的文字记载。唐人苏鹗在《同昌公主传》中对叶子戏有过详细的描述。唐代一名叫叶子青的人还撰写了一部叶子戏专著《叶子格》，详细记载了叶子戏的玩法，说明纸牌游戏在唐代已相当成熟，也足可见在当时叶子戏具有相当广泛的群众基础。

我国的叶子戏以天文历法为基准，牌分"以、像、四、时"4类，有40张牌，分为十万贯、万贯、索子、文钱4种花色，这与当代扑克牌的4种花色的概念是一样的。游戏玩法是依次抓牌，大可以捉小；牌未出时反扣为暗牌，不让他人看见；出叶子后一律仰放，由斗者从明牌中去推算未出之牌，以施竞技，和扑克牌的打法相似，如下图所示。

叶子戏

叶子戏大约在13世纪传入欧洲，经过数百年的演变，融合了中外各国的纸牌游戏，才逐渐形成了今天国际公认的纸牌模式——扑克。

还有一种纸牌不得不提，那就是"塔罗牌"。塔罗牌是一套源自公元前3世纪～14世纪中期发展形成的，集合了神话、星座、数字符号、象征学等严谨又复杂的占卜体系。早期欧洲的塔罗牌有法国塔罗牌（见下图）和意大利塔罗牌，塔罗牌虽有很强大的占卜和预测事

法国塔罗牌

物的能力，但在 10~17 世纪的很长一段时间内担任了纸牌游戏的功能。从 18 世纪后期开始，塔罗牌不再仅使用欧洲的民间解读方式，神秘主义者们把塔罗牌更加"科学化、规范化"，从原始民俗学形态的占卜进化为可以独自发展的一套理论的神秘学占卜，信奉塔罗牌的神秘学主义者认为塔罗牌是"平衡心理及精神地图的引路径、反映个人生活的镜子以及帮助人们去沉思的工具"。

另外，还有一种纸牌，也是当今世界上最流行的纸牌游戏，那就是"扑克牌"。扑克牌的起源还未明确，不过一般认为是由法国塔罗牌演变而成。早期，各国的扑克牌的张数是不一样的，比如意大利扑克牌是 22 张，德国是 32 张，西班牙是 40 张，法国是 52 张。

通常见到的 54 张的扑克牌是由 1392 年法国开始出现的 52 张扑克牌的模式外加大、小王发展而来，后来各国都逐渐统一为现今的 54 张。

随着电子信息技术、电脑硬件、互联网环境的发展，这些传统的纸牌逐渐出现在了电脑上，可以通过互联网与陌生人对战。现在国内最火的几个纸牌对战平台有 QQ 游戏、JJ 比赛等。这些平台有很多纸牌游戏比如"斗地主""拖拉机""德州扑克"等。

扑克牌花色

	红心	铃铛	栎果	绿叶
德国				

	红心	方块	梅花	黑桃
法国				

德国、法国扑克花色对比

在这些传统的纸牌游戏发展过程中，诞生了一批特殊的牌类游戏，我们可以分为集换式卡牌与非集换式卡牌两类。

第一类，集换式卡牌游戏（Trading Card Game），以下简称 TCG。TCG 和一般的卡牌游戏不同，玩家可以自由地或根据规则将卡片做变化组合，组合过的卡片组称为"牌组"。一般为 2 个人以上的对战游戏。原则上牌组属于个人所有，持有着相异的卡片或牌组在游戏时不能混合使用。一个种类的 TCG 通常存在有 100 种以上卡片，并且依其后所发售的卡片将使得规模变得更大。一般而言，将后来贩售的追加卡片组进牌组里，会变得更有利于游戏。为了提升玩家的强化意识也会定期举办比赛。因此玩家在新卡片发售后收集并使用这些卡片强化自己的牌组用以打败对手。

TCG 多半会对卡片设定不同的稀有度。游戏主干的基本效果卡其稀有度低，具有强力或复杂效果的卡片其稀有度高。

第二类，非集换式卡牌游戏。这一类游戏普遍都是传统的"桌游"，根据卡牌设计好的一套规则，每个玩家扮演不同的角色，根据抓到的牌或地图上显示的内容，进行游戏。这种卡牌游戏不需要玩家去搜集卡包组成自己的卡组，只需要有足够的玩家，就可以拿着设计好的一套卡牌，按照规则直接进行游戏。

大家最耳熟能详的非集换式卡牌游戏有：《三国杀》《UNO》《杀人游戏》《大富翁》等。

集换式卡牌最早都是以实物纸牌对战为主要方式。1993 年由美国数学家理察·加菲尔德（Richard Garfield）所设计，威世智公司贩售的《万智牌》被视为是这股潮流的先驱，比起桌上角色扮演游戏或模拟游戏，该游戏能够在短时间内结束，并且只要用心在准备与研究就能够变强，凭借这两点很快就成为了畅销游戏。并且威世智公司所设立的组织 DCI（Duelist's Convocation International）每年都会在不同的城市举办许多比赛，以鼓励对战好手投注心力、钻研技艺。组织最初名字为 DC（Duelist's Convocation），于 1993 年成立，在 1994 年

8 月 19 日正式开始举办 MTG 赛事，如下图所示。

万智牌比赛

　　1996 年 10 月，《精灵宝可梦》（见下图）TCG 诞生。这款 TCG 由 Media Factory 印刷，是官方正式的第一个关于《精灵宝可梦》的卡片游戏，并于 1999 年在北美上市。这款集换式卡牌游戏玩法未做太大改变，但品牌影响力大，在美国和日本尤为普及。

精灵宝可梦集换卡牌

　　1999 年，另一款划时代意义的 TCG《游戏王》（见下图）问世。这款卡牌游戏改编自高桥和希于 1996 年开始连载的《游戏王》漫画，并且相应的动漫和剧场版电影于 1998 年和 1999 年相继上映，也为《游戏王》积累了大量粉丝，甚至"游戏王"三个字承载了一代人的记忆。因此，当 1999 年同名 TCG 一推出，便受到了极大的欢迎，251 亿（2011 年数据）的全球销量更是创下当时吉尼斯纪录。

　　2005 年暴雪公司与 Upper Deck Entertainment 公司合作开发《魔兽世界》TCG，凭借魔兽网游积累的人气和该游戏对网游元素的高度还原，受到魔兽玩家的追捧。游戏中的卡牌能通过装备改变属性，刮刮卡则能开出魔兽网游中的稀有坐骑，玩法非常新颖。不过《魔兽世界》TCG 在 2013 年宣布停印,这成为玩家心中永恒的遗憾。

相较于国外的集换卡牌的创作质量与游戏形式,国内的 TCG 作品起步则晚一些,不过也有一些值得称道的作品。

2009 年,一款名为《三国智》(见下图)的游戏悄然而至。这是国内最早的三国题材 TCG 游戏,也是最早一批原创 TCG 游戏,游戏取材于我国汉晋年间百余年历史,严格按照《三国演义》中的故事,结合《三国志》史实及其他文史资料进行创作,数年来通过对历史文化内涵的深度挖掘,《三国智》游戏中采录的三国人物已达 700 余人,高度还原三国历史,在三国类游戏领域中处于领先地位。

游戏王卡牌

三国智卡牌

2013 年,暴雪娱乐开发的 TCG 游戏《炉石传说:魔兽英雄传》(见下图)发布,2014 年正式上线运营。我国大陆地区的独家运营由网易公司代理。游戏背景设定于暴雪的魔兽系

《炉石传说:魔兽英雄传》

列，核心规则脱胎于早年的《魔兽世界》卡牌，火爆的原因一方面是以魔兽系列的故事作为支撑，另一方面游戏中加入了职业概念，每个职业还拥有符合职业特性的技能。对战前，需要选择一个职业，然后再选择一套根据自己现有的卡牌组建的卡组。因此开战前英雄的选择、卡组的选择，就成为玩家间在对战前的第一次博弈，如果正好选择了可以克制对手的卡牌，那就是运气好了。

同年1月，国内乐动卓越公司发布了一款移动端的卡牌游戏《我叫MT Online》（见右图）。这款游戏的推出，标志着中国卡牌游戏的首次尝试。这款游戏改编自魔兽为背景故事的动漫《我叫MT》，将动漫人物变成各种卡牌，增加了闯关、卡牌收集、卡牌升级、职业和技能等多维体系。自动化的回合战斗给卡牌游戏带来了一种新的玩法，但是过分依赖数值优势忽略了策略优势，这可能也是这类游戏的遗憾了。

之后，国产卡牌游戏就在移动端扎根，并如雨后春笋般发展起来。2014年7月，又一个卡牌爆款产品《刀塔传奇》（见下图）（现更名为《小冰冰传奇》）上线。游

我叫 MT Online

戏依旧保留了卡牌收集、职业阵型搭配的特性，并创新性地将平面卡牌回合变为了横版实体化人物，赢得了多数玩家的青睐。但是这款游戏，依旧注重卡牌的数据提升而忽略了策略对战。

《刀塔传奇》

2016年1月，由芬兰游戏公司Supercell所制作的《部落冲突：皇室战争》（Clash Royale）发布，与其他卡牌游戏不同的是在本游戏中将卡牌的回合形式变为了同步（或异步）的MOBA形式，可以根据自身的卡牌牌组与对手出牌的结果，选择不同的策略，因此增加了很多互动性与及时性，一经发布就获得了不错的市场反响。在2018年5月14日，《部落冲突：皇室战争》（见下图）入选第18届亚洲运动会的电子竞技表演项目。

2016 年 6 月网易推出《阴阳师》手游，它将卡牌游戏变为了卡牌形式的 3D 回合 RPG 游戏。配合高质量的剧情配音以及二次元元素，迅速在二次元玩家里升温，成为了当年的爆款产品，与《王者荣耀》不相上下。这款游戏其实只是虚有卡牌的形，却没有卡牌的魂。严格意义上来说，这款游戏并不算卡牌游戏。

从质与量来讲，国产卡牌游戏的发展落后于国外卡牌游戏。但是随着互联网的发展、电子化程度的加深，也让卡牌游戏有了更加多元化的发展。丰富的玩法、方便的对战系统让玩家们可以轻松地决战于千里之外。因此卡牌游戏电子化是当前的主旋律。

二、游戏特征及机制

经过多年演变，卡牌游戏从桌面的实体游戏，逐渐演变为电子化的虚拟游戏，在这个变化过程中，电子化的虚拟卡牌游戏逐渐地将传统卡牌游戏中的一些特质省略掉了。那么，真正的一款卡牌游戏应该具备什么特征呢？

《部落冲突：皇室战争》

1. 规则与战场

卡牌游戏的基础是一套完整的比赛规则，这套规则在传统卡牌游戏中可能只有一套，但是卡牌游戏电子化以后，就变为了多套，这里称为"游戏模式"。比如《三国杀》（见下图）基础的规则是每个玩家都需要扮演一个角色（主公、反贼、内奸、忠臣），并且根据角色，可以形成一种暗联盟的关系，通过游戏过程中的行为去分析哪个是敌人、哪个是盟友；玩法也很简单，反贼杀主公与忠臣，主公与忠臣抵抗反贼和内奸的围攻，内奸需要把忠臣与

三国杀的战场

内奸都干掉，最后将主公杀死才能获得胜利。这套规则简单，同时将角色分清楚，可以让玩家在游戏前期就确定自身的位置，知道"我"该干什么，而跟谁一起干，则是游戏决策与分析的一环。

卡牌游戏特有的机制就是战场，即在什么地方玩。因为卡牌游戏的特殊性，它既适合线上也适合线下。如果是线下的实体卡牌，那么战场就是桌面；如果是电子化的虚拟卡牌，那么就一定有一个虚拟战场。战场在一定程度上决定了卡牌游戏的对战形式，比如《炉石传说》的对战形式就是一对一，《三国杀》的对战形式就是一对多战场。

战场的设定决定了玩家卡牌牌组的使用方式，像《三国杀》这种战场，则每个人只有一组卡牌，其策略就相对简单；像《昆特牌》（见下图）的战场每方有三排卡牌位，分为近战排、远程排和攻城排，作用各异的卡牌可依照其位置属性被分别放入三排中。因此可以看出，不同的战场设计决定了玩家所使用卡牌的数量、卡牌组的选择，这既增加了玩家的上手难度，也增加了游戏的策略与战术变化，增强了竞技性。

昆特牌的战场

2. 卡牌与卡牌规则

卡牌游戏的核心除了规则，当然是卡牌本身了。一张卡牌的设计，需要从卡牌整体结构设计与单张卡牌设计两个维度来分析。

（1）卡牌整体结构设计

卡牌整体结构的设计是很重要的，这类游戏的设计都应该是由总到分，先设计一套整体的框架，再逐渐丰满每个框架内的内容。这样的设计有助于卡牌的平衡控制并对单张卡牌的设计有一定的限制作用。

整套卡牌需要从大方向上进行设计，维度的多少决定着卡牌使用的难度，一般卡牌整体规划包含 4 个方面，如下表所示。

卡牌整体设计维度

维　　度	含　　义
阵营	将卡牌分成不同的阵营，每个阵营可以做不同维度的变化，或同盟，或敌对，或连横，可以增加无数次变化

（续）

维　度	含　义
卡牌等级	将卡片分成不同的等级，可让用户直观地感觉出每个卡片的价值。等级越高，能力越强大。通过高低搭配形成不同变化
稀有度	稀有度是一个卡牌产出的重要指标。越稀有的卡牌，能力越高，可以与卡牌等级挂钩。也可以将稀有度准变为卡牌组组合的核心，其他牌面都依据核心卡牌的能力进行搭配
卡牌类型	可以分为群攻型、肉盾型、法术型、控制型、技能消耗型等。变化多端的卡牌设计，不但可以让游戏更有趣，也可以增强玩家的收藏意愿和卡牌组合的数量

卡牌维度越多，使用起来难度越高，但是后期更新卡牌的扩展性越高。在确立卡牌框架后，就可以设计单张卡牌了。

（2）单张卡牌设计

对于卡牌游戏的游戏性而言，卡牌类游戏的趣味性和策略深度很大程度上都依赖牌池大小。牌池越大，越能丰富牌组的战术类型与机制，甚至可以通过牌组规划出一个完整的游戏世界观。机制数量增大，会带来更多的变化，所以可玩性也会更高。想要达到上述的效果，就需要将卡池充盈起来，但是卡牌的增多，如果不去划分类型，那么用户面对的可能是毫无章法的上百张牌。单这上百张牌，用户的理解成本就会呈几何倍增加，上手难度增加，就会给用户造成挫折感，导致玩家玩不下去。所以才要先对卡牌进行整体规划，将卡牌分类。类型规划好，玩家只需要记住每个分类的含义就可以很好地理解游戏内容，而不用记住每一张牌都是干什么的，以此来降低玩家的上手难度，如下图所示。

炉石传说单张卡牌的设计

3. 收集与交换

卡牌游戏的另一个精髓就是收集。因为最早的卡牌都是实体卡牌，需要跟对手在现实中碰面去对决，为了赢得胜利，就需要数量庞大的卡牌，从而选择其中几种对自己有利的卡牌组成卡组，面对不同对手时，有足够的应对策略。获得卡牌的途径基本分为以下两种：

（1）收集

虽然叫收集，但是根据不同的卡牌产出形式其收集方式也不尽相同。比如现在流行的收集方式是玩家可以购买官方销售的卡包，从卡包中随机获得一定数量的卡片。这一个玩法也是从实物卡牌的开卡包玩法延续至当今的电子化卡牌游戏中的。

另一种收集方法，严格来说，不属于经典卡牌游戏的方式，这种获得卡牌的方式是通过游戏机制，当玩家闯关或其他形式胜利时系统随机奖励给玩家的，这种方式更多的是存在于电子化卡牌类游戏中，并不属于传统卡牌游戏的收集方式。

（2）交换

除了以上方法以外，还可以从其他玩家手中购买或交换。通过这种交换的形式，还可以结交有相同爱好的朋友，也是因此这类游戏得到了很多玩家的喜爱。

4. 博弈

说到卡牌游戏，给人最直接的印象就是博弈。不论你是《万智牌》或是《炉石传说》的老玩家，又或者两者都没玩过，那么斗地主或者剪刀石头布也行（都可以抽象为一种卡牌游戏），我们就来用最简单的剪刀石头布来分析一下什么是卡牌游戏中的博弈。

如下图所示，剪刀石头布就是一个经典小游戏，为什么大家如此钟爱这个游戏来做判决呢？其实是觉得这个游戏"公平"。不论是一局决胜负，还是三局两胜，每一局的胜率都是50％。就算是输了，也觉得是自己运气不好。

剪刀石头布

但事实上，猜拳是一个典型的完全信息博弈。如果把猜拳游戏设计成卡牌游戏，那么这个游戏规则应该是这样的规则：两人对局，每人拥有石头、剪刀、布的卡牌各1张，同时打出1张卡牌，牌大+1分，牌小−1分，牌面相同为平局，平局不得分。牌面大小规则按：石头＞剪刀，剪刀＞布，布＞石头。

所谓完全信息，是指参与人的全部策略和收益是彼此知晓的。别看这规则简单，只有剪刀、石头、布三个元素，但是最后的结果却有9种（3×3）对局结果，并且其胜负结果双方都是一目了然的。这种游戏都有一种惯性思维，比如对手只喜欢出布，那你只需要直接出剪刀就行了。博弈论中把这种确定情况下的策略叫"纯策略"，而纯策略奏效的前提，正如上面的例子，是知晓对手策略并可进行有效针对的。

实际情况下，单次猜拳中，你并不知道你的对手选择的结果，或者即使你知道，也并不能确定对手一定会选择该策略出拳。上一次三局两胜的对决中，你发现他总是出"布"，但是这次如果采用一局定胜负，他还会出"布"吗？或者反过来，利用人的思维惯性坑你一把呢？

因此，纯策略在这次对决中失效了。通过这个例子我们可以确定任何确定的纯策略都不是用来猜拳的最佳策略。对于这种情况，我们应该知道，优势总是相对的，因此在实际卡牌设计中，会再增加一些不确定性进去，减少这种理论上的"最优策略"让其变为"混合策略"。比如，在对战中，我可以选择不适用任何进攻或防守的牌，反而选择一张辅助牌，例如可以获得一张额外的牌，但是这张牌是随机的，又或者这轮我本可以出牌，但是我选择跳过不出，进而达到扰乱对手策略的目的。

《炉石传说》中有 1726 张（截止到 2018 年数据）以上的牌，《游戏王》更是超过 8000 张，而玩家们在进行对战时，每个人用到的牌组可能也就几十张，在如此庞大的卡牌池中选择对战卡组，便是增加了博弈时的不确定性。这种复杂的博弈过程显然比只有 3 张牌的猜拳更有意思，当然它们的决策过程也更为复杂，这也是卡牌游戏的精髓与魅力所在。

三、卡牌类游戏解析

现在的卡牌游戏，经过市场的发展与玩法的扩展，逐渐分为以下三类卡牌游戏：

1）传统卡牌游戏：即保留了卡牌经典内容的游戏，如《万智牌》《游戏王》《炉石传说》。

2）新卡牌游戏：结合了即时策略、MOBA、传统卡牌精髓的游戏，如《皇室战争》。

3）伪卡牌游戏：披着卡牌形式外衣的角色扮演类移动氪金网游。

伪卡牌游戏不在我们的讨论范围之内，我们主要围绕前两种卡牌游戏对这两类游戏进行设计分析。

设计一款 TCG 游戏，需要从几个重要的角度来思考。

1. 确定核心机制

在做具体的设计工作之前，一定要先确定游戏的核心机制或者核心规则。确定规则之后再围绕核心规则进行创作。否则游戏将变得没有重点、规则混乱、玩家上手困难等。一般卡牌游戏的核心机制包含以下几个方面：

（1）胜利条件

核心机制的设计之一，就是胜利条件的设计。玩家进行游戏是以胜利为目标，而如何才能胜利是设计游戏的基础。胜利条件应该越简单越好，不要过于复杂，让玩家一眼就能看懂是最好的。以《炉石传说》为例，胜利条件很简单，只有一条：击杀敌人英雄即可获胜，即敌方英雄血量变为 0 即可获胜。

如果游戏拥有多种模式，那么可以根据游戏的模式来设计胜利的条件，比如，坚持××个回合获得胜利；再比如，必须使用××牌打败××获得胜利等。

（2）对战规则

实物卡牌游戏可能需要一张桌子、一个场地作为战场。在虚拟卡牌世界里，也需要这样一个地方。这个地方被称为"战场"。在战场中，需要设定类似于竞技比赛的基本规则，这些规则决定了战斗过程中的策略与战术。

1）对战人数：战场的设计首先要限定对战人数。多人对战与 1V1 对战，其战场的设计方式肯定是不同的。因此需要先确定战场对战的人数。如果需要根据不同模式设计不同的对战人数，那么战场还需要根据模式来设计。

2）排兵布阵：阵型的设计最终影响着卡牌池的大小以及用户组合卡组的方式。同时可派出的卡牌数量越多，难度越大，所需的卡池数量也越多。如《昆特牌》可以放置三排卡牌，而《炉石传说》只能放置一排，但是炉石传说也能理解为特殊的两排，因为英雄也是一个控制单位单独占一排，所出的牌也占据了一排。

3）卡牌的限制：卡牌的竞技重点应该公平。因此每个玩家的起点应该相同，游戏过程也应该相同。从卡牌上做出限制就是每个人的卡组都有一个相同的卡牌携带上限，并且在游戏过程中，每个人每个回合得到相同数量的卡牌。

4）对战流程：对战开始前需要确定先手，先手的确定方法可以有很多，比如扔骰子比点数大小、猜拳、猜硬币等方式。确认先手以后，为了平衡后手的一些劣势，可以进行一定的补偿，一般为起手牌数量的补偿，先手可能只有 3 张，而后手可能是 4 张。

5）费用：费用是用来控制出牌上限的。每次战斗，费用会根据回合数增加，每次出牌都要消耗一定数量的费用，如果所剩费用不满足卡牌出牌费用的要求，则无法再出牌。费用的设置也增强了战斗中的策略性，让玩家需要权衡利弊，决定出牌顺序。

2. 确定卡牌规划

核心规则确认完，那么就应该基于整个核心规则搭建卡牌体系。卡牌应该由总到分去搭建，搭建好基础框架后，就需要丰富卡牌内容。下面我们以《炉石传说》（以下简称"炉石"）为例说明卡牌的设计，如下图所示。

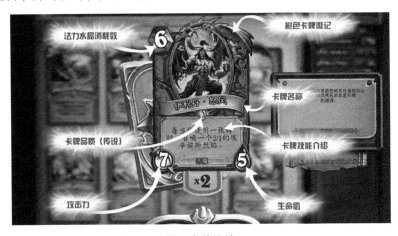

炉石卡牌设计

（1）普通卡牌

根据炉石的卡牌设计，可以总结出一张卡牌的主要涉及维度，如下表所示。

卡牌构成表

卡 牌 信 息	信 息 规 则
费用	在出牌时，需要耗费的能量（炉石中称为水晶）
卡牌徽记	代表了卡牌的等级
卡牌品质	分为：普通、稀有、史诗、传说 不同品质的卡牌会用不同的颜色区分，在卡牌中，会用对应颜色的宝石展示。卡牌的品质决定了卡牌的能力
卡牌分类	卡牌的属性大类划分，包含：随从卡、法术卡、武器卡、秘能卡
卡牌名称	卡牌的名字
卡牌形象	每个卡牌都是一个人物、道具或法术，这也是卡牌游戏的特色
卡牌技能介绍	卡牌自身的技能描述，表明使用后会发生什么，用于玩家了解卡牌能力
攻击力	攻击力代表了攻击能力，数值越高攻击能力越高
生命值	生命值代表了卡牌的生存能力，与攻击力相对应。生命值越高代表了生存能力越高

炉石的卡牌体系大致分为 8 个维度，这 8 个维度将一张卡牌的所有信息很精确的表达给了玩家，玩家只要理解这 8 个维度所代表的含义就可以完全读懂所有卡牌的使用方式。套路的形成，不光降低了开发难度，也降低了玩家的理解门槛，降低了操作难度。

（2）特殊卡牌

炉石中有一个特殊的卡牌，也是炉石中的主角——英雄。本书把英雄这个角色也当成了一张特殊的卡牌。它可以算作是整个炉石卡组组成的核心，一切都可以围绕英雄的能力创建不同特色的卡组。在炉石中，一共有九种职业，也映射了魔兽世界中的一些职业设定，每个职业都带有不同的能力与技能，如下表所示。

特殊卡牌——英雄一览表

英雄角色	角色描述
法师	火焰冲击能无视嘲讽对任意目标造成伤害。作为拥有秘能卡的英雄之一，吉安娜通过寒冰护体来保护自己，也能使用镜像实体来复制对手的随从。她拥有强大的 AOE 能力（指范围性作用技能），同时，她的火球术和炎爆术，更是极为强大的火力输出，而法师的招牌技能——变形术，也为吉安娜提供了控制对手的手段，往往能为战局带来更多变化和惊喜。 能力：火焰冲击（造成 1 点伤害）
猎人	英雄技能：稳固射击，能固定地对敌方英雄造成伤害，奥术射击、多重射击等法术卡也能带来可观的输出。作为奥秘卡的爆炸陷阱、冰冻陷阱等，经常能带来意想不到的收获。 能力：稳固射击（对敌方英雄造成 2 点伤害）
圣骑士	乌瑟尔能源源不断地召唤白银之手新兵加入战斗，并用骑士特有的各种祝福来强化他们。他能使用圣光为自己治疗，也能使用惩戒的力量来制裁邪恶，甚至复活已经阵亡的随从。 能力：白银新兵（召唤一个 1/1 的白银之手新兵）
战士	全副武装能每回合给自己叠加 2 个护甲，敌人需要更多的输出来打破它们。加尔鲁什能号令麾下的勇士冲锋，也能斩杀受伤的弱者，更能利用自己的盾牌来进行反击。 能力：全副武装（获得 2 点护甲值）
德鲁伊	变形术奠定了德鲁伊攻守兼备的优势，不仅能叠加护甲，还能每回合进行攻击。玛法里奥能使用自然的能量来治愈自己，也能召唤自然卫士来保卫他的领土。玛法里奥还能召唤他的恩师——塞纳留斯，与他并肩作战。 能力：变形术（本回合 +1 攻击力，+1 护甲值）
术士	古尔丹能通过生命分流来获得额外的手牌。同时，他与黑暗进行了交易，能从他人身上汲取生命来治疗自己。古尔丹也能支配各种各样的恶魔，小鬼、魅魔、虚空行者，甚至可怕的地狱火都是被他支配的随从。 能力：生命分流（抽一张牌并受到 2 点伤害）
萨满祭司	萨尔有四种功能各异的图腾，有些能给对手带来麻烦，有些则能给自身带来增益。他是所有英雄中唯一拥有"过载"天赋的英雄——带有过载效果的卡牌往往能以极低的耗费带来可观的收益，但相应的下一回合却将受到惩罚。这决定了萨满能在一回合能打出伤害可观的爆发，加上风怒、火舌图腾、嗜血等萨满招牌技能。 能力：召唤图腾（随机召唤一个图腾）

（续）

英雄角色	角色描述
牧师	安度因的治疗能力十分强大，可以很好地保护自己和随从。他能使用真言术、盾等卡牌来提高随从的生命上限，也能用群体驱散来沉默对手所有的随从，甚至能使用神圣新星来同时达到群体治疗和 AOE 的效果。 能力：次级治疗术（恢复 2 点生命值）
潜行者	瓦莉拉•萨古纳尔是一名出色的潜行者，匕首精通配合她的毒药，能让武器伤害变得异常恐怖。瓦莉拉的战斗以快节奏著称，众多低耗费的卡牌让她习惯于速战速决。而潜行者所独具的特色——连击，更可以为她带来强大的爆发和意想不到的收获。 连击：在使用带有连击效果的卡牌前已经使用过其他卡牌（任何类型，例如法术、武器、随从等），那么就会触发连击效果。 能力：匕首精通（装备一把 1/2 的匕首）

上述炉石的 9 位英雄都有鲜明的职业特色与能力。这几位英雄的设计也在卡牌的体系之中。围绕各个英雄的能力去搭建自己的牌组，往往可以得到事半功倍的效果。英雄的选择也增加了玩家的博弈维度，如果选择的英雄与牌组正好被某一个英雄与牌组克制，只能说自己运气不好。

3. 兼顾平衡性

卡牌游戏是对平衡性要求很高的一个游戏类型。因为其卡牌数量众多，比 MOBA 类游戏中的英雄多出很多倍，且每次所携带的卡牌数量又较多。如果不能保证其平衡，那在战斗中简直是一场灾难。

卡牌游戏的平衡性可以从三个大的方面来控制：

第一个方面，卡牌的基数。卡牌的基数越大，卡牌形成牌组的样式就越多，样式越多对于卡牌的设计者来说，平衡控制也就越容易。如果牌的基数少，在调整平衡时就不太容易，如果统一一刀切效果可能不明显，如果单独对一张牌进行削弱，可能会适得其反。所以保证足够的卡牌基数，可能对调整卡牌整体的平衡性更有益。

第二个方面，单卡的能力。在组成牌组前，都是一张张单独的牌，它们之间是没有任何关联性的，但是每一张卡牌的能力却可以做的异常强大。所以要在设计单张卡牌时，限制能力强大卡牌的数量，可从获得方式中限制，也可在组成牌组时限制。比如能力强的牌不能同时出现又或者能力强的牌使用条件非常苛刻等。另外，还需要限制某些特定组合的牌在战斗时可以使用出连续的 COMBO（指"连击"）。

第三个方面，换牌。指在推出新卡牌的时候，酌情将旧牌退出，用这种动态方式对卡牌进行平衡。当然，这种平衡方式的坏处就是玩家会受到比较大的影响，需要每个版本更新时，重新梳理卡牌套路，增加了玩家的理解成本。所以此方法不太常用于虚拟的电子化 TCG 游戏中。

无论使用哪种方式去平衡卡牌直接的关系，都应该注意这方面的设计。如果出现过分强横的卡牌影响到整体的平衡性，对玩家的游戏体验来讲是毁灭性的，也会对开发者造成不利影响，甚至影响游戏的寿命。

四、卡牌游戏技战术浅析

卡牌类游戏的技战术分析，不使用传统 TCG 卡牌进行分解。因为传统 TCG 卡牌，通过文字描述很难去让人理解明白，因此，此处采用当前很流行的移动端卡牌 MOBA 游戏《皇室战争》来简单分析一下移动端 MOBA 卡牌对战游戏的竞技战术。

在进行战术分析前，需要先了解一下《皇室战争》的游戏机制。皇室战争的游戏核心就是 1V1 或 2V2 的对战，但是不同于传统 TCG 游戏，游戏中加入了 MOBA 的元素，将战场变成了及时反馈的策略卡牌游戏，对战中，玩家将携带的牌组放入作战地图，通过与对方厮杀，将敌方家的防御塔与城堡打破，即可赢得最后的胜利，如右图所示。

皇室战争对战地图

地图是竖着的拥有两条对称的通路，每路有一个防御塔，塔后是城堡，最后把城堡打破即可赢得胜利。赢得胜利会得到奖励分数，根据得分划分段位，新手分三个阶段：0～600、600～1000、1000～1600，对手也会在这个分数段内匹配到，尽可能做到实力上的相对平衡。

每个玩家还是需要自己去搭配自己的牌组，《皇室战争》的卡牌体系中，牌池数量大概 59 张左右，但是每张牌的纵向深度，还是很深的。根据玩家等级的提升，可以解锁不同等级的竞技场。每提升一阶训练场，就可以解锁更多数量的卡牌，可以通过收集得到。如果训练场等阶不足，也无法得到更高级别的卡牌。通过收集卡牌进行同类型卡牌的升级，卡牌的等级决定了这个卡牌能力的高低。卡牌也分为不同的类型，如下表所示：

卡牌类型与品质表

卡牌属性	卡牌属性说明
卡牌名称	卡牌的名字
卡牌形象	头像与实体
卡牌费用	卡牌投入战场所耗费的能量
卡牌等级	卡牌当前的等级，等级越高表明该卡牌属性越高
卡牌属性	攻击力、移动速度、攻击速度、射程等
卡牌品质	普通卡（白色）、稀有卡（橙色）、史诗卡（紫色）、传奇卡（彩色）
卡牌类型	兵种：用于进攻
	建筑：使用后，召唤出一个防守的炮塔或者出兵的兵营等
	法术：每次使用后会召唤出一种法术，比如火球

需要特殊说明的是，游戏中的兵种对于攻击的位置进行了区分，分为对地、对空、地空三种。也就是说，在使用卡牌时，不光要考虑卡牌的费用，还要考虑卡牌能攻击的目标是对地、对空、还是地空皆可。这又给玩家提高了要求，要熟悉每个兵种的特点，才能更好地对卡牌进行搭配组合，在战斗中才能针对局面做出正确的应对。

对于游戏有了基本的了解，那么就来看一下这款游戏的几种组牌思路。

1. 初级组合——推进流

刚进入游戏时，手里很难有强力的卡牌，再加上对卡牌的了解有限，所以一套容易成型的卡牌组且等级要求低就成为了设计的首选。要介绍的这套卡牌，没有什么高品质卡牌的需求，在初入游戏后即可快速集齐，形成战斗力，如下图所示。

核心卡牌：巨人 + 火枪手

可替换卡牌：因为本套卡组基本以白卡为主，仅有的两张橙卡也是在新手训练营即可解锁的，所以整套卡组很容易收集到。若要说替换，只能是换成更优秀的高阶卡牌，例如，骑士可以换成有 AOE 伤害的女武神（1 阶解锁），弓箭手/投矛手可以用亡灵（2 阶解锁）替代，2 费哥布林也可以用 1 费小骷髅（2阶解锁）来替代。

牌组用卡

游戏对战思路：因为每次对战时，起手的牌顺序是不同的，所以要先看起手牌，有巨人或者火枪的话，都可以暂时不用，一方面可以继续储存费用，另一方面也可以观察敌方动态。等优先放巨人过河道，看情况下后排兵种。火枪不能单独过河，如果手上牌暂时没刷出巨人，可以先用骑士在火枪前面挡一下，如下图所示。

火枪和炸弹兵是后排的输出主力，这两张卡牌本身也是十分优秀的单卡，不论高阶还是低阶使用率都非常高，尤其是火枪手可以作为前期的核心卡牌进行培养。优先升级火枪可以确保不会被高一级的火球直接带走。

前期实在没有合适的牌，可以直接在河道口下投矛手，投矛手的高移速和不俗的伤害可以打掉不少血，弓箭手也可以沉底兵分两路，随时观察敌方动态，根据敌方的反映随机应变，选择防守最薄弱的一路进攻即可。

战斗操作思路

应对其他牌组的策略：低阶环境中，骷髅军团这种人海流还是比较常见的，所以手里的箭雨一定要随时捏好。如果手上没箭雨，碰到人海可以下个骷髅兵缓解一下。注意骷髅兵不能直接放置在人海中，否则其低血量很快会被解掉，应该放在肉盾后或者公主塔后，人海冲上来一波消灭一波。

不论在高阶还是低阶，巨人女巫流都是使用频率较高的一套卡组，针对这种打法，主要还是以防守反攻为主，巨人用火枪配合哥布林来解，后排的女巫可以先下个 3 费的骑士吸引火力，骑士后面跟炸弹兵对女巫及其召唤的小骷髅进行范围伤害。

低阶的王子也比较常见，冲锋时的双倍伤害要是戳塔上会很伤，可以在两个公主塔之间放哥布林/骷髅兵这种小兵种把王子引过来挡掉双倍伤害，可以视情况，塔后下个弓箭手进行辅助，解决掉王子后，前置个肉盾，就可以打一波漂亮的防守反击。

飞龙宝宝拥有足够肉的血量、不算慢的速度以及可观的 AOE 伤害，加之前期解锁的对空卡牌很少，所以飞龙宝宝在低阶还是很难缠的。

这套卡组中弓箭手和投矛手是应对飞龙宝宝的主力，注意不要和飞龙正面打，而是应该等飞龙锁定肉盾（巨人、骑士等）或者直接对公主塔进攻时，再下兵攻击飞龙。若是下兵太早，引到飞龙的注意力，飞龙喷次火基本就全灭了。

2. 初级牌组——平民万金油卡组

这套牌组并不是在初期就可以快速集齐的一套低品质牌组，需要在游戏中进行一段时间后进行收集，当然这套卡组不需要充值（氪金），通过一定时间肯定是可以在 1 阶内收集齐的，因此被叫作平民卡组，再加上这套卡组相对来说比较平衡，可以应对绝大部分对战情况，所以赋予了万金油的名字，如下图所示。

核心卡牌：巨人、迷你皮卡、火枪

组牌思路：肉盾（巨人）、清场掩护（箭雨）、群攻（AOE）、单体攻击、防控

可替换卡牌：这套卡牌的组牌思路很明确，所以可以根据手里卡牌的情况，调换成拥有相同能力或近似能力的卡牌即可。比如，AOE 的炸弹兵可以换成女武神、女巫、法师，单体的小皮卡换成王子，防控由火枪手换成弓箭手等。

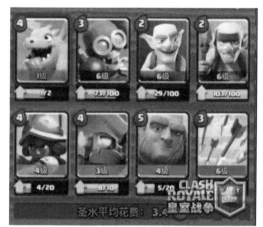

平民万金油牌组

（1）对战操作思路：

1）主要进攻方式：依靠沉底的巨人做大哥，在大哥上桥时，AOE、单体紧随其后做掩护。这也是所有肉盾（巨人、皮卡超人、石头人）套路的基本打法。

2）次要进攻方式：飞龙宝宝沉底放牌，快过河时，跟进哥布林、王子、皮卡、火枪的其中之一。大波兵力跟进巨人，王子伺机偷袭另一路。

（2）应对其他牌组策略：

在部队过河以后，需要注意自己的后排部队。如果对方使用亡灵、哥布林之类的，则只要己方后排火力足够，都可以轻松解决。

其次，手中的箭雨不要轻易放出，如果对方使用了骷髅海、亡灵群时，可通过箭雨清场。己方的飞龙与 AOE 单位，释放时要有一定距离防止对面围殴。

如果对手也拥有小皮卡、王子、瓦基里，在第一次进攻到敌人家里，一般会放下皮卡、王子进行防守。那么第二波进攻时，可以在后排放下哥布林。

如果你遇到的是瓦基里、飞龙宝宝、骷髅巨人等，那么证明你这波进攻基本就废了，只能靠最后的巨人磨对方防御塔的血量了，此时不宜再投入新兵力进攻，而是保留足够的费用，进行防守，再看情况，派出自己的王子或皮卡去试试偷袭对方另一路的防御塔。

以上介绍了两种游戏初期可以使用的牌组，也介绍了组牌思路。这个游戏在初期时并不是很难，只需要靠时间积累卡牌即可，不需要其他额外花费。只要初期的兵种组合、游戏操作到位，那么可以在初期的很长一段时间内，给你带来意想不到的结果。

第七章
中国电子竞技的发展趋势

第一节　电竞行业的市场规模

我国电子竞技行业从 1998 年算起至今已走过了 20 余个春秋，这 20 余年的发展可以用步履蹒跚、跌跌撞撞来形容。好在，电竞人一直保持希望，不曾放弃，在社会舆论与政策夹缝中顽强地拼搏。2017 年迎来了我国电子竞技的新起点，2018 年随着电子竞技成为雅加达亚运会的表演项目，我国收获多金开始，iG 战队获得英雄联盟 S8 全球总决赛冠军，过去的一段时间内发生了诸多令整个业界欢腾的事件。这些重大时刻的诞生，提升了社会整体对于电子竞技的正面认知。政策的助推，也加速了电子竞技崛起之路。

根据游戏行业分析公司 NewZoo 发布的一份最新报告显示，全球电子竞技市场收入首次超过十亿美元。2019 年的收入已达到 11 亿美元，同比增长 26.7%，其中约 82%（8.972 亿）的收入来自媒体版权、广告和赞助。最赚钱的个人电子竞技收入来源于赞助，2019 年产生约 4.567 亿美元。而增长最快的电子竞技收入来源是媒体版权。令人值得欣喜的是，全球电子竞技观众 2019 年已增长到 4.538 亿，同比增长 15%。

我国电竞市场，随着 2018 年版号的限制，移动竞技游戏的增速放缓，PC 端竞技游戏出现瓶颈。我国未来的电竞市场增速应该以电竞生态市场（内容产出、媒体直播版权、赛事广告赞助等）为主，并且赛事的商业化进程将会进一步提升电竞生态扩张，为行业增速提供持久续航。

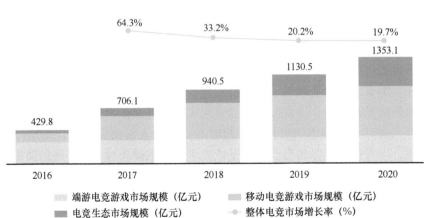

2016~2020年中国电竞整体市场规模

2019 年中国电子竞技行业研究报告

我国游戏市场一直呈现高速增长状态，其中电竞生态市场规模增长迅速。从电竞市场的整体变化来看，电竞游戏收入仍然为当前我国电竞市场的主要收入来源。尽管如此，我国电竞生态市场的收益占比仍在持续提高，预计在 2020 年我国电竞生态将占据 28.7% 的电竞市场份额。

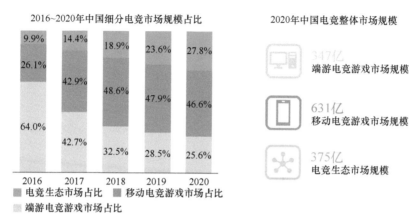

中国电竞市场规模

我国电子竞技用户，在 2015 年以后持续走高，截止到 2018 年已达到 4.28 亿的规模，同比增长 17.5%。但整体增长率由于 2018 年至 2019 年期间版号停滞的原因，新的爆款竞技游戏产品迟迟不曾出现，导致电子竞技用户增速骤缓。同时，电子竞技游戏用户也在逐步转变为电子竞技赛事观众。

2016 ~ 2020 年中国电竞用户规模

在这些电子竞技用户中，依旧是以男性用户为主，但是得益于移动端游戏的兴盛，女性游戏用户占比也得到了提升。我国电竞游戏用户的学历分布以本科学历为主，占比达到36.2%。电竞工作用户中普通员工用户的占比为 21.4%，如下图所示。

本科学历的用户占比增加，一方面可能是本科在校学生的贡献，另一方面也是我国教育事业的进步。在工作分布中，更多的还是各类企业普通员工，作为游戏进行消遣或将电竞当作普通的一场体育比赛来欣赏，尤其是对自己也玩的游戏，可能会更关注一些。

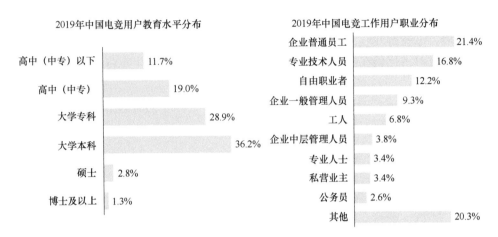

电竞用户学历及职业分布

随着国民整体收入水平的提升，也促进了国人的消费热情，在 2019 年我国电竞用户中个人月收入在 3000 元以上的的占比较高，达到 45.3%；个人月消费在 1000 ~ 3000 元的占比最高，达到 54.1%。相信随着后期产业的完善发展、用户的增多以及个人收入的再提升，用户的付费意愿及付费金额也会持续上升。

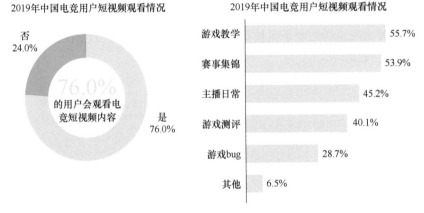

用户观看电竞视频情况

自从互联网直播行业兴起以后，在媒体领域，直播为电竞的发展提供良好的传播土壤，在电视媒体中不能播放的电竞赛事直播得以转移至互联网中进行实时直播，加上移动互联网、智能手机的高速发展，用户获取比赛实况的门槛进一步降低，再配合主播互动性极强的解说、实时弹幕的玩家互动，让电竞直播得到了更为广泛的关注。在全国电竞用户中有 76% 的人会观看电竞视频。电竞用户看视频，主要是用于游戏内容的学、赛事集锦以及主播日常。

根据这些分析数据可以得出，我国的电子竞技产业自英雄联盟 S8 中国队夺冠之后，逐渐被社会主流价值所认可。尤其在雅加达亚运会中作为表演项目，中国队夺得 2 金 1 银的好成绩后，给我国电竞行业的发展带来了一剂强心针。国内各大类型的头部厂商，持续对我国电竞产业进行完善，逐步形成了以"内容授权""赛事内容""内容提供""内容传播"四项核心产业为主的电竞产业链，如下图所示。

中国电竞产业链图谱

在移动电竞游戏及移动互联网、智能手机不断发展的背景下,移动游戏的门槛会降低很多,女性玩家的占比也会逐年上升,移动电竞将成为下一个增长点。当前占比颇多的线上直播用户,可能会跟传统体育竞赛一样,不再局限于线上的赛事直播,逐步转入线下赛场,身临其境的去体会电子竞技的魅力。

第二节　电子竞技行业的特点与发展方向

一、电子竞技行业的特点

我国电子竞技经过多年步履蹒跚地发展,已经逐渐步入正轨。与传统体育赛事相比,电子竞技的产业模式更加多元化,主要特点有以下几点:

1. 受场地局限性小

电子竞技与传统体育赛事最大的一个区别就是对比赛场地的依赖性。众所周知,越具备大型商业化模式的体育赛事,所需要的场地也越大,比如足球、篮球。这些运动都需要在线下的大型体育馆中进行,不光如此,这些运动都不是一个人可以玩起来的,需要多人进行配合,小到篮球的三人、五人赛制,大到足球的十一人赛制。

而电子竞技完全不用担心这些问题,只要拥有网络并拥有一台电脑或者一台手机,就可以随时随地进行游戏,有效地规避了场地限制的问题。作为现在主流的网络游戏和网络竞技游戏而言,通过互联网打破人员的限制,只需要游戏在线,全国各地的玩家都可以通过匹配来进行一场比赛,从此人数难凑齐的问题就不再是一个问题了。随着移动设备的进一步普及与硬件性能的提升,电子游戏的运行门槛也越来越低,接触游戏的用户年龄层次也越来越低,所以未来电子游戏用户、竞技游戏用户的上升空间也是巨大的。

未来,伴随着5G网络的建设与5G移动设备的诞生与普及,相信在未来5至10年内,移动网络游戏和移动竞技游戏,将会得到全新的发展。

2. 项目变化快

相比于传统体育赛事，电子竞技的项目变化非常快。一个成型的传统体育项目在基本规则定型的情况下，可以运行几十年，是真正的"铁打的运动项目，流水的运动员"。在如此长时间周期的赛事运营中，也只是针对部分规则进行调整，整体的规则是不变的。

而对于电子竞技来说，只对竞技游戏的类型做了区分，从最早的 RTS、FPS、SPG 再到现如今最流行的 MOBA 的加入，让那些不再辉煌的游戏类型与游戏彻底淡出了竞赛序列。电竞游戏的类型及繁多的游戏一直在淘汰与扩充中演变着。

游戏类型虽然有了定性，但每种类型中又拥有很多不同的游戏，比如 RTS，即有《星际争霸》这种操作大开大合的战略游戏，又有《魔兽争霸》这种操作更细腻、更注重独立单位操作的战略游戏，这两种游戏的风格完全不同，但都属于同一种游戏类型，这种不同定位的游戏，也让运动员有了更多选择，甚至给运动员提供了转型的可能。这种事放在传统体育中几乎不可能，你应该没有在现实中看到一个足球职业运动员，转型成为一个职业篮球运动员的。

早期的游戏迭代周期较慢，是因为当年的游戏开发速度与迭代没有形成工业化生产方式，所以可以让游戏寿命变得比现在更长。随着游戏技术的进步、生产方式的革新和整体硬件性能的提升以及生产商的逐年增加，游戏得到了全方位的发展，产出了更多的游戏，老游戏逐渐被新游戏所替代，渐渐退出了主流比赛的行列。在如此庞大的游戏产品供给下，总会诞生出几款优秀的适用于电竞赛事的产品。因此将早期电竞游戏的产品寿命从 10 年缩短到了现在的 5 年左右。而有些运动员，也因为无法适应新游戏的节奏，提早的结束了自己的运动员生涯，被迫转型。

3. 运动员职业生涯较短

相较于传统体育项目，电竞项目的运动员职业生涯比较短，主要源于培训体系与选拔机制不同造成的。我们来看一下两种体育竞技的选手选拔与培养机制有何不同。

（1）传统体育选手选拔及培养体系

传统体育项目的运动员培养，有相对完整的培养体系。家长可直接将孩子送入体校或报名某些体育特训班进行学习，此时孩子的年龄通常在 5、6 岁。正是孩子学习能力、可塑性最强的一个阶段，此时接受正规的职业化训练最容易出成绩，成绩的提升效果也较为明显。

其次，在小学、中学、大学，都有针对体育特长的学生进行专业培养的机制以及较为完善的比赛设置，如：区级比赛、市级比赛和全国比赛。通过比赛，可以有机会从业余选手晋升为职业选手。之后通过各个职业队的专业训练及比赛，有机会被选拔进入国家队，在世界赛场上驰骋。传统体育项目，一般都是以体能或对抗的项目（如足球、田径）为主，因此容易在训练或比赛中受到一定程度的身体损伤，很多运动员因为伤病等其他原因提前退役，但是因为参与此项活动的人口基数较为庞大，从概率上讲总能发现有天赋的运动员，也经常能够出现成绩惊艳的人才。

传统体育项目的职业运动员，一般从 15 岁可以参与到大型赛事，在 20 到 30 岁时是获得成绩最多、提升期最明显的时候。而到了 30 岁以后，因为常年的训练与伤病，可能导致身体状态呈下降趋势，但只要没有严重的身体问题，有的项目可以将整个职业生涯延长至 40 岁。

（2）电子竞技选手选拔及培养体系

电子竞技作为新兴体育产业，虽然也有了 20 余年的历史，但也只是处于初级阶段，虽然从 2018 年开始我国的电竞队伍得到了不少国际赛事的冠军，呈井喷式发展。但是相较于传统体育选手的选拔与培养还处于建设与摸索阶段，没有形成有效的选拔体系、晋升体系与队员退役的相关流程。

电子竞技项目不同于传统体育项目的高体能、强身体对抗。只需要每个人拥有一台电脑或手机这样的电子设备，就可以进行比赛，减少了身体直接的碰撞，因此不需要对队员的身体素质进行特殊的锻炼，但电竞项目属于高脑力型运动，对选手的反应能力、计算能力、协调能力、领导能力（感知力、多信息处理能力）都有较高的要求，并且也需要"天赋"。

国内的电竞选手选拔与传统体育项目不同，没有"体校"这类专业的地方进行早期的训练，也较少有学校开设电竞专业进行教育，只能通过玩家自己去玩游戏、参加比赛来得到各大俱乐部的关注，而能被选中的人，最小的也要15岁左右。因此运动员的起点，要比传统体育项目晚约10年。

电子竞技出成绩的时间段正好处在15岁至25岁，天赋好的选手18、19岁就可以得到世界赛事的冠军；而有的无论怎么努力可能也无法达到巅峰。再者，电竞游戏产品的迭代速度较快、每个俱乐部对于同一电竞游戏设置的队伍数量不会太多，导致很多选手经常作为预备队员存在，无法参与到真正的大赛中，因此淘汰率相当高。

选手在28岁以后，反射神经相较于年轻选手会出现一定下滑，对于需要高反应能力、高协调能力的项目掌控性出现状态下降（也就是常说的手跟不上脑子的反应），因此对于很多单人项目的选手在无法打出好成绩的情况下，都会被迫退役或转行。这也使得电子竞技运动员淘汰速度很快，职业生涯寿命较短。

4. 各大赛事由统一向独立转变

最早的世界级电子竞技赛事就要数 WCG（World Cyber Games，世界电子竞技大赛）、ESWC（Electronic Sport World Cup，电子竞技世界杯）、CPL（Cyberathlete Professional League，职业电子竞技联盟）了。这三项世界级赛事中融合了多个游戏竞赛项目，如《CS》《星际争霸》《魔兽争霸》等，俨然成为当时游戏界的"奥运会"。可惜的是 WCG 在持续了13年后，由于种种原因选择了停办，至今只剩下 ESWC 与 CPL 双雄并立。

俗话说"分久必合，合久必分"。在经过三大世界赛事的三足鼎立后，随着各大游戏公司开发出更具时代性的产品后，不再满足于将赛事完全委托给 ESWC 和 CPL 这种赛事举办方。更愿意从营销的角度，自己运营赛事。因此各大主要游戏厂商都纷纷开发以自己的主打游戏为主题的竞技赛事，比如《DotA 2》的 TI 大赛、腾讯组织的 LPL 英雄联盟大赛，第一方赛事逐渐盛行。

游戏厂商自己运营赛事，虽然成本提高了，但可以更好地根据每届的赛事情况对游戏平衡性进行调整与控制，可以给玩家带来更好的体验与更公平的比赛机制。

二、电子竞技行业的发展方向

国内的电子竞技行业从2017年进入成长期，2018年进入爆发期并逐渐形成较为完整的产业链。电子竞技的发展不只是从业人员和产业内相关人员思考的问题，也是整个社会需要关心的问题。

电子竞技行业未来的发展方向应该向专业化和市场化演变。电子竞技用户的稳定增长，大量移动电子竞技游戏带来的移动电子竞技用户，都为传统的 PC 电竞带来了新的繁荣与变化。电子竞技的移动化、赛事直播网络化、赛事曝光度的提升，使得电子竞技普及度越来越高，人们的接受程度也越来越高，电子竞技逐渐从"竞技"属性，逐渐过渡到"娱乐竞技"，这将进一步加强游戏的娱乐性与互动性。电子竞技未来可能的发展方向大致有以下几个方面。

1. 电竞赛事主场化

目前我国电竞产业已经完成产业链的初步布局，对于当前的赛事来说，赛事主场化将会成为下一个产业调整的重点。

过去的赛事主要以赛事举办者为主，分散在全国的俱乐部因为某一项赛事的举办，全部千里迢迢跑到这个城市去比赛。而电竞主场化，就是将原本集中在一所城市中举办的比赛，通过俱乐部所在城市而建立主场馆，组成与足球、篮球类似的主客场比赛机制，将比赛分散到各个城市去。

电竞赛事主场化的好处是能有效地拉动整体行业增长与相关产业增长，比如当地建设场馆或租用大型体育馆作为主场馆，可以增加场地利用率，为地产行业添砖加瓦。并且可以有效地提升本地用户对电竞游戏与内容的黏性等诸多正面作用。目前，《英雄联盟》已经率先开启了主场化运作模式。

俱乐部集中在主要城市参赛　　　　俱乐部在各个城市进行主客场对战

🏢 赛事举办城市　　　🚩 参赛俱乐部

传统电竞赛事与主客场电竞赛事对比

2. 游戏企业主办赛事成为主流

最早的电竞赛事都是由第三方来组织、举办综合电竞比赛的活动，包括了竞技项目设定、比赛规则设定、赛事宣传、赛事管理等内容。但从近年开始，游戏企业主办竞技赛事开始逐步占据电竞赛事筹办的主要部分。

游戏企业主办电竞赛事的好处是游戏企业具备一定的专业性。游戏企业对于相关游戏更加了解，能更好地完善游戏相关赛事，打造更出色的游戏职业联赛，提升对电竞俱乐部的吸引力。同时，游戏企业能够以赛事推

竞技赛事场馆全景

广游戏，加强赛事与游戏的互通，将赛事针对性地触及不同用户群体，更好地推进现阶段赛事商业化的问题。

3. 电竞商业化程度逐步加深

电子竞技产业化的不断发展与成熟，带动了上、中、下游整体产业链的变化。

下游产业链：主要以赛事场馆的运营、线下的冠名广告、赛事门票收入、电竞赛事硬件设备、媒体宣传为主。

中游产业链：电竞俱乐部的商业化运作、队员招募与训练、赞助商、广告等。电子竞技产业的蓬勃发展，自然吸引了大批资本的目光，如下图所示。不同背景的资本注入电竞俱乐部，使得俱乐部获得了不同资源，也带动了他们在内容上的升级与转变。而相关赛事也通过各个俱乐部与各大品牌产生了直接联系，吸引更多商业资源与资本有效融合，为俱乐部得以更好地运营提供了先决条件。

各大资本与电竞俱乐部的关系

上游产业链：作为电子竞技的源头，原生游戏企业在整个环节中处于上游位置，结合游戏天然的吸金能力，拥有足够的资本进行赛事宣传、游戏推广、媒体宣传等工作。而各大媒体，可以通过其自由平台及网络主播资源发展粉丝经济，帮助游戏企业进行相应曝光，既可以获得收入也可以帮助赛事、游戏本身得到广泛的传播。

4. 人才培养专业化

伴随着电竞赛事规模的逐步提升，游戏产业对于相关人才的需求增强，快速发展的电竞产业，正遭遇专业人才缺乏的瓶颈。我国电竞产业目前已经产生了庞大的专业人才缺口，主要集中在职业选手、赛事解说、主播、赛事组织运营等岗位。

人才的缺乏使电竞产业的发展受到了制约，一方面，人才的缺失不利于电竞产业对于粉丝经济的发展。我国电子竞技用户规模已突破4亿，粉丝经济的发展空间巨大。在电子竞技产业中受粉丝关注的主要为职业选手、赛事解说以及主播等，其中电竞职业选手最受粉丝关注。

与传统体育赛事相同，知名选手在比赛中的比拼是吸引用户关注的重要因素。目前国内在运动员管理方面基本上处于缺位状态，电子竞技选手认证及其他体系的建设不完善，影响电竞选手的发展，导致选手在赛事中无法发挥最佳状态，无法参加赛事的情况时有发生。电竞选手无法受到主流社会的认同，也会影响电竞选手数量的增加，导致粉丝用户的流失，进而影响电竞产业的发展。

另一方面，赛事解说以及赛事组织等岗位的缺乏会影响电竞赛事的举办质量，降低赛事观众的参与度，不利于电竞产业影响力和赛事知名度的提升。电竞产业人才需求如下图所示。

在这些人才培养方面，虽然已经有部分大专院校开设了电子竞技专业的课程，但是更多地偏向于赛事运营、内容制作及媒体方面的宣传专业等，没有哪个大专院校开设专门的电子竞技运动员专业的相关课程。而当前各大高校中也存在电竞相关专业教学资源匮乏、专业性不足、缺乏成熟的教材等情况，高校的电竞相关教育还处于尝试性阶段。

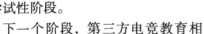

电竞产业人才需求

下一个阶段，第三方电竞教育相关机构将会涌入市场，这些机构可能会将主要目标放在电竞选手、主播、教练、解说等职业的培训上，并且部分教育机构会有艺人经纪的业务，对学员进行培训后同优秀学员进行签约并送到各大直播平台、电竞俱乐部等。专业机构既能有针对性地培养出专业电竞人才，满足市场需求，同时还能为解决学生的就业问题提供新的方向。

第三节　VR 技术对电子竞技的影响

游戏行业发展至今，不论是电脑、手机、家用主机又或是街机，都是以电子设备为主要载体呈现给用户一种二维平面的游戏体验。虽然画面表现力、操作效果逐年得到提升，但也未能摆脱这种体验的固有模式，目前的游戏模式以及硬件载体，已经出现了瓶颈。而未来，能够给用户带来更好体验的模式，应该是让用户摆脱设备的禁锢，通过更简单、更直接的方式连接到游戏中，给游戏玩家提供真实的触感、听觉、视觉仿佛身临其境的游戏环境。

为了让用户更好地体验 3D 效果，结合立体电影的 3D 技术，实现了一种新的尝试——"裸眼 3D"技术。

裸眼 3D 技术，主要是利用人眼的"视觉偏差"，通过屏幕面板将左眼和右眼的可视画面分开，使观者看到 3D 影像。通过该技术，玩家不再需要佩戴"3D 眼镜"也可以看到 3D 效果，提升了用户的观感体验。

任天堂在 2011 年初，发布的 NDS 掌机中加入了此项技术并命名为 3DS，如下图所示。视图通过该技术提升用户 3D 游戏的沉浸式体验。然而因为裸眼 3D 技术的物理特性，需要用户一直保持在某一特定角度下才能看得到画面，在强光下几乎无法看清画面，且长时间观看 3D 画面，容易造成眼部酸涩、疲劳，导致用户选择使用 3D 模式进行游戏的并不多，虽然任天堂后来对 3D 技术进行开发有了几版迭代，但依旧因为技术特性的限制，无法成为主流。

任天堂 3DS

目前，VR 技术的逐步成熟，为游戏行业未来的技术发展指引了一个新的方向，现在已经有部分 VR 游戏被商业化运作，已然有了引领潮流的味道。

2018 年 3 月，电影《头号玩家》上映。在电影中，也向我们展示了未来的游戏形式，而采用的正是 VR 形式，如下图所示。

我们可以看出，电影中的 VR 设备已经比现实中的设备先进不少了。首先头戴设备的体积更小、更轻量化，有点类似于厚一些的墨镜，这就更加的便携。其次，不需要连接其他硬件设备，激活 VR 头戴设备就可直接进入游戏且完全实现了无线连接。再次，从现在的操作手柄，变成了更方便的无线操作手套，手套的使用，让人可以进行更加复杂和真实的操作。在游戏中，角色可以进行跑、跳等操作。这都得益于主角脚下的那个类似于跑步机的设备，学名为"万向行动平台"。

《头号玩家》剧照——主角的 VR 设备

当前的移动平台，可以进行走、跑、跳的基本移动与电影中的这台机器还要原始一点，但一切都在像电影中描述的场景进化着。相信当科技更近一步时，我们也可以有一个属于我们的"绿洲"世界。

VR 技术的发展如果趋向成熟，一定会对电竞产生深远的影响。在当前环境下，电子竞技更多的是考验选手的脑力、心力和反应能力、协调能力等相对静态的技术比拼。当前比较成功的电子竞技游戏项目多为射击游戏。如果 VR 设备发展到电影中这种状态，那么电子竞技游戏，尤其是射击游戏，

万向行动平台

将不光考验队员的脑力、心力、协调能力，还要有强大的体能来支撑多局比赛。让电子竞技真正的变成一项"运动"。未来的电子竞技游戏，也将会有泛娱乐类型（音乐类等）的游戏进入到比赛项目中丰富整个电子竞技项目的环境，可以让更多不同类型的选手参与其中。

VR 技术的成熟，不光带来游戏性和游戏操作模式的革命，还对竞技比赛的观众提供了新的形式。就像现在观看 3D 电影一样，只要带上 VR 设备，就可以直接连入比赛中，身临其境，以"上帝视角"来观看游戏比赛，这样的形式要比现在在比赛会场通过大型 LED 屏幕或者在线上通过视频直播观看比赛得到更好的体验，届时游戏行业也一定会迎来新的爆发式增长的一天。

参 考 文 献

［1］侯媛媛. 我国网络体育解说存在的问题与发展前景研究［D］. 西安：西安体育学院，2013.

［2］张轩. 电子竞技史［M］. 北京：电子工业出版社，2018.

［3］BBKinG. 中国电竞幕后史［M］. 武汉：长江文艺出版社，2015.

［4］李宗浩，李柏，王健. 电子竞技运动概论［M］. 北京：人民体育出版社，2005.

［5］张逸，贾金玺. 中国视频网站十年进化史［J］. 编辑之友，2015（04）：11-13.

［6］熊良. 美国电子游戏版权保护历史演进及其启示［D］. 武汉：中南财经政法大学，2017.